Haftungsausschluss:

Die Ratschläge im Buch sind sorgfältig erwogen und geprüft. Alle Angaben in diesem Buch erfolgen ohne jegliche Gewährleistung oder Garantie seitens des Autors und des Verlags. Die Umsetzung erfolgt ausdrücklich auf eigenes Risiko. Eine Haftung des Autors bzw. des Verlags und seiner Beauftragten für Personen-, Sach- und Vermögensschäden oder sonstige Schäden, die durch die Nutzung oder Nichtnutzung der Informationen bzw. durch die Nutzung fehlerhafter und/oder unvollständiger Informationen verursacht wurden, ist ausgeschlossen. Verlag und Autor übernehmen keine Haftung für die Aktualität, Richtigkeit und Vollständigkeit der Inhalte und ebenso nicht für Druckfehler. Es kann keine juristische Verantwortung und keine Haftung in irgendeiner Form für fehlerhafte Angaben und daraus entstehende Folgen vom Verlag bzw. Autor übernommen werden.

Sollte diese Publikation Links auf Webseiten Dritter enthalten, so übernehmen wir für deren Inhalte keine Haftung, da wir uns diese nicht zu eigen machen, sondern lediglich auf deren Stand zum Zeitpunkt der Erstveröffentlichung verweisen.

Bibliografische Informationen der Deutschen Nationalbibliothek

Die Deutsche Nationalbibliothek verzeichnet diese Publikation in der Deutschen Nationalbibliografie; detaillierte bibliografische Daten sind im Internet über http://dnb.dnb.de abrufbar.

2. Auflage 2024

Projektmanagement: Remote Verlag
Lektorat und Korrektorat: Antje Nevermann, Fabian Galla, Luise Hartung
Umschlaggestaltung: Wolkenart–Marie-Katharina Becker
Satz und Layout: Verena Klöpper

ISBN Print: 978-3-948642-28-0
ISBN E-Book: 978-3-948642-29-7

www.remote-verlag.de

SABRINA FLEISCH

MEINE *Reise* ZU MIR *selbst*

Finde die Antwort in dir selbst, die dir sonst niemand beantworten kann

www.remote-verlag.de

Inhalt

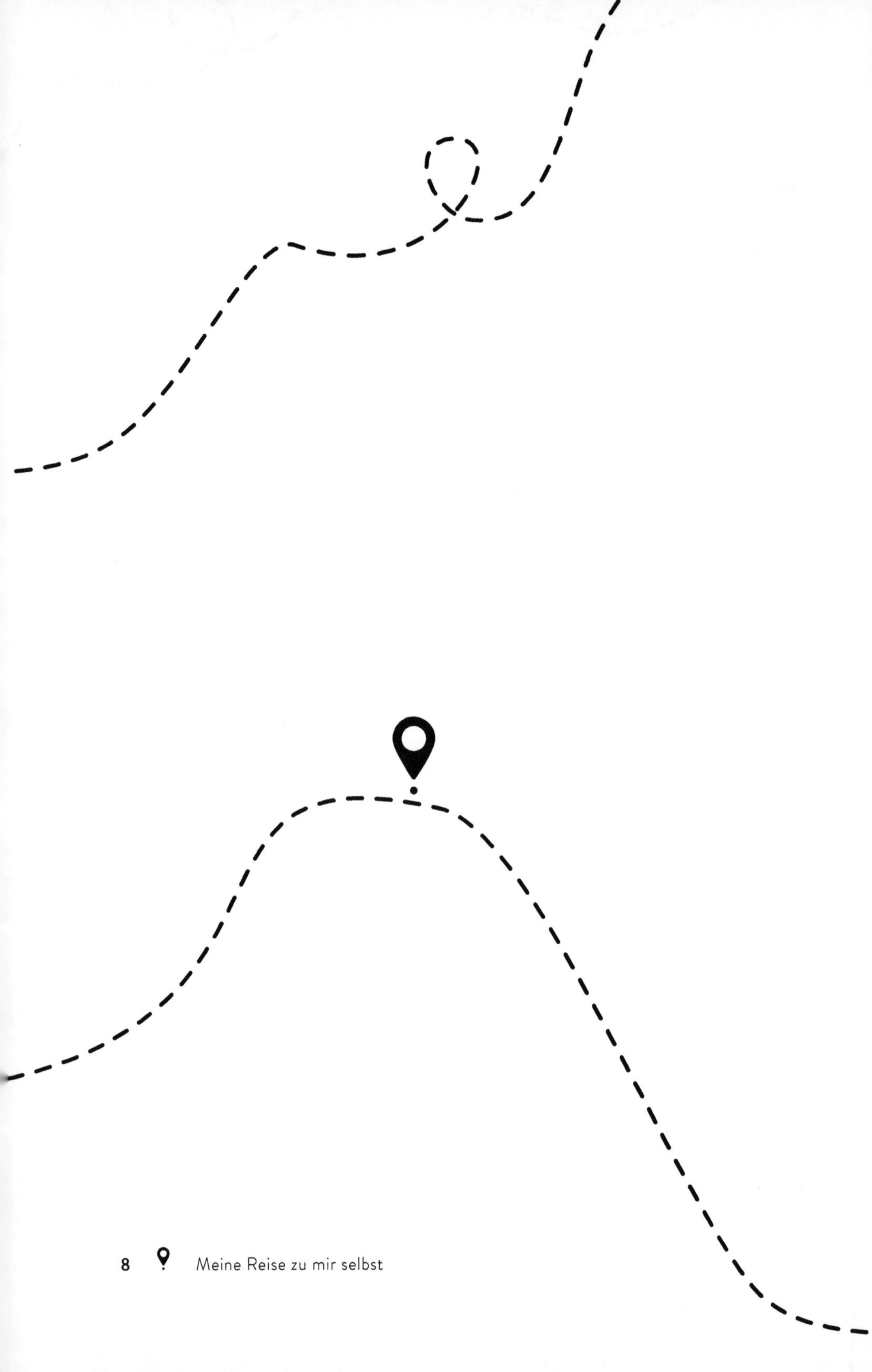

Alle Antworten liegen in dir.
Du musst nur die richtigen Fragen stellen.

Ich wollte kein Buch schreiben, in dem
ein richtiger Lösungsweg für alle geboten wird.
Denn in den seltensten Fällen
gibt es eine perfekte Lösung, die für jeden passt.
Deshalb habe ich die wirkungsvollsten Übungen
und Fragestellungen zusammengesucht,
die jeden zu seiner persönlichen,
individuellen Lösung führen.

Die Autorin spricht mit ihrer Ansprache jedes Geschlecht sowie Diverse Personen an.
Das generische Maskulinum wurde ausschließlich für eine bessere Lesbarkeit des Sprachflusses gewählt.

SELBSTERKENNTNIS & REFLEXION

*Ich garantiere dir,
dass, wenn du dieses Buch
sorgfältig bis zum Ende ausarbeitest,
sich dein Leben grundlegend verändern wird,
sich deine Denkweise umstellt,
deine Ansichten revolutioniert werden
und du Wohlbefinden, Stärke
und zugleich Ruhe verspüren wirst.*

Vorwort

Warum sind manche Menschen Helden und warum werden manche zu Verbrechern? Warum werden zwei Menschen, die im selben Haus aufwachsen und dieselben Erfahrungen machen, zu komplett unterschiedlichen Personen? Warum werden manche Menschen psychisch krank und warum sind andere gefühlstaub und halten allem stand? Warum werden manche süchtig? Warum sind einige wenige erfolgreich und so viele andere Menschen nicht? Wer hat Glück? Warum? Haben diese sich das Glück verdient oder ist es ihnen zugefallen? Warum sind viele Menschen im Dauerstress und warum war das früher nicht so?

Welche Faktoren sind für das bewusste und unbewusste Verhalten von Menschen verantwortlich? Warum sind Menschen zu der Person geworden, die sie heute sind? Warum verhalten sie sich, wie sie sich verhalten? Mein Leben lang bin ich auf der Suche nach Antworten auf diese Fragen.

Die Motivation, Menschen zu verstehen, in Kombination mit meiner Erfahrung als Angst- und Stressbewältigungstrainerin, hat mich dazu bewogen, dieses Buch zu schreiben. Hier habe ich die Zusammenhänge und die Beweggründe für Denkmuster, Verhalten und Ängste zusammengetragen.

Besonders am Herzen liegt mir die Selbsterkenntnis. Menschen, so auch du, sollen sich durch die richtigen Fragen selbst (besser) verstehen lernen. Sie sollen selbst die Muster erkennen, die sie gefangen halten, und Glaubenssätze sowie Motivatoren für ihre Handlungen entdecken. Sie sollen sich durch das Verständnis selbst besser steuern können, um das eigene Leben noch glücklicher und zufriedener zu gestalten.

*Das eigene Verhalten ist nur ein Symptom.
Wenn wir unser Verhalten ändern wollen,
müssen wir an der Ursache arbeiten.*

Für jedes Tun gibt es einen Grund, ein sogenanntes Motiv. Nur allzu gut kennen wir diesen Begriff aus Krimis. Auch in diesen spannenden Geschichten ist das Morden nur das offensichtliche, an der Oberfläche erkennbare »Symptom«. Das Motiv, das zu dieser brutalen Handlung verleitet hat, kann vielfältig sein. Ob es eine große Summe Geld ist, eine verletzte Ehre, Rachegelüste oder unzureichende Selbstbeherrschung, die die Wut dermaßen zum Überkochen gebracht und zum Tod einer anderen Person geführt hat.

Meist ist uns der Grund unseres Handelns nicht bewusst, jedoch gibt es für jedes menschliche Verhalten eine Triebkraft, die uns zu einem bestimmten Verhalten anleitet. Welche Kraft steuert dich? Was treibt dich schon dein ganzes Leben lang an? Nur allzu oft sagen mir Menschen, sie wollen sich ändern, können es jedoch nicht. Sie schaffen es nicht. Sie sind wütend auf sich, enttäuscht, frustriert, tieftraurig oder erstarren sogar im Gefühl der eigenen Machtlosigkeit. Die Enttäuschung über ihre Unfähigkeit, sich und ihr Leben zu ändern, bestätigt Menschen in ihrem Denken, dass sie »gefangen, ausgeliefert und zu schwach« sind. »Ich kann das nicht. Ich bin so.« Dies ist dann die gefundene Ausrede, die perfekte, logische Erklärung für das »Nichtschaffen«. Wir geben die Verantwortung für unser Handeln ab und entziehen uns selbst die Macht.

Warum viele von gewünschten Veränderungen sprechen und sie nicht erreichen, hat folgenden, einfachen Grund: Das gezeigte Verhalten ist das Ergebnis von vorangegangenen Gedanken und somit nur ein »Symptom«. So vielfältig Symptome sein können, so vielseitig sind auch die möglichen Ursachen. Das Symptom »Kopfschmerzen« kann auf Stress, zu wenig Flüssigkeitszufuhr, einen Wetterumschwung, eine Stirnhöhlenvereiterung oder gar auf einen Gehirntumor deuten. Wenn wir nun die Kopfschmerzen beseitigen wollen, reicht es nicht, das Symptom zu bekämpfen. Stattdessen muss das Problem an der Wurzel gepackt werden, an seinem Ursprung. Ob das nun eine Entspannungsübung gegen die stressbedingten Kopfschmerzen ist oder eine Gehirn-OP zur Entfernung eines bösartigen Gehirntumors, wird erst erkennbar, wenn die Ursache, der Auslöser, bekannt ist.

Die Ursache, der auslösende Reiz für das Symptom, wird jedoch selten bekämpft, behandelt oder verändert. Das ist die Erklärung dafür, warum viele Menschen nicht aus ihrem persönlichen Teufelskreis ausbrechen können, immer nur von

Wünschen sprechen und schlussendlich zu keinerlei Veränderung in der Lage sind. Um das Verhalten zu ändern, müssen wir an der Ursache, den Gedanken, arbeiten.

Hier kommen wir wieder zur treibenden Kraft, die in uns schlummert: unsere Grundmotivation für alles, was wir jemals tun. Wer die Gedanken, die uns zu einem bestimmten Verhalten verleiten, nicht (er-)kennt, ist sich selbst schutzlos ausgeliefert und kann nur passiv auf äußere Umstände reagieren, anstatt aktiv zu agieren, zu gestalten und zu verändern.

Ein Mensch, der leidet, bevor es nötig ist zu leiden, leidet mehr, als es nötig gewesen wäre.

Warum verschieben Menschen ihre Ziele, Wünsche, Aufgaben? Was hindert sie daran, das Leben zu führen, das sie sich ersehnen? Dies ist leicht erklärt: In dem Moment, in dem es zu handeln gilt, werden mit der Umsetzung mehr Nachteile verbunden als Vorteile. Dadurch entscheiden wir uns dafür, nicht tätig zu werden. Rückt ein wichtiger Termin immer näher, zum Beispiel eine Prüfung, ein Abgabetermin, die Steuererklärung, ein Besuch der Schwiegereltern ..., dann assoziieren wir mit dem Nichthandeln mehr Vorteile als Nachteile. Die negativen Konsequenzen treiben uns weiterhin an, Nötiges in die Wege zu leiten. Mehr dazu werden wir im Kapitel »Warum tust du, was du tust« erläutern. Hier werden wir auch deine Gründe für dein Verhalten herausfinden und du wirst entscheiden, was du für dein zukünftiges Leben mitnehmen möchtest und wovon du dich endgültig verabschiedest.

Zuvor werden wir im Kapitel »Sinnfindung« deine Ziele und Wünsche ausarbeiten. Wir werden uns intensiv damit befassen, wie deine Traumvorstellung von einem glücklichen Leben aussieht, damit wir im weiteren Verlauf des Buches den Weg dorthin gestalten können.

Wir werden außerdem deinen Startpunkt der Reise mit diesem Buch festlegen (siehe »Wer bin ich?«) und deine Stärken sowie Schwächen identifizieren, um zu wissen, was uns dabei helfen wird oder auch dabei behindern könnte. Unter der Titelüberschrift »Rückschläge« lernen wir den richtigen Umgang mit Fehlern.

Auf deinem Weg wirst du immer wieder mit Ängsten konfrontiert. Woher diese Ängste kommen, wie sie entstanden sind, wie sie sich in dir ausgebreitet haben und wie du diese ablegst und erfolgreich bekämpfst, zeige ich dir in »Ängste überwinden«.

Geschehnisse in unserer Vergangenheit haben uns zu dem Menschen gemacht, der wir heute sind. Doch wir entscheiden, ob wir uns auch heute noch von ihnen anleiten lassen wollen. Unsere bewussten und unbewussten Verhaltensweisen sind von vielen verschiedenen Faktoren abhängig, die wir mit schmerzvollen oder sehr angenehmen Gefühlen verbinden. War es eine peinliche Situation? Eine sehr negative erste Erfahrung? Vielleicht war der Auslöser eine Bemerkung, die jemand fallen gelassen hat: Vater, Mutter, Geschwister, Lehrer, Fernsehheld, Kindergartenfreund, Nachbar oder Vorbild? Vielleicht war es ein prägendes Ereignis in der Schule, eine peinliche Situation, ein Moment des Versagens oder der Hilflosigkeit. Die ersten Erfahrungen sind immer die wichtigsten – sie prägen uns ein Leben lang: das erste Mal Skifahren, der erste Schultag, der erste Kuss, die erste Liebesbeziehung, das erste Kind, die erste Ehe. Dieser erste Eindruck ist bleibend und bildet die Grundlage für unsere automatische Bewertung in späteren Jahren.

Uns fällt es schwer, unsere einmal getroffene Meinung zu ändern, denn die Evolution möchte uns schützen. Sie hat uns deswegen unser Gedächtnis gegeben, um nicht zweimal in eine bedrohliche Situation zu geraten. War der erste Versuch auf Skiern ein schreckliches Erlebnis für dich, wirst du dich hüten, es nochmals zu probieren. War deine erste Beziehung für dich mit viel Leid, Tränen, Vertrauensmissbrauch und Lügen verbunden, wird dich das unweigerlich auch bei den nächsten Liebesbemühungen beeinflussen. Alle weiteren Erfahrungen siehst du dann im Vergleich zur ersten: Ergänzen sie dein Bild und bestätigen deine Meinung? Meistens täuscht uns dabei unsere Wahrnehmung: Wir versuchen, die Welt so zu gestalten, dass unsere Ansichten bestätigt werden und zu unserer festgefahrenen Meinung und Bewertung passen.

Wir werden die Zeitmaschine anwerfen, uns zurückdenken und versuchen zu verstehen, woher deine aktuelle Meinung und dein Verhalten kommen. Wo du deine automatisierten Bewertungsprozesse gelernt hast und wie du mit diesen erlernten Denkmustern umgehst, sie frühzeitig erkennst, stoppst und langfristig änderst, erfährst du im Kapitel »Erlernte Denkprogramme verlernen«.

Um nun in die Umsetzung zu kommen, brauchst du einen starken Glauben an dich und deine Problembewältigungsfähigkeiten, Zuversicht und Selbstbewusstsein. Wie selbstbestimmt du aktuell dein Leben lebst, wie abhängig du derzeit von äußeren Umständen bist und wie sehr dich deine Vergangenheit beeinflusst, erfährst du bei einem Selbsttest im Kapitel »Selbstbestimmung«.

Weil weltweit jeder Mensch die gleichen Bedürfnisse an den Tag legt, um behaupten zu können: »Ich bin glücklich und zufrieden«, habe ich ein Kapitel zum Thema »Lebensqualität« angehängt. Hier wirst du die Faktoren für ein glückliches Leben kennenlernen und dich selbst testen.

Der letzte Abschnitt des Buches steht unter dem Motto »Von nichts kommt nichts«. Dieses Sprichwort trifft nicht nur auf die Arbeit zu, sondern genauso auf Erholung und Entspannung. Du musst diese aktiv in dein Leben holen, denn wenn du nichts dafür tust, wirst du dies auch nicht fühlen. Im letzten Kapitel finden wir deine Kraftquellen, um Energie zu tanken, sowie deine Methoden zur Entspannung.

Ich wünsche dir viel Freude, zahlreiche bahnbrechende Erkenntnisse und positive Veränderungen!

Mein Geschenk an dich

Liebe Leserin, lieber Leser,

wie oft hast du dir schon etwas vorgenommen und dich dann gefragt: Warum ist mir dieses Ziel eigentlich wichtig? Vielleicht hast du dich auch gefragt, was wirklich hinter deinen Wünschen steckt – der wahre Kern deiner Motivation?

Das Buch »Meine Reise zu mir selbst« begleitet dich auf genau dieser Entdeckungsreise. Du lernst, dich selbst in einem neuen Licht zu sehen, deine Gedanken, Gefühle, Fähigkeiten und inneren Programmierungen Schritt für Schritt zu erforschen. Du erfährst, wie du besser mit Stress umgehen, deine Energie sinnvoll einsetzen, Gewohnheiten durchbrechen und mehr Selbstvertrauen entwickeln kannst.

Um dir einen noch besseren Einstieg in das Thema zu geben, habe ich eine kostenlose Übung für dich vorbereitet. In »Meine Bedürfnisse« entdeckst du, welche unerfüllten Wünsche hinter deinen Zielen stecken. Sobald du deine Bedürfnisse klar erkennst, wird auch der Weg zu deinen Zielen deutlicher und erreichbarer.

Nutze die Chance, dein Leben ganz spielerisch noch bewusster zu gestalten.

Lade dir diese Übung ganz bequem und kostenlos über folgenden Link herunter: https://www.sabrina-fleisch.at/beduerfnisse/ oder den QR-Code herunter:

https://www.sabrina-fleisch.at/beduerfnisse/

Mit dieser unkomplizierten Übung begibst du dich auf eine Reise zu deinem inneren Kern und erlebst, welchen Unterschied es macht, sich selbst besser zu verstehen und bewusster zu leben.

Deine Sabrina Fleisch

Anleitung

Dieses Buch arbeitet mit dir und du mit ihm.

Ziel ist es, dich besser kennenzulernen, dir Angst und Stress zu nehmen sowie ein besseres Verständnis für deine Gedanken, Gefühle und dein Verhalten zu bekommen. Du wirst zu dem Menschen werden, der du sein möchtest, und das Leben führen, welches dir guttut.

Mithilfe dieses Buches wirst du in der Lage sein, selbstständig Lösungen für jegliche Probleme zu finden. Nicht immer wird sich das ehrliche Beantworten der Fragen gut anfühlen, aber es wird dich zum Ziel bringen. Denn nur die richtigen Fragen führen dich voran, zeigen dir die Lösung, geben dir die nötige Motivation genauso wie die seelenruhige Entspannung. Langfristig werden dir die richtigen Fragen sowie das richtige »Mindset« helfen und dich positiv vorantreiben. Schlussendlich wirst du dein persönliches Glück finden, tiefe Zufriedenheit spüren, innere Stärke gewinnen und kontinuierlich wachsen. Dein Leben wird immer näher an deine Traumvorstellung von einem glücklichen Leben herankommen.

Wenn du Schritt für Schritt die Übungen mitmachst, wirst du dich und dein Verhalten besser und besser verstehen, deine Motivation zur Veränderung in dir finden und die nötige Energie für die Umsetzung aufbringen. Wichtig dafür ist, dass du die Aufgaben in Ruhe machst und den Ansporn entwickelst, jede Frage so genau wie möglich zu beantworten. Nimm dir für jede Übung ausreichend Zeit, um dich mit der Fragestellung und ihrer Beantwortung auseinanderzusetzen. Mach die Lektionen dieses Buches für die nächsten 30 Tage oder – bei einem entschleunigten Tempo – zwei Monate zu deinem festen Ritual. Ich verspreche dir, dass langanhaltende Erfolge kommen werden. Sie stehen dir zu und mithilfe dieses Buches wirst du sie endlich erreichen.

*Die Fragen, die du dir stellst,
werden die Weichen für deine Zukunft legen.*

Dieses Buch ist so aufgebaut, dass jeder für die unterschiedlichen Herausforderungen in seinem individuellen Themenbereich eine passende Antwort findet. Durch dieses Arbeitsbuch wirst du lernen, dir mithilfe der richtigen Fragen selbst die Antworten geben zu können. Du wirst in der Lage sein, dir dafür den Plan zu erstellen und umzusetzen, der dich genau dorthin führt. Mit weiteren Fragen wirst du deine Grundmotivation für dein Handeln erforschen und in dir die Kraft für die Umsetzung aktivieren. Da jeder Mensch individuell ist, erwartet dich hier eine Fülle an Methoden, Tests und Praxisbeispielen, um für jeden das passende Handwerkszeug bereitzuhalten.

*Ich bin bereit, mit mir ein intensives,
tiefgehendes Gespräch zu führen.*

Es gibt essenzielle Fragen, die jeder für sich klären sollte, um Sicherheit, Klarheit, Zufriedenheit und Motivation im Leben zu gewinnen. Es ist nicht schlimm, wenn dir nicht sofort alle Antworten einfallen. Du solltest dir aber die Zeit nehmen, sie nach und nach zu entdecken. Schritt für Schritt werden wir die folgenden Fragen im Verlauf des Buches im Detail erarbeiten:

Wer bist du?
Was willst du?
Warum tust du, was du tust?
Wie bist du zu dem Menschen heute geworden?
Zu welchem Menschen möchtest du werden?
Was hält dich davon ab?

Woran glaubst du?
Was sind deine Ängste und Stressauslöser?
Wie kannst du mit Angst und Stress richtig umgehen?
Wie kannst du erlerntes Verhalten verlernen?
Was sind deine Motivationsfaktoren?
Wer oder was bestimmt derzeit dein Leben?
Wie tankst du Energie und wo findest du Entspannung?

Gestalte dir das Lesen dieses Buches zu einem Ritual. Ob du dir dabei eine ruhige Hintergrundmusik anmachst, Kerzen aufstellst, dich in deinen liebsten Polstersessel kuschelst oder unter deine flauschige Wärmedecke – schaffe dir eine Wohlfühlatmosphäre, in der du den Raum und die Zeit hast, an dir und deiner Zukunft zu arbeiten.

Empfehlenswert ist es, drei- bis viermal in der Woche aktiv mit diesem Buch zu arbeiten. Trage dir nun deine fixen »Dates« mit dir und diesem Buch in deinen Kalender ein. Jetzt! Dieses Buch ist wie gesagt ein Arbeitsbuch. Arbeite mit und es wird dir die nötigen Erkenntnisse und Erfolge bringen.

Stell dir dazu folgende Fragen:

Wann habe ich Zeit für mich und möchte ein Date mit mir vereinbaren?

____

Titel des Termins:

____

Häufigkeit:

____

Tag/Zeit/Dauer:

____

In meinen Kalender eingetragen: Ja ☐

Wie möchte ich dieses Date gestalten?

Und nun stellst du das erste Mal fest, was ich mit »Arbeitsbuch« meine: Wir arbeiten gemeinsam für dich an deinem glücklichen, erfolgreichen und erstrebenswerten Leben.

Mit gezielten Fragen öffnen wir deinen Geist, entdecken neue, lohnenswerte Wege und stärken deine Motivation, sie zu gehen. Dabei erkennen wir mögliche Probleme vorab und entwickeln passende Lösungen, damit deinem glücklichen, stressfreien, erfolgreichen Leben nichts mehr im Wege steht.

<u>Wie hole ich das Maximum aus diesem Buch?</u>

- Beantworte jede Frage.
- Versuche, jede Zeile auszufüllen.
- Versuche stets, in ganzen Sätzen zu antworten.
- Nimm dir Zeit, jede Frage ausführlich zu beantworten.
- Schreibe dir wichtige Erkenntnisse auf Notizzettel und mache sie weiterhin sichtbar.
- Stelle dir für dich hilfreiche und wichtige Fragen auch weiterhin im Alltag.
- Arbeite dieses Buch chronologisch durch und lasse keine Übung aus.
- Es gibt kein Richtig und kein Falsch.
- Gönne dir Pausen zwischen den einzelnen Tagen, an denen du mit diesem Buch arbeitest.
- Sei nicht zu streng mit dir: Gehe liebevoll mit dir um – wie mit einem Kind oder einer guten Freundin.

Sinnfindung

Wenn man Krebspatienten im Endstadium fragt, was sie rückblickend anders machen würden, sind die Antworten fast durchgehend die gleichen: mehr Zeit für die eigene Familie, mehr Zeit für die geschätzten Freunde und weniger Zeit mit Arbeit zu verbringen. Eine Antwort ist für einige wohl eher überraschend und für dich hoffentlich ein wichtiger Denkanstoß:

»Ich hätte mir öfter erlauben sollen, glücklich zu sein.«

Wir sollten uns selbst öfter auffordern, glücklich zu sein, zufrieden und dankbar für diesen Moment und das vorherrschende Gefühl. Oft freuen wir uns in der Früh schon auf die Mittagspause. Nach der Mittagspause auf den Feierabend. Nach dem Feierabend auf das Wochenende. Am Wochenende auf den Jahresurlaub. Im Jahresurlaub freuen wir uns auf die Rente. In der Rente merkst du dann, dass du keine Freude hattest.

Oder wir beginnen aus Spaß mit einer neuen Sportart. Dabei stellen wir fest, dass wir als Anfänger viel schlechter sind als die anderen Kursteilnehmer. Durch den Vergleich mit anderen verlieren wir unsere Freude daran. Später resümieren wir: »Ich hätte mir erlauben sollen, Spaß zu haben und einfach glücklich zu sein.«

In den Übungen auf den folgenden Seiten werden wir feststellen, wie du deine Zeit verbringst und ob du dir erlaubst, glücklich zu sein. Ziele verleihen unserem Leben Sinn, deshalb geht es im Kapitel »Sinnfindung« um unsere Zielfindung.

Ziel-Wert-Klärung

Bestimmt hast du auf unterschiedlichen Wegen schon mal gehört, dass für jedes Vorhaben ein Ziel wichtig ist. Ein Ziel gibt dir Motivation, zeigt dir den Weg und ermöglicht dir, deine Fortschritte überhaupt erst zu erkennen. Im ersten Kapitel suchen wir deine Reisedestination, dein Ziel, um dann gemeinsam den Weg dorthin zu beschreiten.

Damit sich der Mensch gut fühlt, braucht er einen Sinn im Leben, einen Grund, um zu diesem Glück zu finden. Ohne Sinn im Leben und ohne Ziel, das uns positiv vorantreibt und Energie gibt, steht niemand von uns auf, geht niemand zur Arbeit und hat keiner Lust, auch nur einen Finger zu rühren. Der reine Überlebensinstinkt, der für die Befriedigung unserer Grundbedürfnisse Hunger, Durst, Schlaf etc. sorgt, reicht nicht aus, um glücklich und zufrieden zu sein.

Wir brauchen Gründe. Wir brauchen Antworten, die uns einen Grund dafür liefern, warum wir hier sind, warum wir wichtig und bedeutend sind.

Ohne Ziele einfach blind draufloszuarbeiten, ob an dir selbst oder auch an deinen Aufgaben im beruflichen Kontext, ist sinnlos. Denn warum investierst du deine Energie und Zeit, wenn es für dich kein erstrebenswertes Ziel gibt? Warum solltest du dich anstrengen, dich bemühen und auf Spaß verzichten? Wie weißt du, ob sich dein Einsatz gelohnt hat? Wie kannst du stolz auf dich sein und Motivation für weitere Aufgaben schöpfen, wenn du nicht weißt, wo und wann du es geschafft hast? Wenn du arbeitest, aber nicht weißt, wofür, wirst du weder Energie mobilisieren können noch ein gutes Ergebnis erzielen. Stell dir einmal vor, es heißt, du bist »so ungefähr« am Ziel angekommen. Du wirst unzufrieden sein und dich nicht erfüllt fühlen, da ein nicht definiertes Ziel gar nicht erreicht werden kann. Somit wirst du nicht die nötige Belohnung in Form von Energie und Lebensfreude verspüren. Denn irgendwie irgendein Ziel zu erreichen, fühlt sich auch nur irgendwie an. Wir brauchen die Bestätigung, dass wir eine Herausforderung mit unseren persönlichen Stärken und mit unserem Einsatz erreichen konnten, um noch mehr Selbstvertrauen in uns selbst und unsere Fähigkeiten zu gewinnen und selbstbestimmt leben zu können.

Lebst du das Leben, das du leben möchtest, oder verschiebst du es, bis bestimmte Kriterien erfüllt sind?

Stell dir folgende Fragen:

Was erwarte ich mir von diesem Buch? Welche Herausforderungen möchte ich bewältigen? (Formuliere dies in vollständigen Sätzen.)

____

____

____

____

____

____

____

____

____

Hast du es geschafft, deine Herausforderungen zu identifizieren und zu formulieren? Das ist gar nicht so einfach. Wenn du nun die Herausforderung in Worte verpackt hast, solltest du dich in jedem Fall schon mal leichter fühlen.

Angst und Hilflosigkeit resultieren meist aus Unsicherheit. Und Unsicherheit fühlen wir, wenn wir ein Problem nicht klar definieren können und keinen Plan haben, wie es zu bewältigen ist. Wenn jedoch das Problem erkannt und ausgesprochen wird, kann eine Strategie entwickelt werden. Damit erlangst du Sicherheit und kommst deinem Ziel näher.

Vielen fällt es leichter, aufzuschreiben, was schlecht läuft, was stört. Sie tun sich jedoch schwer, zu formulieren, was sie wollen. Hier hilft die nächste Übung, sofern du bereit bist, dich darauf einzulassen, und dir erlaubst zu träumen.

Übung: Wunderlampe

Eine meiner Lieblingsübungen ist die »Wunderlampe«. Ich führe sie regelmäßig durch, um zu überprüfen, ob ich auf dem richtigen Weg bin, um mir meine Möglichkeiten nochmals bewusster zu machen und um meine Fantasie anzuregen.

Stell dir vor, du wanderst durch die Wüste. Es ist heiß, der Sand wirbelt durch die Luft, du spürst den scharfen, beißenden Wind, der deine freien Körperstellen berührt und sie fast verbrennt. Die aufgewirbelten Sandkörner schmerzen, denn dein Körper ist nicht zur Gänze mit dicker, deckenartiger Kleidung bedeckt. Du trägst einen Turban. Deine Augen sind schmal wie Schlitze, damit sie vor dem scharfen Wind geschützt sind. Da siehst du etwas am Boden aufblitzen. Ein Gegenstand glänzt wunderschön in der Sonne und reflektiert das Licht direkt in deine Augen. Du bewegst dich darauf zu, jedoch lässt dich der heiße Sand nur mäßig vorankommen, weil du immer wieder darin versinkst. Die Hitze ist unerträglich, jeder Schritt anstrengend und schwer. Trotzdem hat dich deine Entdeckung so neugierig gemacht, dass du alle Kraft aufbringst, um schneller voranzukommen. Der glänzende Gegenstand ist im Sand vergraben. Als du Schritt für Schritt näherkommst, siehst du eine metallische, goldene Wölbung, die verheißungsvoll in der Sonne schimmert. Du kannst das Metall fast schon mit deinen Fingerspitzen berühren. Du beginnst, den Gegenstand aus dem Sand zu befreien, indem du ihn mit deinen Handflächen freischaufelst. »Autsch«, der goldene Gegenstand ist heiß. Mit etwas Stoff deiner Kleidung befreist du den Gegenstand nun endgültig aus dem Sand: Du hältst eine Wunderlampe in den Händen. Du bewunderst die detaillierten Ornamente, die Verzierungen aus wunderschönen Schnörkeln, erkennst wundersame Geschöpfe aus dem Abendland. Das muss ein sehr teures, wertvolles altes Stück sein. Wer es wohl vermisst? Du hältst den goldenen Gegenstand fest in deinen Händen. Durch den Stoff spürst du nach wie vor die Hitze, die von ihm ausgeht.

Du reibst ihn vorsichtig mit einem Stück Stoff ab und entfernst den Dreck. Ein merkwürdiger Rauch steigt aus der spitzen Öffnung der Lampe, breitet sich aus und steigt empor. Der silberne Rauch formt sich zu einer Person – es ist ein Flaschengeist. »Du hast drei Wünsche frei. Wähle weise«, ertönt seine raue Stimme.

Diese Wunderlampe erfüllt dir alle Wünsche. Nun überlege dir: Was würdest du dir in diesem Moment am meisten wünschen?

Stell dir vor, wie der Flaschengeist vor dir steht und jeden Wunsch wahr werden lässt. Wie würde dein perfektes Leben aussehen? Welche großen Wünsche würdest du äußern, wenn alles möglich wäre? Wage zu träumen!

Hast du Wünsche formuliert, die zu deinen vorher aufgeschriebenen Herausforderungen passen, zum Beispiel Herausforderung: Stress – ich wünsche mir Entspannung; Herausforderung: Abnehmen – ich wünsche mir, fünf Kilo weniger zu wiegen? Oder hast du andere Wünsche gefunden? Warum sehen deine Wünsche anders aus als deine Herausforderungen? Welche davon haben Priorität und möchtest du verfolgen? Unterstreiche die Themen, die für dich am wichtigsten sind.

Tagträumen macht glücklich.

Trau dich, immer wieder zu fantasieren und zu träumen. Erlaube es dir. Mache es bewusst.

Es ist bewiesen, dass Menschen, die am Tag träumen und sich Ziele bildhaft vorstellen, um einiges glücklicher und erfolgreicher sind, egal ob diese Ziele erreicht werden oder nicht.

Warum? Weil dieses angenehme, durch die Vorstellung ausgelöste Gefühl allein ausreicht, um dich zu motivieren, dich zu beruhigen, dir Stärke und Zuversicht zu geben. Durch deine Fantasie werden alle guten Gefühle und die dazugehörigen Glückshormone ausgeschüttet, die du benötigst, um an deinen Träumen zu arbeiten. Viele wählen, sich nicht mit der Wunschvorstellung zu beschäftigen. Sie wagen nicht, sich in ihre Traumvorstellung hineinzudenken, da sie Angst haben, enttäuscht zu sein, wenn sie diese nicht erreichen. Diese Annahme ist jedoch falsch und wurde mehrheitlich widerlegt.

Sich gut fühlen oder nicht fühlen? Was würdest du wählen? Genau: gut fühlen! Und das schaffst allein nur du, durch deine Vorstellungskraft. Wenn du dir die Möglichkeit nimmst, diese Gefühle zu spüren, weil du vielleicht Angst hast, dass du sie nicht erreichst, nimmst du dir selbst den Glauben an dich und verwehrst dir auch wunderbare Momente der Glückseligkeit.

Denn: Vorfreude ist stärker als die Freude selbst und sogar das zweitschönste Gefühl nach der Liebe. Kennst du die Vorfreude auf dein Lieblingsessen? Die Vorfreude aufgrund einer baldigen Reise? Auf eine gute Freundin? Einen Ausflug? Dein Lieblingshobby? Weihnachten? Geburtstag? Dann weißt du bestimmt, wie schön und einnehmend dieses Gefühl sein kann. Nichts anderes hat mehr in deinen Gedanken Platz, nichts kann dir die Stimmung vermiesen, nichts könnte dich verletzen, da du innerlich bereits bei dieser atemberaubenden Vorstellung bist. Dein Film hat im Kopf längst begonnen. Und sicherlich weißt du, dass, sobald dieser freudige Moment da ist, die Freude selbst nicht lang anhält. Ab dem Zeitpunkt der »Erfüllung« sinkt diese starke, positive Emotion.

Wenn du dich an Weihnachten als Kind zurückerinnerst, weißt du noch, wie gespannt du warst? Wie sehr du dich auf das Christkind gefreut hast und gar nicht mehr still sitzen konntest? Als es dann so weit war und endlich das Glöckchen geläutet wurde und die Bescherung begann, war das der Höhepunkt. Sobald die Geschenke aufgerissen, alle Lieder gesungen und die Festmahlzeit verspeist waren, flaute das Gefühl stetig ab. Die intensive Anspannung und die massive Vorfreude haben viel länger angehalten und sich viel besser angefühlt als der magische Moment selbst. Außerdem war die Vorstellung im Kopf stets viel spannender, spektakulärer und schöner als die Realität.

Gefühle sind temporär.

Denn sobald du den ersten Bissen deines Lieblingsessens verzehrt hast, sobald du die Reise antrittst, sobald du ein Geschenk ausgepackt hast, fällt das starke Gefühl der Freude stetig oder auch rasant ab. Sobald du in der Situation bist, sind andere Dinge präsent. Bei einer Reise zum Beispiel könnte das sein: Was machen wir jetzt? Wie kommen wir zum Hotel? Habe ich etwas vergessen? Habe ich den Herd ausgemacht? Nachdem du ein Geschenk ausgepackt hast, ebbt die Freude sofort ab, da du jetzt weißt, was darin verpackt gewesen ist.

Genauso ist es mit Angst. Angst und Stress sind Gefühle, die vor Eintritt der einschüchternden Situation stattfinden und abfallen, sobald du dich in der Situation befindest. Du bist nervös vor einer Präsentation, kannst tagelang nicht schlafen und in dem Moment, in dem du die Präsentation hältst, ist das Gefühl der Angst weg. Denn auch hier brauchst du deinen Kopf, um die Reaktion der Zuhörer zu beobachten, die Worte passend zu formulieren und im Hier und Jetzt eine gute Leistung abzuliefern. Wenn du dies nun weißt, kannst du es aktiv in deinem Leben anwenden. Nutze die Vorfreude aus, erlaube dir, diese wunderbaren Gefühle zu fühlen. Erlaube dir nicht, dich von stressigen und angsterfüllten Emotionen zu lange einnehmen zu lassen, denn sie gehen vorbei.

Würdest du sagen: »Nein, ich möchte mich nicht auf Weihnachten freuen, denn die Angst, enttäuscht zu werden, ist zu groß?« Oder möchtest du dich lieber wie ein kleines Kind freuen, dir bildlich die schönsten Momente ausmalen und dich in eine besinnliche Zeit mit deinen Liebsten träumen? Du kennst sicherlich jemanden, der einen Monat vor Weihnachten schon freudvoll von dem besinnlichen Fest spricht, die Wohnung dekoriert und allein beim Gedanken daran Freudensprünge macht. Diese Person nutzt gekonnt die Macht der Vorfreude, die Macht der Gedanken. Du entscheidest, wie intensiv und lange du deine Freude empfindest.

Deine Gedanken erschaffen die Welt, in der du lebst.

Hierbei sollten wir Erwachsenen uns definitiv öfter Kinder als Vorbild nehmen. Denn Kinder erlauben sich zu träumen. Sie träumen, Sänger zu werden, spielen Mutter oder Vater, bauen Schlösser aus Decken und sehen im Dreiroller ein schickes Motorrad, mit dem sie durch eine imaginäre Stadt fahren.

Dies kannst auch du bewusst einsetzen. Wenn du weißt, was in dir schlagartig Freude auslöst, kannst du diese Gedankenspiele im richtigen Moment einsetzen, wenn du sie brauchst. Deshalb ist Vorfreude wichtig und unser Ziel sollte sein, sie regelmäßig durch gedankliche Spiele zu erleben.

Welche Gedanken und Erinnerungen lassen dich schlagartig positive Gefühle verspüren? Träumst du dich vielleicht an den Strand und lässt nochmal den schönsten Urlaub vor deinen inneren Sinnen vorbeiziehen – inklusive des salzigen Geschmacks auf der Zunge, dem Gefühl von Sand zwischen deinen Zehen, dem alles einnehmenden Wellenrauschen und deinem Haar, das vom Wind umspielt wird? Vielleicht ist es die unvergessliche Überraschung eines Freundes oder Partners, die dir gezeigt hat, wie sehr du geliebt und geschätzt wirst. In welchen Erinnerungen kannst du schwelgen, um in diesem Moment wahrhaftig

Gefühle zu empfinden? Versuche, alle deine Sinne bei diesen Erinnerungen zu beschreiben, um diese Momente so intensiv wie möglich zu fühlen.

Unsere Vorstellung kann Berge versetzen. Wenn du deine Motivation für das Laufen verlierst, stell dir vor, dass du vor einem Serienmörder oder Zombie wegläufst. Schlagartig hast du Energie und rennst so schnell wie niemals zuvor. Außerdem macht diese Vorstellung eines Horrorfilms sogar Spaß.

Kennst du diesen Trick, bei dem du dich in die Antarktis zu den Pinguinen wünschst, damit dir in der Hitze bei 40 Grad Abkühlung verschafft wird? Ja, der funktioniert.

Du kannst deine Gefühlslage und deine Motivation steuern. Das kann jeder lernen, der ein Gehirn hat und in der Lage ist, zu denken. Also jedes höher entwickelte Lebewesen. Wie? Genauso wie alles andere – Russisch, die Hauptstädte Europas, die Anatomie des Menschen, Humor, doppelte Buchhaltung, Spagat ... – auch gelernt werden kann: durch Übung, Übung, Übung. Die Formel lautet: regelmäßige

Wiederholungen mit steigendem Schwierigkeitsgrad gepaart mit Ausdauer, Disziplin und positiven, hilfreichen Gedanken.

Der Storch hat vergessen, dir Fantasie in die Wiege zu legen? Kein Problem, er hat auch vergessen, dir Englisch-Vokabeln hineinzulegen, er hat dir kein Mathe-Formel-Heft dagelassen und auch nicht erklärt, wie du deine Mutter überzeugst, dir weiterhin die Hemden zu bügeln. Leider hat er auch vergessen, dir von Anfang an mitzuteilen, was dein Mund sonst noch alles anstellen kann, außer Essen in sich aufzunehmen. Das durftest du in deinem Leben lernen, indem du ausprobiert, reflektiert, verändert, nochmals ausprobiert, adaptiert und nochmals getestet hast. Weder der Storch noch sonst jemand hat dir sofort mitgeteilt, was dein Partner will und wie du ihn glücklich machen kannst. Das durftest du mit der Zeit durch ehrliche Kommunikation erfahren. Auch was dich glücklich macht, durftest du lernen und darfst es weiterhin. Hier braucht es einen aufrichtigen Dialog mit dir selbst. Ob du ein Instrument lernen wolltest, du sprachlich interessiert warst, du Fische abgöttisch geliebt hast oder Sport dein Interesse geweckt hat, es war deine freie Entscheidung, Zeit damit zu verbringen. Nach und nach kamen die Erfahrung und der Lerneffekt. Deine Zeit hast du damit verbracht, weil du ein positives, belohnendes Gefühl empfunden hast und deine Motivation stark genug war. So war es in deinem Gehirn abgespeichert und somit hast du immer wieder gern darauf zurückgegriffen.

Hast du schon einmal jemanden erlebt, der viel Zeit mit etwas verbracht und keinerlei Verbesserungen erzielt hat? Wohl kaum. Wer sich regelmäßig mit denselben Themen auseinandersetzt, kann nicht anders, als sich positiv darin zu entwickeln. Beschäftige dich fünf Stunden lang mit dem Designprogramm Photoshop und erzähle mir dann, du weißt nicht mehr als fünf Stunden zuvor. Lies ein Buch zum Thema Gartenpflege und sag mir, dass du mir keinerlei Tipps für die Blumenzucht und gegen Unkraut geben kannst.

Belüge dich, belüge mich und erschaffe dir ein Leben voller Unmöglichkeiten, Grenzen und unausweichlichem Scheitern. Ob Fußballprofi, Balletttänzerin, Vogelexperte, Skateboard-Profi, erste Geige, Sudoku-Genie, Schlagfertigkeitskönig, Schlagersänger, Verkaufsprofi etc.

Du entscheidest, was du werden willst. Alles, in das du deine Zeit und Energie steckst, wird wachsen. Ob dies ein Hobby ist oder ein lähmender Angstgedanke – du entscheidest.

Es geht nicht darum, wo und wer du aktuell bist. Es geht darum, wohin du möchtest und wer du werden willst.

Wenn du dir etwas nicht vorstellen kannst, wirst du es nicht erreichen. Deine Gedanken gestalten die Welt, in der du lebst.

Kannst du es dir nicht vorstellen, eine Balletttänzerin zu werden? Am Schlagzeug den Beat vorzugeben und die Menschenmenge mitzureißen? Glaubst du, dass du 100 kg Gewicht stemmen kannst? Traust du es dir zu, 30 km am Stück zu laufen? Kannst du dich in einer Chefposition eines Milliardenkonzerns sehen? Glaubst du, dass du jemals ohne Angst eine Spinne auf deiner Hand sitzen lassen kannst? Glaubst du, dass Kritik einfach von dir abprallen wird? Kannst du dir vorstellen, ein glückliches Leben zu haben, in dem nichts und niemand dir deine Freude nehmen kann? Glaubst du daran, dann wirst du es auch dorthin schaffen.

Trainiere deine Fantasie, deine bildliche Vorstellungskraft, und du wirst ein noch reicheres Leben führen.

Stell dir folgende Fragen:

Erschaffe ich aktiv mit meinen Gedanken die Welt, in der ich leben möchte?

Ja ☐ Nein ☐

Belüge ich mich ab und zu selbst?

Ja ☐ Nein ☐

Wenn ja, bei was?

Wenn ja, wie möchte ich leben?

Was hält mich davon ab? Welche Ausreden nutze ich?

Welche Kriterien müssen erfüllt werden, damit ich damit anfange?

Wie kann ich diese Kriterien erfüllen?

Welche Vorstellungen kann ich in meinen Gedanken erschaffen, die mich positiv beeinflussen können?

Was sind meine Ziele, die ich mit diesem Buch verfolgen möchte?

Die Säulen des Lebens

Stell dir vor, du stehst auf einer Scheibe, die von fünf Pfeilern gehalten wird. Die fünf wichtigen Pfeiler oder Elemente im Leben sind: Familie, Beruf, Partnerschaft, Freunde und Gesundheit. All diese Dinge sind für unser Glück besonders wichtig.

Ich habe noch den Pfeiler »Ich« hinzugefügt, da es mir und vielen anderen an Zeit mit uns selbst fehlt. »Ich« steht für: sich selbst etwas Gutes tun, nachdenken, rasten und nicht »leisten« oder »funktionieren« müssen.

Fällt ein Pfeiler weg, stehst du noch gerade. Fällt ein zweiter weg, dann rutschst du schon ein wenig. Fällt ein dritter Pfeiler weg, dann wird die Scheibe kippen. Die Folge? Absturz. Emotional, seelisch und auch körperlich. Sehr viele Menschen sind zu stark auf eine Säule fokussiert. Sollte diese einmal wegbrechen, entsteht automatisch das Gefühl, dass das gesamte Leben und nicht nur dieser eine Bereich schlecht läuft.

Das Ungleichgewicht der Säulen kann schon im Kindesalter beginnen: Viele Schüler haben das Gefühl, dass sich alles nur um die Schule dreht. Pflichten als Tochter und Freundin werden vernachlässigt. Vielleicht werden auch der Gitarrenunterricht und das Eislauftraining gestrichen, damit mehr Zeit zum Lernen bleibt. Für ein Essen mit Oma ist schon gar kein Raum mehr. Ein Freund? Nein, das lenkt nur ab. Dabei sind Zeit für sich selbst, Hobbys, Freunde und Entspannung wichtig und essenziell für ein gesundes Leben. Was glaubst du, wie sich so ein Schüler fühlt und was es mit ihm macht?

Ab dem Eintritt ins Berufsleben wechselt der Fokus von der Säule »Schule« zur Säule »Arbeit«. Auch hier vernachlässigt ein Großteil der Menschen alle anderen Säulen des Lebens. Diese Pfeiler halten das Glück aufrecht. Doch was passiert, wenn diese Pfeiler instabil werden? Wer fängt den Menschen auf? Manche konzentrieren sich auf die Säule »Beziehung« (Partner). Hier existiert nichts anderes als der Lebenspartner. Dieser muss Freunde ersetzen und alle Hobbys. Sobald er einen Fehler macht, ist die Freundin tieftraurig, wütend, frustriert oder die Welt bricht zusammen, da er »sie nicht liebt«. Auch die Anerkennung wird vom Partner verlangt und nicht in einer anderen Säule wie z. B. »Beruf« gesucht. Dies führt zu einer Überforderung des Partners, da dieser unmöglich alle anderen Säulen für

Wohlbefinden und Zufriedenheit ersetzen kann. Dieser einseitige Fokus ist fatal, denn hier steht und fällt das Glück mit einer Säule.

Baue nicht dein gesamtes Wohlbefinden und Glück auf einem Pfeiler auf. Versuche dich regelmäßig daran zu erinnern, dass es wichtig ist, eine Balance im Leben zu finden und mehrere Aspekte oder auch Dimensionen des Lebens zu beachten.

Sollte es dir einmal nicht so gut gehen, gehe diese fünf Säulen Schritt für Schritt durch und bewerte deine Zufriedenheit (die Stabilität der Säule) auf einer Skala von 1 bis 5, wobei 1 »am wenigsten stabil« bedeutet und 5 »extrem stark und stabil«. So wirst du schnell wissen, wo du ansetzen musst, wenn du dich unrund fühlst.

Wenn du weißt, was dir fehlt, kannst du daran arbeiten und so deine Gefühlslage verbessern. Mit einem definierten »Problem« bzw. Ziel kannst du einen Aktivitätenplan entwickeln und die Konsequenz (Gefühle und Verhalten) ändern.

Familie

1 2 3 4 5

Freunde

1 2 3 4 5

Partner

1 2 3 4 5

Beruf

1 2 3 4 5

Gesundheit

1 2 3 4 5

Ich

1	2	3	4	5

Wenn dir nun bewusst ist, welche Ebene dir Sorgen bereitet, dann stelle dir folgende Fragen:

Was stört mich?

Was würde ich mir wünschen?

Was kann ich tun, damit diese Säule stabil wird?

Warum habe ich diese Ebene vernachlässigt?

___

___

Wie kann ich das in Zukunft verhindern?

___

___

___

___

Diese Übung kannst du immer wieder machen. Ob im Bus, im Auto auf der Heimfahrt, beim Warten an der Supermarktkasse, am Morgen im Büro oder bei Kerzenschein gemütlich zu Hause. Dir wird klar werden, was dich belastet, wenn du dich erschöpft, traurig oder einfach nur unzufrieden fühlst.

Übung: Zielkuchen

Da du nicht unbegrenzt Energie hast, ist es wichtig zu überlegen, wie viel deiner Kraft du in welchen Bereich steckst. Visualisiere das im Zielkuchen und zeichne nun wie in einem Tortendiagramm die Wichtigkeit und deinen Energieeinsatz pro Ziel in den Säulen ein.

1. ______________________ **4.** ______________________

2. ______________________ **5.** ______________________

3. ______________________ **6.** ______________________

Du wirst wahrscheinlich viele Ziele gefunden haben, die jeweils sehr viel Energie benötigen. Wann, wie und womit du starten solltest, ist oft nicht ersichtlich.

Empfehlenswert ist es, für mehrere Bereiche deines Lebens einen eigenen Zielkuchen zu erstellen, zum Beispiel einen für die Arbeit, einen für dein Hobby, einen für die Partnerschaft oder Familie und einen Zielkuchen für dich selbst (wie kann ich mich besser kennenlernen, lieben, mir etwas Gutes tun? Was möchte ich für mich lernen?)

Nicht jede Minute muss mit einer Aktivität gefüllt sein.
Wäre das Leben nicht interessanter,
wenn Produktivität nicht der Maßstab wäre?

Je geordneter deine Ziele sind, desto klarer wird dir der Zusammenhang deiner vielschichtigen Ziele in den verschiedensten Bereichen. Du erkennst, dass diese sich wechselseitig beeinflussen: Du tust dir selbst mehr Gutes --> mehr Energie und Stärke für die Zielerreichung im Arbeits-Zielkuchen; Ziele im Bereich Familie erreicht --> bessere Zielerreichung im Bereich Hobby, zum Beispiel Gitarre spielen verbessern.

Du siehst, es kann eine positive Aufwärtsspirale sein, aber auch eine negative, sich immer weiter verstrickende Abwärtsspirale. Du kennst es sicher, dass du nach einem schlechten Tag alles andere auch als »schlecht« empfindest. Die Abhängigkeit dieser Bereiche und deiner Rollen, deiner Verantwortlichkeiten im Leben, kann dich stärker oder weniger stark beeinflussen.

Notiere dir hier deine wichtigsten Ziele in jedem Bereich und wie viel Energie du für diese verwendest. Die drei wichtigsten davon schreibst du unter den Zielkuchen.

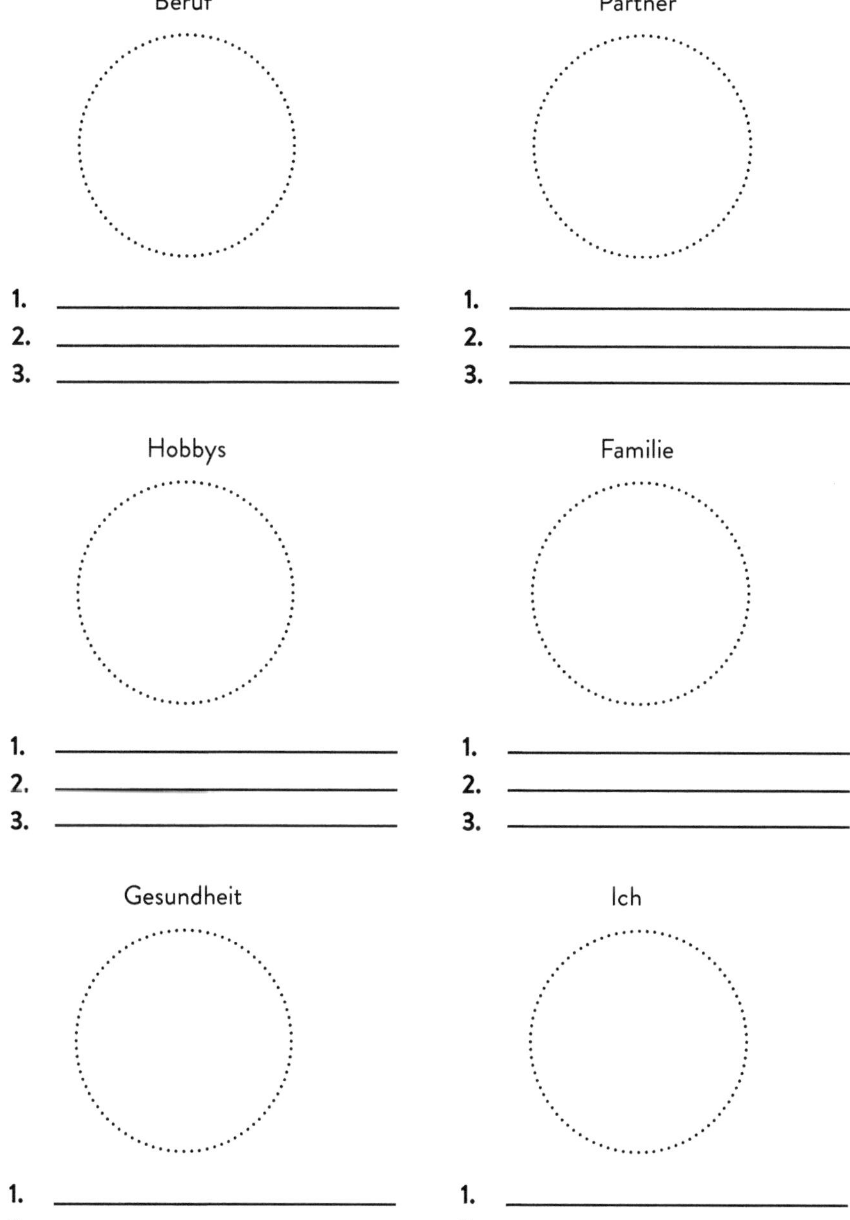
Beruf
1.
2.
3.
Partner
1.
2.
3.
Hobbys
1.
2.
3.
Familie
1.
2.
3.
Gesundheit
1.
2.
3.
Ich
1.
2.
3.

Übung: »Kommode«

Eine gute Übung ist, sich eine Kommode mit verschiedenen Schubladen vorzustellen. Jede Schublade trägt den Namen eines Aufgabenbereichs (oder Lebensbereichs) von dir (z. B. »Mutter/Tochter«, »Schule«, »Arbeit«, »Ehefrau«, »Vereinsobmann« ...). Du kannst direkt deine Rolle (»Schüler«) als Titel nehmen oder den Überbegriff (»Schule«) – was dir lieber ist. Je nachdem, wo du gerade bist, öffnest du die passende Schublade und denkst an deine Ziele in dieser Rolle, bevor du mit deinen »Aufgaben« startest. Am Ende, ehe du diese Rolle verlässt, denkst du darüber nach, ob du diesen Zielen heute näher gekommen bist. Dann stellst du dir vor, wie du die offene Schublade wieder schließt.

Stell dir folgende Fragen:

Welche Rollen habe ich? Was ist meine Verantwortung dabei bzw. was ist mein Ziel?

____

____

Welche Rollen und Aufgaben haben Priorität? Welche Rolle bekommt wie viel Energieeinsatz von mir? Notiere die Prozentsätze neben den Rollen (Schubladen der Kommode). Am Ende sollen 100 Prozent herauskommen.

Dies wird dir Klarheit über dein Tun und Denken bringen und dich so entschlossener, entspannter und zufriedener im Leben voranschreiten lassen.

Viele Rollen, viele Verantwortlichkeiten und Aufgaben in verschiedenen Lebensbereichen fordern dich in den unterschiedlichsten Themen. Das kann an den eigenen Kräften zehren. Wenn wir aber wissen, welche Rolle welche Ziele beinhaltet und welche Stärken wir an einem bestimmten Tag einsetzen müssen, können wir leichter von einer Rolle in die nächste wechseln. Wir wissen, was auf uns zukommt und wie wir unsere Energie optimal einteilen können. Hier führt uns das Aufschreiben unserer Gedanken zu Klarheit, Struktur und Ordnung und dies wiederum zu mehr Entspannung.

Sprich mit dir selbst, wie du mit deinem eigenen Kind sprechen würdest.

Wenn du dich schwertust, Ziele konsequent umzusetzen, sei gnädig mit dir. Egal was du tust, sei immer liebevoll zu dir, wertschätzend, aber auch ehrlich. Pflege mit dir einen Umgang wie mit deinem eigenen Kind. Sei für dich selbst wie ein Elternteil, klopfe dir auf die Schulter, sage: »Gut gemacht«, und ermahne dich liebevoll, wenn etwas nicht gut war.

Sobald wir von zu Hause ausziehen, müssen wir für uns selbst die Rolle eines Elternteils übernehmen. Nicht nur ein wertschätzender, liebevoller, aber auch ermahnender und tadelnder Umgang ist wichtig, sondern vor allem, dass du dich nicht mit Liebesentzug bestrafst, solltest du einmal das Gefühl haben, versagt zu haben. Denn wenn ein Kind nach einem Versuch hinfällt, tieftraurig ist und weint, muss die Mutter kommen und es trösten. Stell dir vor, die Mutter würde stattdessen mit dem Kind schimpfen: »Das musst du besser machen! Ich habe mehr von dir erwartet. Du Versager! Ich habe dir doch gesagt, wie es geht. Nichts bekommst du auf die Reihe!«

Die wenigsten würden sich erlauben, derartige Selbstgespräche laut zu führen. Denn der Ton ist hart und rau. Kaum jemand würde so etwas laut zu einem Freund oder Kollegen sagen – aber mit uns sprechen wir oft so.

Ich hoffe, du siehst nun am Beispiel des Kindes, wie wichtig deine Gespräche mit dir selbst sind, dein Lob und deine Kritik an dir.

Achte auf deine Selbstgespräche. Achte darauf, wie du mit dir umgehst. Sei aufmerksam, was du zu dir sagst, wenn dir etwas nicht gelingt. Sprich mit dir wie mit deinem eigenen Fleisch und Blut, deinem geliebten Kind. Und achte darauf, dich auch zu loben, wenn du herausragend warst und stolz bist. Auch das hast du verdient.

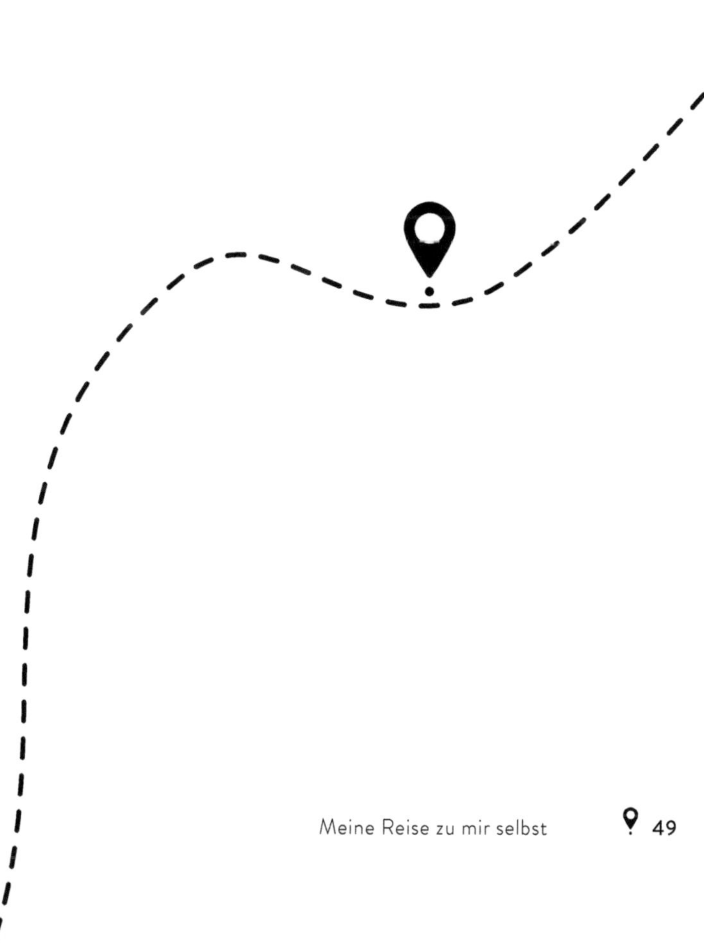

Maßnahmenplan

Da wir das natürliche Bedürfnis haben, Dinge zu vollenden und dabei den Anfang und das Ende zu kennen, ist es wichtig, dass wir die Ziele so definieren, dass wir wissen, wann wir sie erreicht haben. Die Vorgehensweise lautet wie folgt: Ziel/Problemstellung definieren, Aktivitätenplan erstellen, umsetzen, kontrollieren, anpassen, kontrollieren und anpassen.

SMART-Ziele zu formulieren ist nichts Neues. Trotzdem ist es für viele eine Herausforderung. Also bitte denke nochmals nach und definiere deine Ziele SMART:

- **s**pezifisch (klar verständlich und eindeutig)
- **m**essbar (wann habe ich es erreicht)
- **a**ttraktiv (erstrebenswert)
- **r**ealistisch (erreichbar)
- **t**erminiert (Ort, Zeit, Dauer)

Beispiel: *Ich möchte 1x die Woche 30 Minuten laufen gehen – das Ergebnis ist messbar.*

Beispiel: *Ich möchte entspannter sein* – das Ergebnis ist nicht messbar.

Wie merkst du, dass du entspannter bist? Frage dich: Was kann ich tun, damit sich dieses Gefühl einstellt? Was entspannt mich? Die Antwort könnte lauten: ein Vollbad, meine Freunde, eine Duftkerze, malen, stricken, kochen ...

Umformulierung in messbare Ziele: *Ich möchte 1x die Woche ein Vollbad nehmen. Ich möchte 1x die Woche eine Verabredung mit einem Freund vereinbaren. 1x pro Woche möchte ich groß aufkochen. Am Wochenende möchte ich 1x stricken oder malen.*

Plane nicht nur das Ziel. Plane den Weg zum Ziel.

Da Ziele wie Entspannung und Glück schwer greifbar und messbar sind, müssen wir herausfinden, welches »Tun« uns das gewünschte Gefühl bringt. Hier ist es wieder die richtige Frage, die uns zur richtigen Antwort, unserem Weg zum Ziel, führt: Ich gehe 2x pro Woche laufen. Ich lese täglich 15 Minuten ein Buch. Ich möchte bis Dezember eine reine Haut haben. Jeden Tag nehme ich mir 20 Minuten nur für mich, in denen ich mache, wozu ICH Lust habe. Dies sind messbare, klare Ziele, deren Erreichung wir eindeutig feststellen können. Dies wird dir das Gefühl geben, dass du auf dem richtigen Weg bist. Wenn du erfolgreich deine Aufgabe bewältigt hast und du täglich ein Häkchen setzen kannst, gibt dir das Motivation, Ausdauer und Disziplin.

Gleichzeitig stärkst du dein Selbstbewusstsein, weil du an deine innere Stärke glaubst, alles zu schaffen, was du dir vornimmst. Ein positiver Kreislauf, den wir alle für uns nutzen sollten.

Da bei den meisten Wünschen nur das Ergebnis beschrieben wird und der Weg dorthin fehlt, ist die nächste Übung sehr, sehr wichtig und oft der Knackpunkt, warum manche ihre Ziele nicht erreichen. Dieser nächste Schritt unterscheidet dich von den meisten Menschen, die ihre Wünsche nicht umsetzen. Denn nun finden wir deine persönliche Strategie, um dorthin zu gelangen.

Beispiele:

Entspannter sein → Was entspannt mich? →
Baden, Sport, Gespräche, Spazieren, Malen, Natur

Wunsch:	**Strategie:**
Entspannter sein	1x pro Woche ein heißes Bad nehmen
	1x pro Woche einen Spaziergang machen

Weniger einsam sein → Wie werde ich das?
→ Vereinen beitreten (Laufen, Klettern, Feuerwehr, Rettung, Tierheim, wohltätige Zwecke), mehr ausgehen, alte Schulfreunde kontaktieren, Arbeitskollegen ansprechen, Fremden Komplimente machen

Wunsch:	**Strategie:**
Weniger einsam sein	Bei drei neuen Vereinen »schnuppern« Sich für sich selbst 1x pro Woche Zeit nehmen Jeden Freitag mit einem Freund/Bekannten ausgehen Eine Schatzkiste mit Erinnerungen (Fotos, Chatverläufe, Urlaube, Postkarten, ...) erstellen und diese durchsehen, wenn ich mich einsam fühle

Für jeden sind es andere Wunschveränderungen und für jeden sind es andere Strategien, die zum ersehnten Gefühlszustand führen.

»Ich möchte neue Freunde gewinnen.« Viele wünschen sich einen guten Freund an der Seite, tun aber nichts, um den Wunsch umzusetzen. Zuerst die Definition: Ich möchte einen Freund an meiner Seite haben, auf den ich mich verlassen und dem ich mich anvertrauen kann. Jetzt die Frage: Wie erreiche ich dieses Ziel? Um diesen Menschen zu finden, musst du neuen Menschen begegnen, denn anscheinend gibt es diesen Menschen nicht in deinem Umfeld. (Oder vielleicht doch?) Also überlege dir, wo du so einen Menschen finden könntest. Was macht dieser Mensch gern? Was machst du gern?

Ein Plan könnte lauten: Ich gehe regelmäßig zu einem Lauftreff und versuche, zumindest mit einer Person fünf Minuten zu sprechen. Oder: Ich verteile jeden Tag mindestens ein Kompliment an jemanden, der Charakterstärke zeigt, meine Werte vertritt oder Ähnlichkeiten mit mir hat. Eine weitere Möglichkeit: Ich frage 3x pro Woche eine Person aus meiner Vergangenheit, die ich mochte, ob sie sich mit mir treffen möchte. Heutzutage, mit Facebook, Instagram und Co., ist es leicht(er), alte Bekanntschaften wieder zu treffen, sich auszutauschen und auch neue Leute kennenzulernen. Schnell wirst du Menschen in deinem Leben haben, die dich so schätzen, wie du sie schätzt.

Ein anderes Beispiel – die Problemstellung eines Verkäufers: Er muss vier Neukunden pro Monat akquirieren. Aktivitätenplan: Zwei Telefonate pro Tag entsprechen zehn Telefonaten pro Fünftagewoche; das sind 40 Telefonate im Monat. Bei 40 Telefonaten und einer angenommenen Abschlussquote von zehn Prozent sind das vier Neukunden im Monat. Wenn dies einige Zeit genau so umgesetzt wird, wird das Ziel nicht nur erreicht, sondern sogar übertroffen, da der Verkäufer sich ständig weiterentwickeln und verbessern wird. Die Angst, die durch Planlosigkeit entsteht, löst sich auf, da die Hilflosigkeit durch eine konkrete Strategie in ein Gefühl von Sicherheit verwandelt werden konnte.

Sollte eine Strategie nicht den gewünschten Effekt bringen oder nach einiger Zeit nicht mehr einen gleich starken Impuls setzen, entwickle einen neuen Umsetzungsweg, um zur gewünschten Lösung zu gelangen. Sollte dir bei einem Thema keine passende Strategie einfallen, frage Freunde, Kollegen, Familie oder auch Google nach Ideen: »Entspannungsmethoden«, »Disziplin lernen«, »Freunde gewinnen«, »Ideen für Hobbys«, »Wie praktiziere ich Selbstliebe?«, »Tipps zur Stärkung des Selbstbewusstseins« ... So wirst du zu neuen Denkanstößen kommen, die dich auf deinem persönlichen Weg voranbringen. Weitere Inspiration findest du im Kapitel »Von nichts kommt nichts« mit über 100 Aktivitäten, die als erfüllend gelten.

Schreibe deinen Plan zur Umsetzung auf, damit du laufend daran erinnert wirst.

Da es nicht möglich ist, alle Ziele gleichzeitig zu verfolgen und zu erreichen, müssen wir uns auf ein bis zwei, maximal drei konzentrieren. Alles auf einmal zu erreichen und zu ändern kann überfordern. Jede Veränderung erfordert Aufmerksamkeit und Energie. Deshalb konzentriere dich auf ein bis zwei Hauptziele. Gern kannst du im Hinterkopf noch zwei bis drei Nebenziele haben. Oft geht eines sogar mit einem anderen einher: gesund leben (nicht mehr rauchen, frisch kochen etc.), keine Wutanfälle mehr bekommen (mehr Ruhe und Gelassenheit, mehr Disziplin).

Stell dir folgende Fragen:

Was sind meine Ziele, die ich mit diesem Buch verfolgen möchte?

Welches Ziel ist mir zum heutigen Zeitpunkt am wichtigsten?

Bin ich diesem Ziel im letzten Jahr näher gekommen?

Wie viel Energie wende ich auf, um diese Ziele zu erreichen?

Sollte es mehr oder weniger Energie sein? Warum?

Welche Maßnahmen und Aktivitäten helfen, diesem Ziel näher zu kommen?

Was muss ich für eine Veränderung mitbringen?

Wie belohne ich mich, wenn ich dieses Ziel bzw. ein Teilziel erreiche?

Welchen Vorteil bringt es mir, dieses Ziel zu erreichen?

Wie fühle ich mich, wenn ich dieses Ziel erreiche?

Wie fühle ich mich, wenn ich dieses Ziel nicht erreiche? Welche Nachteile bringt es mit sich?

Was könnte schiefgehen?

Wie gehe ich damit um, wenn es schiefgeht? Wie kann ich dies vermeiden?

Warum kann ich das erreichen?

Warum verdiene ich dieses Ziel?

Was muss ich aufgeben, um das Ziel zu erreichen?

Anhand dieser Fragen wirst du die Motivation bekommen, um neue, erstrebenswerte Wege zu beschreiten. Und sie werden dir aufzeigen, warum du vielleicht noch nicht so weit bist, wie du gern wärst. Die Fragen, was du durch eine Veränderung gewinnst, was dich behindern könnte, sowie die Vorstellung eines Scheiterns und der Umgang damit nehmen dir die Angst.

Stell dir für dich hilfreiche und wichtige Fragen auch weiterhin im Alltag.

Ein klarer Fokus wird dir die Zielerreichung vereinfachen und dich schneller zu einem Ergebnis führen. Dies wiederum bestärkt dich in deinen eigenen Fähigkeiten. Das daraus resultierende Selbstbewusstsein wirst du mit jedem kleinen Teilziel mehr spüren und mehr Energie und Kraft für neue Ziele schöpfen.

Sei in Gedanken regelmäßig bei deinem Ziel. Wie fühlt es sich an, wenn du es erreicht hast? Was ist der Nutzen daraus? Was gibt es dir? Warum kannst du es erreichen? Warum verdienst du dieses Ziel? Gib dich diesem positiven, überwältigenden Gefühl hin. Vollkommene Zufriedenheit, Erfolg, Ruhe, Kraft, Selbstbewusstsein und Erfüllung. Das liegt in dir. Es ist da und wird durch dich zu einem fixen Bestandteil deines Lebens.

Sollte es anfangs nicht gleich funktionieren, mache einfach weiter. Denn auch von einem Kind erwartest du nicht, dass es zum ersten Mal aufsteht und dann sofort läuft. Es muss nach dem ersten Versuch nicht fortan jeden Tag laufen. Wenn es einmal erfolgreich selbst den Brei löffelt, erwartest du nicht, dass das von nun an täglich klappen muss. Schon gar nicht tadelst du dein Kind für weitere Versuche, die fehlschlagen, oder? »Was wären das für schreckliche Eltern!«, wirst du dir denken. »Was für einen grausamen Umgang pflegst du mit dir selbst?«, frage ich dich.

Veränderungen erfordern Zeit, Geduld und Ausdauer. Keine Stadt wurde an einem Tag erbaut, keine Freundschaft entstand von heute auf morgen, und auch du darfst dir die Zeit nehmen, in die Rolle deiner Vorstellung hineinzuwachsen. Wenn es dir wichtig genug ist, wirst du dranbleiben und die nötige Energie wird von dir kommen. Weitere Hilfestellung bekommst du im Kapitel »Rückschläge«.

Übung: der perfekte Tag

Oft reicht es aus, einmal erfolgreich zu sein, um das nötige Selbstvertrauen zu entwickeln, etwas zu schaffen. Eine sehr hilfreiche Übung, um Selbstvertrauen und Stärke zu gewinnen, ist »der perfekte Tag«. Hier gehst du dein Ziel nur einmal pro Woche an. Ob es Sport, gesunde Ernährung, Wellness, Putzen oder einfach ein Tag ist, an dem du dich wie deine große Liebe behandelst und endlich Selbstliebe praktizierst. Ein Tag, an dem du wirklich die Meditation durchziehst, tatsächlich pünktlich aufstehst, nicht rauchst, dich nicht aufregst, alles ruhig und gelassen angehst und endlich das machst, was du dir schon so lange vorgenommen hast. Nur an einem Tag in der Woche. Du musst dich nur diesen einen Tag – das sind 16 Stunden, in denen du wach bist – dazu verpflichten, dein Vorhaben umzusetzen. Wenn du ihn erfolgreich meisterst, wirst du dich in der Regel so gut fühlen, dass du dich auf diesen einen Tag in der Woche sogar freust. Wenn du diese Zeit ohne Zigarette durchgehalten hast, wirst du so unglaublich stolz auf dich sein und es für möglich halten, dass du die nötige Stärke besitzt, ganz darauf zu verzichten. Wenn du an dich glaubst, nicht nur in deiner Vorstellung, sondern du auch mit eigenen Augen gesehen und mit deinem Körper gefühlt hast, dass es möglich ist, kannst du es leichter beibehalten. Dann kannst du diesen perfekten Tag auch zweimal pro Woche einführen oder sogar an fünf Tagen. Aber zunächst, bevor es zu herausfordernd erscheint, mache es nur an einem Tag pro Woche, so lange du willst. Ein perfekter Tag. Mit dieser »Light«-Methode nimmst du dir den Druck und darfst dich hineinfühlen in das überwältigende Gefühl, es geschafft zu haben.

Stell dir dazu folgende Fragen:

Welchen perfekten Tag möchte ich einführen? Was möchte ich zumindest an einem Tag in der Woche konsequent durchhalten?

____

____

____

____

Wie fühle ich mich am Ende meines perfekten Tages? Wo fühle ich es? Was macht es mit meinem Körper und Geist?

Bevor du dich zu etwas zwingst, werde dir bewusst, warum du es tust. Was ist deine treibende Kraft? Was ist deine Motivation? Das werden wir im Kapitel »Warum tust du, was du tust« noch erarbeiten.

Deshalb hast du vorher Ziele definiert. Denn ohne Ziel kein Antrieb, keine Kraft, keine Energie. Warum solltest du dich anstrengen, wenn du keinen Nutzen davon hast? Warum solltest du die ganzen Möbel runter auf die Straße tragen, wenn du nicht umziehst? Warum solltest du deine Wand streichen, wenn sie doch strahlend weiß ist? Warum solltest du dir einen Finger abschneiden, wenn du ihn doch brauchst? Absolut sinnbefreit. Deshalb ist es auch nachvollziehbar und menschlich, hier nicht tätig zu werden und die Energiereserven zu sparen. Das ist eine kluge Entscheidung, weder faul noch undiszipliniert. Wenn du ein wichtiges Ziel hast, welches du erreichen musst, und ausreichend Druck, zum Beispiel einen Abgabetermin, wirst du ins Handeln kommen. Manchmal, wenn es dir wichtig ist, musst du dir Druck machen. Du würdest natürlich die Möbel heruntertragen, die Wände streichen und die nötige Energie aufwenden, wenn der Mietvertrag zu einem bestimmten Datum gekündigt ist. Deshalb sei nicht zu streng mit dir, wenn du einmal nichts tust, nicht diszipliniert, stark und voller Energie bist. Du tankst Energie und erholst dich, damit du in diesen energieraubenden Situationen etwas leisten kannst.

3 Gründe, warum wir nicht ins Handeln kommen

Warum erstarren wir? Warum kommen wir nicht voran? Was ist der Grund für den Stillstand? Wenn du die drei Gründe kennst, warum Menschen nicht in die Umsetzung kommen, wirst du einen realistischeren Blick auf dich, dein Vorhaben und deine Wünsche bekommen. Denn mit dem nötigen Theoriewissen ausgestattet, können wir effizienter handeln, bewusster planen und besser sowie realistischer kalkulieren. Deshalb sind hier die drei Gründe für den fehlenden Antrieb.

Mangelnder Glaube an die eigenen Fähigkeiten

In deinem Inneren glaubst du nicht, es schaffen zu können. Das Vertrauen in dich selbst, die Aufgabe mit deinen Fähigkeiten und Talenten bewältigen zu können, reicht nicht aus. Der Glaube, zu versagen, ist größer als der Glaube an dich und deine Fähigkeiten. Wenn du dir in deiner Vorstellung nicht das Wunschergebnis ausmalen kannst, wird es nicht Realität werden. Wenn du dir nicht vorstellen kannst, schlank zu sein, wirst du es nicht. Wenn du dir nicht vorstellen kannst, reich und erfolgreich zu werden, wirst du es nicht. Wenn du dir nicht vorstellen kannst, ohne Panikanfall in einem Fahrstuhl zu fahren, wirst du es nicht. Die Kernaussage ist: Dein Verstand ist dein wichtigstes Instrument. Deine Gedanken gestalten deine Gegenwart und deine Zukunft.

Denn nur, weil wir in der Vergangenheit die Erfahrung gemacht haben, dass unsere Fähigkeiten nicht ausgereicht haben, heißt das nicht, dass dies heute noch Gültigkeit hat. Es bedeutet auch nicht, dass unser Leben und unser Verhalten bereits fixiert und unveränderbar sind (siehe auch »Ängste überwinden«, »Erlernte Denkprogramme verlernen«). Solange wir die richtige Motivation haben, die Hindernisse kennen und einen Plan parat haben, kann jeder von uns Berge versetzen. Wenn deine damalige Lehrerin zum Beispiel deinen Schwimmstil stark kritisiert hat, heißt das nicht, dass Schwimmen nicht deine Disziplin ist. Auch Ansichten deiner Eltern oder Freunde, die sagen: »Kannst du das überhaupt?«, solltest du nicht zu deinen eigenen Gedanken machen. »Du bist doch immer unruhig. Du kannst nicht entspannen.« »Du warst nie der ordentliche Typ.« »Du hast Dinge nie fertig gemacht. Du hast keine Disziplin.« Wir müssen diese übernommenen Glaubenssätze genauso wie unbewusste Selbstgespräche erkennen, kritisch hinterfragen und dann entscheiden, ob sie nach wie vor stimmen oder ob es an der Zeit ist, sie abzuändern.

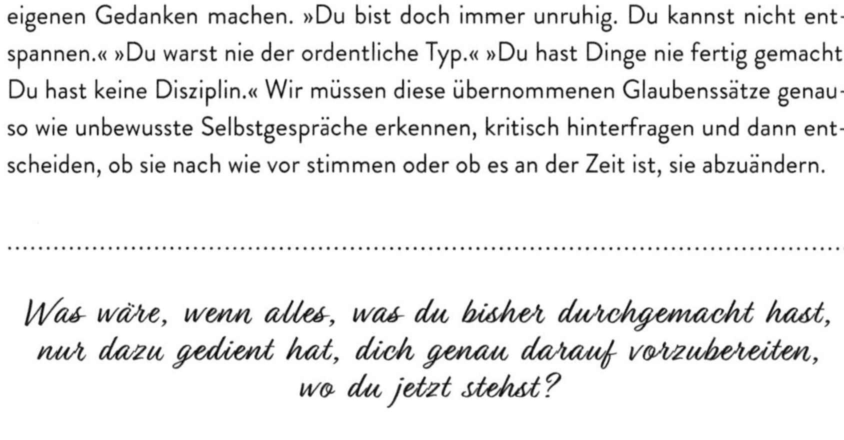

Wenn übernommene Glaubenssätze ein Grund sind, warum du nicht ins Handeln kommst, empfiehlt es sich, mit der ABC-Methode zu arbeiten (siehe »Erlernte Denkprogramme verlernen«), Glaubenssätze auszuarbeiten (in diesem Kapitel) sowie die Übungen zur Stärkung des Selbstvertrauens zu machen (siehe »Wer bin ich?«, »Rückschläge«).

Identitätskonflikt

Dein Vorhaben stimmt nicht mit deinem Bild von dir überein. Die Person, die du darstellen möchtest, steht nicht im Einklang mit deiner Wertehaltung und deinen Lebensansichten. Weil dein gewünschtes Handeln nicht mit deinen Überzeugungen übereinstimmt, scheitert die Umsetzung. »Für Geld muss man hart arbeiten«, »Ich bin nicht sportlich«, »Ich muss mir meine Belohnung verdienen«, »Menschen kann man nicht vertrauen«, »Menschen sind unehrlich«, »Wer rastet, der rostet«, »Abnehmen heißt Verzichten«, »Liebe tut weh«, »Qualität ist teuer«, »Ein Partner gehört zu einem glücklichen Leben« … Hier wirken zahlreiche gelernte Ansichten von für universell wahr gehaltenen Weisheiten über sich, andere und darüber, wie das Leben funktioniert. Und genau diese verhindern Fortschritt. Mit der Einstellung, dass Geld hart erarbeitet werden muss, wird das Geld auch nur mit harter Arbeit zu verdienen sein. Wer glaubt, nicht entspannen zu können, weil dann der Erfolg ausbleibt, bei dem wird es auch so sein. Wer überzeugt ist, nichts annehmen zu dürfen, wird sich immer selbst grundlos bestrafen. Wer Liebe mit Schmerz assoziiert, wird immer den Fokus auf mögliches Leid legen, dieses vorrangig sehen und natürlich auch finden.

Werde dir bewusst, was an deinen Zielen im Widerspruch zu deinen Werten und deiner Weltanschauung steht; was genau daran in dir Widerwillen auslöst, weil es nicht zusammenpasst. Frage dich, ob dieser Konflikt aus einer persönlichen Erfahrung entstanden ist oder ob er durch dein Umfeld und dessen Ansichten, Einstellungen und Werte beeinflusst worden ist.

Gibt es einen Konflikt zwischen deinen Zielen und deiner Weltvorstellung? Die Antworten finden wir in den Kapiteln »Erlernte Denkprogramme verlernen« und »Wer bin ich?«.

Falsche Motivation

Grund Nummer 3 ist die häufigste Ursache, warum Menschen über etwas sprechen, jedoch nicht ins Tun kommen. Oft ist unser Antrieb extrinsisch, von außen bestimmt, und nicht intrinsisch, aus unserem Inneren heraus.

Wenn du etwas aus intrinsischer Motivation tust, dann tust du das aus Eigenantrieb, aufgrund deines inneren Willens, weil du es selbst für dich tun willst. Intrinsische Motivation wird auch intrinsisches Verlangen genannt. Ein gutes Beispiel für intrinsische Motivation sind Hobbys, weil du diesen gern nachgehst.

Extrinsische Motivationsquellen können zum Beispiel der Wunsch nach Belohnung (Bezahlung der Arbeit, Ansehen, Prestige) oder das Vermeiden einer Bestrafung (schlechtes Prüfungsergebnis, Kündigung) sein. Im Unterschied zur intrinsischen Motivation werden Aufgaben also nicht um ihrer selbst willen oder aus eigenem Antrieb durchgeführt, sondern in der Aussicht auf Geld, Anerkennung oder die Vermeidung einer Strafe. Dieser Antrieb lässt jedoch schnell nach. Die Energie wird schnell sinken und dich nicht langfristig zur erfolgreichen Vollendung deiner Ziele bringen. Extrinsische Belohnungen können deine innere Motivation negativ beeinflussen (siehe »Warum tust du, was du tust« – Die Geschichte des alten Mannes). Das bedeutet jedoch nicht, dass beide Motivationsarten nicht gleichzeitig bestehen können. Stell dir vor, du arbeitest an einem Umweltprojekt, weil dir die Umwelt und der Planet Erde am Herzen liegen (intrinsische Motivation). Wenn du an dem Projekt arbeitest, erhältst du eine Belohnung vom Initiator des Projekts (extrinsische Motivation). In diesem Beispiel funktionieren beide Ansätze parallel. Wenn die Belohnung zu hoch ist, kann dein intrinsischer Motivationsfaktor in den Schatten gestellt werden und dich deine Startintention vergessen lassen (siehe »Die Geschichte des alten Mannes«).

Glaubst du, dass du nun den Unterschied bei deiner Motivation erkennen würdest? Hast du eine Vorstellung, welcher Antrieb bei dir vorrangig ist? Lass uns eine Übung machen, damit du selbst feststellen kannst, ob du die Motivation hinter der Handlung erkennst. Markiere die intrinsische Motivation mit I und die extrinsische mit E:

1. Du hilfst anderen, weil du auf das Lob von Freunden und Familie hoffst.	
2. Du lernst, weil du eine gute Note möchtest.	
3. Du gehst ins Fitnessstudio, weil du abnehmen möchtest und weniger auffallen willst.	
4. Du kaufst Sachen im Schlussverkauf, weil sie reduziert sind.	
5. Du bleibst zu Hause, weil dir dein Arzt Ruhe zur Genesung verordnet.	
6. Du besuchst neue Orte, weil du die Bilder auf Instagram posten willst.	
7. Du kaufst ein neues Auto, weil es schöner aussieht als das alte.	
8. Du putzt deine Wohnung, weil du dich dadurch ordentlicher fühlst.	
9. Du führst Argumentationen, weil du sie intellektuell anregend findest.	

10. Du meditierst, weil du Stress abbauen möchtest.	
11. Du treibst Sport, weil du dich lebendig fühlen willst.	
12. Du bleibst länger im Büro, weil du deine Arbeit als sinnvoll erachtest.	
13. Du lernst, weil du neugierig auf die Themen bist.	

War es leicht, den Unterschied zu erkennen? Nun zur Auflösung: Eins bis sieben sind extrinsische Motivatoren, acht bis dreizehn intrinsische Antriebe. Mit dieser Übung solltest du ein Bewusstsein für den Unterschied von innerem und äußerem Antrieb bekommen haben.

Stell dir dazu folgende Fragen:

Welche Aufgaben mache ich aufgrund intrinsischer Motivation? (Finde mindestens fünf Beispiele und begründe wie in der Tabelle zuvor deine Tätigkeit mit »weil ...«.)

____

____

____

____

____

____

Welche Aufgaben mache ich aufgrund extrinsischer Motivation? (Begründe fünf Tätigkeiten mit »weil …«.)

Hast du mehr ex- oder mehr intrinsisch motivierte Aktivitäten gefunden? Was fiel dir leichter? Leider sind die Gründe für unser Handeln öfter extrinsisch als intrinsisch.

Welche Motivation war bei deinen zuvor formulierten Zielen vorherrschend? Gehe nochmals zurück und hinterfrage die Motivation hinter den notierten Zielen. Solltest du feststellen, dass manche deiner Ziele rein extrinsisch motiviert und dadurch nicht wertvoll genug sind, um deine Energie in diese zu investieren, streiche sie. Andernfalls solltest du neben deinen Zielen jeweils eine intrinsische Motivation als Stichwort notieren.

Sollte mangelnde oder »falsche« Motivation ein Grund für den fehlenden Fortschritt sein, werden wir das im Kapitel »Warum tust du, was du tust« behandeln und im Kapitel »Von nichts kommt nichts« vertiefen.

Glaubenssätze

Nachdem wir festgehalten haben, woran du arbeiten möchtest, und wir deine Ziele klar, messbar und realistisch definiert haben, bitte ich dich nun, dass du dazu Glaubenssätze erstellst.

Was sind Glaubenssätze? Glaubenssätze sind Behauptungen, an die du glaubst, die deine innere Haltung und Einstellung widerspiegeln und fest in deinen Gedanken verankert sind – oder verankert werden sollen, bis du sie glaubst und wahrhaftig lebst.

Glaubenssätze können sein: »Regen ist schlecht«, »Ich bin schlecht in Mathematik«, »Ich bin ein Chaot«, »Ich bin unsportlich«. Diese Sätze sind für uns universelle, immer gültige Wahrheiten, die uns die Welt beschreiben. Sie sind gelernte, automatisierte Denkmuster, die uns helfen, Situationen schneller zu bewerten, damit wir sie als gefährlich oder freudvoll einstufen können. Wie wir sie gelernt haben, besprechen wir in den Kapiteln »Ängste überwinden« und »Wer bin ich?«.

Ein selbst neu definierter Glaubenssatz zählt zur Autosuggestion. Dabei beeinflussen wir selbst aktiv unsere Vorstellung und Gedanken. Wir versuchen also mit der Wiederholung von bestimmten Sätzen, diese fest in unseren Gedanken und unserem Glaubenssystem zu verankern, bis sie automatisch in unseren Selbstgesprächen vorkommen.
Mit der aktiven Anwendung von Glaubenssätzen ist es möglich, die eigenen automatisierten Denkprogramme zu ändern und schneller und leichter unsere Ziele zu erreichen. Wie sieht das nun aus?

Wunsch:	**Glaubenssatz:**
»Ich möchte ruhiger sein.«	»Ich bin in jeder Situation ruhig und gelassen.«
»Ich möchte weniger nervös sein.«	»Ich bin die Ruhe selbst. Meine Nervosität nehme ich wahr und kann sie leicht zur Seite schieben.«
»Ich möchte selbstbewusster sein.«	»Ich bin selbstbewusst und darf jederzeit meine Meinung äußern.«

»Ich möchte kritikfähiger werden.«	»Kritik ist für mich eine Lernchance und bringt mich voran.«
»Ich möchte weniger Stress haben.«	»Ich erledige jede Aufgabe mit Leichtigkeit und empfinde Freude dabei.«
»Ich möchte 15 kg bis Dezember abnehmen.«	»Ich bin schlank und verhalte mich wie ein schlanker und gesunder Mensch.«, »Meine Gesundheit ist mir wichtig und dafür tue ich jeden Tag gern etwas.«

Dies sind Beispiele für Glaubenssätze, die zum Ändern von Denkprozessen nützlich sind, da sie zu einer Veränderung des Verhaltens führen können.

Im Kapitel »Erlernte Denkprogramme verlernen« werden wir weitere Methoden kennenlernen.

Optimal sind für den Anfang fünf bis zehn Glaubenssätze, die sich für dich gut anfühlen. Wichtig ist, dass du positive Formulierungen wählst. »Kein« und »nicht« werden NICHT verwendet, denn dein Gehirn erkennt diese Wörter nicht. Dein Gehirn würde lesen: »Ich bin nervös« anstelle von »Ich bin nicht nervös« oder »Ich arbeite schlampig« anstatt »Ich arbeite nicht mehr schlampig«.

Deine Gedanken sind verantwortlich für dein Handeln.

Spiele mit verschiedenen Worten und dem Satzbau. Diese Sätze sollen dir allein beim Lesen (bzw. noch besser beim Hören durch lautes Aufsagen) das gewünschte Gefühl vermitteln. Sie sollen glaubhaft sein und sich gut anfühlen. Nicht alle Glaubenssätze werden von heute auf morgen für dich wahr sein. Mit der Zeit wirst du jedoch merken, dass sich eine neue Überzeugung manifestiert hat und sich in deine Gedanken schleicht. So wirst du beim nächsten Meeting auf einmal deinen Glaubenssatz »Ich bin selbstbewusst und darf meine Meinung äußern« im Kopf haben und bestimmt die Stimme erheben und deine Meinung äußern. Du wirst merken, dass du auf einmal wirklich ruhig und gelassen in Situationen bist, in denen du früher die Fassung verloren hast, weil der Satz »Ich bin in jeder Situation ruhig und gelassen« auftaucht. Du wirst wahrnehmen, dass du bei der nächsten kritischen Äußerung auf einmal Dankbarkeit verspürst, weil du dir oft genug vorgesagt hast, dass Kritik eine Lernchance ist. Und dies geschieht durch das Wiederholen von einigen einfachen Sätzen, die dein Denken verändern und so dein Verhalten langfristig positiv beeinflussen.

Anwendung

Sind die Glaubenssätze erst einmal definiert, solltest du sie mindestens einmal am Tag lesen. Du kannst sie auch täglich aufschreiben, wenn du lieber aktiv im Tun bist und dir das hilft, Informationen zu speichern. Du kannst die Glaubenssätze auch groß auf einem Plakat verewigen, damit du sie jeden Tag siehst und unterbewusst abspeicherst. Oder nimm sie als Sprachnachricht auf und höre sie dir auf dem Weg zur Arbeit an. Du kannst sie dir morgens beim Frühstück laut vorlesen oder abends vor dem Zubettgehen wiederholen. Hauptsache, du beschäftigst dich regelmäßig damit, bis du sie auswendig jederzeit abrufen kannst. Denn es ist das Ziel, diese Sätze tief in deinem Unterbewusstsein zu verankern.

Notiere hier nun deine anhand deiner festgelegten Ziele neu definierten Glaubenssätze:

____

____

____

____

____

____

____

Stell dir dazu folgende Fragen:

Wann und wie baue ich sie in meinen Alltag ein? (Termin in den Kalender eintragen!)

Wie fühle ich mich, wenn ich diese Glaubenssätze lese?

Wie sehr glaube ich diese Sätze?

1 2 3 4 5 6 7 8 9 10

Stell dir auf deinem Mobiltelefon eine Erinnerung ein, die sich in genau sieben Tagen zur selben Uhrzeit meldet. Beantworte dann diese Fragen:

Habe ich eine Woche lang die Glaubenssätze täglich gelesen?

Ja ☐ **Nein** ☐

Kann ich die Glaubenssätze auswendig?

Ja ☐ **Nein** ☐

In welchen Situationen ist mir welcher Satz in den Sinn gekommen?

____

____

____

____

____

____

____

Wie sehr glaube ich diese Sätze nach sieben Tagen?

1 2 3 4 5 6 7 8 9 10

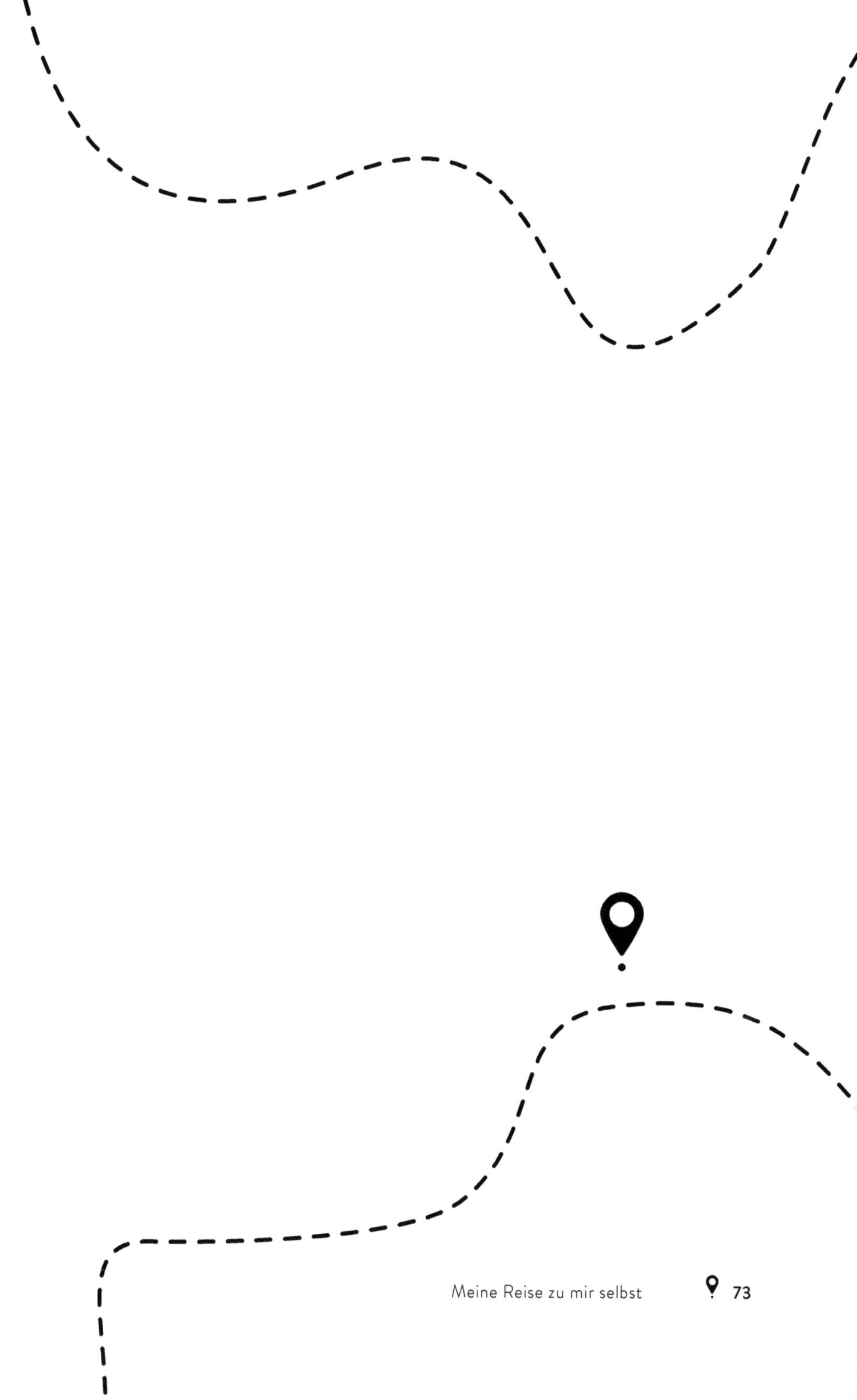

Warum tust du, was du tust

Was ist die Grundlage für deine Handlungen? Bevor wir diese Frage beantworten, starten wir mit einer Übung. Gehe deinen Tagesablauf durch und schreibe genau auf, was du tust – deinen Beruf, deine Morgenroutine, deine Hobbys, deine Ernährung, deine Beziehungen ...

Hast du deinen Tag jemals so betrachtet? Wie fühlt es sich an, den Ablauf zu notieren? Bist du zufrieden? Ist dein Tag zu voll oder doch zu leer? Gehe ihn noch einmal durch und notiere die Gründe für jede Handlung. Schreibe nieder, warum du was tust.

Welche Beweggründe waren am häufigsten vertreten? Was sagt das über dich? Hast du im Alltag mehr Aktivitäten für dich oder für andere ausgeführt? Nun beantworte ich dir die Frage, warum du tust, was du tust. Es gibt genau zwei Motivatoren, nach denen wir handeln: Der erste ist Schmerz, der andere ist Liebe (bzw. starke Freude). Du tust etwas nicht, weil du Angst davor hast und Schmerz vermeiden möchtest. Du tust etwas, weil du es liebst und starke Freude empfindest. Dazwischen gibt es nichts.

Wir haben im vorherigen Kapitel bereits die extrinsische und intrinsische Motivation kennengelernt. Dieses Wissen haben wir genutzt, um deine Ziele mit dem richtigen Antrieb zu versehen. Jedoch treffen wir tagtäglich Entscheidungen, die bestimmten (De-)Motivatoren entgegenstehen. Motivation hat nicht nur etwas mit unseren Zielen zu tun, sondern mit jeder alltäglichen Entscheidung, die wir bewusst oder unbewusst treffen. Wenn du bewusst darauf achtest, was deine Gründe dafür sind, etwas zu tun oder nicht zu tun, wirst du diese zwei Motivatoren erkennen. Sie sind die Grundlage für jede Entscheidung, die wir treffen, und jede Handlung, die wir ausführen oder unterlassen.

Gehe deinen zuvor notierten Tagesablauf durch. Markiere die Tätigkeiten zur Schmerzvermeidung in Rot und die Aktivitäten zur Gewinnung von starker Freude (oder Liebe) in Grün. Sind sie ausgeglichen? Warum stehst du in der Früh auf? Was ist dein Hauptmotivator für dein derzeitiges alltägliches Tun – Schmerzvermeidung oder Freudegewinnung?

Eine starke Tendenz zu dem einen oder dem anderen Motivator führt zu Unzufriedenheit. Wir brauchen beides. Jemand, der den ganzen Tag nur zur eigenen Lustgewinnung gestaltet und keine Pflichten hat, wird krank, unglücklich oder auch süchtig. Umgekehrt kommt es häufiger vor: ein Leben, das nur aus Pflichten besteht und in dem jede Tätigkeit nur ausgeführt wird, um Schmerz und Leid abzuwenden. Auch hier erkennen wir möglicherweise mehr extrinsische als intrinsische Motivatoren. Der Unterschied ist jedoch, dass extrinsische Motivation Angst vor Strafe ist und die Vermeidung von Leid ein intrinsischer Antrieb, der unser Überleben sichert.

Alles, was wir tun, ist darauf ausgerichtet, Negatives zu vermeiden und Positives zu erleben.

Warum sollte sich jemand auf etwas einlassen, wenn Verluste möglich sind?

Wenn die potenzielle Freude größer ist als das mögliche Leid, das wir glauben zu erfahren, gehen wir riskante Geschäfte ein. Ist die Angst vor einem Verlust stärker als die Chance auf einen Gewinn, werden wir dankend ablehnen.

Szenario: Ein Freund hält ein Versprechen nicht ein, zum Beispiel beim Umzug zu helfen. Du wirst wahrscheinlich Enttäuschung empfinden. Eventuell wirst du den Freund anders wahrnehmen (siehe »Lebenskrisen sind Wahrnehmungskrisen«), die Freundschaft kündigen und dich ärgern. Wenn wir wissen, dass dein Freund dies aus einem der zwei Beweggründe unterlassen hat, können wir ihn besser verstehen. Denn jede Handlung ist durch diese Begründung nachvollziehbar. Nehmen wir mal an, dass es nicht nur Gewinnung von Freude war, sondern zum Abwenden von Schmerz. Zum Beispiel könnte es sein, dass es für deinen Freund eine größere Leidvermeidung war, das Versprechen nicht einzulösen. Ein größeres Problem hätte zu noch mehr Schmerz geführt und hatte somit Priorität. Konkret könnte dies ein Ehestreit gewesen sein oder ein wichtiger Arbeitsauftrag. Hat es nicht Sinn, den Freund zu enttäuschen, wenn der Job oder die Ehe auf dem Spiel steht? Ist es nicht eine absolut logische Entscheidung, das größere Leid zu vermeiden? So könnte es sein, wir wissen es nicht. Und weil wir es nicht wissen und unser Gefühl der Enttäuschung allein aufgrund einer möglichen Annahme in unserem Kopf entstanden ist, die nicht wahr sein muss, darf unsere Enttäuschung nicht unser Verhalten bestimmen. Die Freundschaft zu kündigen, weil ein Bild im Kopf unkontrolliert aufgetaucht ist, wäre schade. Bevor wir urteilen, sollten wir immer die Beweggründe unseres Gegenübers betrachten und versuchen zu verstehen, denn oft sind diese nachvollziehbar.

Warum schieben wir Dinge auf? Wir verbinden mit dem »Nicht-Machen« weniger Leid und mit dem »Machen« größeren Schmerz. Erst wenn das Leid des »Nicht-Machens« überhandnimmt und die Schmerzvermeidung nicht mehr als positiver und angenehmer wahrgenommen wird, handeln wir. Die Dokumente müssen bis zum Monatsende korrekt ausgefüllt sein. Aber andere Tätigkeiten haben Priorität und vermeiden mehr »Schmerz«.

Wie viel Gesundheit und mehr Wohlbefinden kann ich erlangen, wenn ich mit dem Rauchen aufhöre? Wie viel Unbehagen, Entzugserscheinungen, schlechte Laune und mangelnde Arbeitsleistung entstehen, wenn ich versuche, meine Sucht zu beenden? Sind die Argumente für die Suchtbeibehaltung nicht viel stärker und emotionaler als die möglichen positiven Aspekte? Wird bei dieser Sichtweise nicht mehr Leid vermieden, wenn du die Sucht beibehältst, als wenn du sie aufgibst?

Da jeder Leid vermeiden möchte, wird dieses häufig eingesetzt, um Menschen zu Handlungen zu zwingen. Der Chef, der Abteilungsleiter und der Ehepartner nutzen es und wir verwenden diesen Motivationsfaktor bei unseren eigenen Kindern. Warum? Weil es wirkt. Menschen haben einen natürlichen Überlebensinstinkt und somit eine Abscheu vor Schmerz. Wir machen Überstunden, weil wir nicht gekündigt werden wollen. Unser Kind ist brav, weil wir drohen, das Abendessen zu streichen oder die Lieblingsserie. Der Ehepartner straft uns mit Liebesentzug, wenn wir den Müll nicht runterbringen.

Überlege dir, was du im Leben gern tun würdest, und begründe dies mit einem negativen Motivator, der Schmerz und Leid verursacht, wenn du nicht in die Veränderung kommst. Finde das »Warum«, den großen Schmerz, der bei Beibehaltung dein Leben einnimmt. Wenn du diese negativen Assoziationen, also Leid und starken Schmerz, mit dem Aufrechterhalten bestimmter Verhalten verknüpfst, wirst du genau die richtigen Empfindungen verspüren, die dich von einer gewohnten Handlung abhalten. Hier kannst du gern deine Ziele und Glaubenssätze heranziehen, um die nächsten Fragen zu beantworten.

Was würde ich gern tun? Welchen Schmerz vermeide ich?

____

____

____

Welches stärkere Leid kann ich mit dem Nichtstun verbinden, um ins Handeln zu kommen?

Das Problem ist, dass die meisten Menschen ihre Entscheidungen aufgrund ihrer Erfahrungen treffen, die kurzfristig Freude verursachen oder Schmerzen vermeiden. Die wichtigsten Dinge in unserem Leben, die wir am meisten schätzen, erfordern jedoch, die Mauer kurzfristiger Nachteile zu durchbrechen, um langfristig Vorteile zu erhalten. Dies ist in Beziehungen erkenntlich. In der Liebe erfahren wir immer mehr Eigenschaften an unserem Partner, die uns nicht gefallen. Das Durchhalten würde uns jedoch mit dem schönsten Gefühl der Welt, Liebe, belohnen. Auch in der Arbeitswelt müssen wir anfangs viele anstrengende, unwichtige Tätigkeiten erledigen, bevor wir Verantwortung übertragen bekommen und vielleicht sogar unsere Arbeiten frei wählen dürfen. Hier heißt es ebenfalls: Kurzfristige Schmerzvermeidung bringt uns nicht voran.

Um nun langfristig eine Veränderung zu erreichen, muss die Motivation spürbar werden. Wie du bereits gelernt hast, gibt es zwei Motivatoren, die Menschen zum

Handeln bewegen und sie Änderungen in Angriff nehmen lässt: Liebe oder Leid. Aus starker, tiefgehender Liebe ändern Menschen ihre altbewährten, gemütlichen Gewohnheiten. Viele Frauen hören aus Liebe zum eigenen ungeborenen Kind im Bauch auf zu rauchen. Andere kündigen ihren Job, um ihre kranken Eltern zu Hause zu pflegen. Der Großteil der Eltern gibt aufgrund bedingungsloser Liebe zum eigenen Kind fast sämtliche Hobbys auf. Es gibt Menschen, die eine Leidenschaft gefunden haben, die sie so sehr erfüllt, dass sie ihr gesamtes Leben danach ausrichten. Häufig trifft man das bei Musikern oder Sportlern an – ob Berufssportler oder leidenschaftlicher Fußballspieler, ob professioneller Hochzeitssänger oder Wochenendschlagzeuger ... Bei ihrer Tätigkeit empfinden sie ein derartig starkes, wunderschönes Gefühl, dass sie ihm immer wieder nachjagen. Hier finden wir den Motivator Liebe. Trotzdem sollten wir nicht die Säulen unseres Lebens (siehe Kapitel »Sinnfindung«) vergessen, die uns daran erinnern, nicht unser gesamtes Glück auf einer Säule aufzubauen.

Der andere, oft stärkere Motivator ist Schmerz und das dazugehörige Leid. Das Leiden kannst du selbst erzeugen. Wenn du aufhören möchtest zu rauchen, dann begib dich in reale Situationen, die dir dieses wahrhaftige, echte Leid deutlich machen. Sprich mit Menschen, die leiden. Geh in ein Krankenhaus auf die Lungenstation und sieh dir Menschen an, die Lungenprobleme haben. Versuche, dich einzufühlen. Sieh es dir genau an, präge dir ihren Zustand ein. Frage, was sie vermissen, was sie anders gemacht hätten. Frage, was ihnen aktuell am meisten Freude bereitet. Finde heraus, aus welchem Grund sie auf dieser Station liegen.

War es rauchen? Oder etwas anderes? Verbringe mehrere Minuten mit ihnen oder gar Stunden. Versuche, dich in diese Personen hineinzuversetzen. Such dir jemanden, bei dem dir das gut gelingt. Während du mit dieser kranken Person sprichst, stell dir vor, dass du an ihrer Stelle sitzt und dir selbst in die Augen siehst. Gib dir selbst den Ratschlag, den dir die Person gegenüber ans Herz legt. Das bist du.

Dasselbe kannst du auch mit verbitterten, alten, unglücklichen Menschen machen. Oder such dir einen ehemaligen Workaholic, der in einer Burn-out-Klinik behandelt wird. Such dir einen fettleibigen Menschen, um deine Motivation zur Bewegung zu finden. Such dir das Vorbild, das du brauchst, um die Auswirkungen wahrhaftig mit den eigenen Augen zu sehen.

Wärst du nun bereit, etwas zu ändern, um dies nicht zu erleiden? Aussagen wie »Ich könnte Krebs bekommen, ich könnte sterben« sind rationale oder oft von der Gesellschaft genannte, nachgesprochene Gründe. Sie berühren dich nicht, lösen keine emotionale Reaktion aus. Sie sind nicht stark genug, um dich zu einer Veränderung zu bewegen. Deshalb male dir nicht das »Was-wäre-wenn-Szenario« aus (siehe »Entkatastrophisieren«), sondern das »Jetzt-ist-es-so-Szenario«. Wenn es keinen Ausweg gibt, verfolgst du auch deinen Weg. Ein Krebskranker wird nicht mehr rauchen, wenn es ihm schlecht geht. Genau weil es ihm schlecht geht und er die Konsequenzen am eigenen Leib spürt.

Jemand, der mit Burn-out diagnostiziert wird, kann nicht mehr arbeiten. Auch er hat seine Last aufgeben müssen. Dein Glück dabei ist, dass du noch präventive Maßnahmen treffen kannst.

Wenn du dir in Gedanken einredest: »Es könnte sein, dass …«, hast du gedanklich schon Stellung bezogen. Du glaubst nämlich nicht daran. Keine Überzeugung. Eine Möglichkeit, die dich nicht weiter betrifft. »Es könnte morgen regnen«, »Es könnte morgen die Welt untergehen, wird sie aber nicht«, »Meine Schwester könnte vom Baum runterfallen« … wie sehr trifft dich ein derartiger Satz?

Vergleiche dazu Folgendes: »Sie fällt vom Baum! Schnell, fang sie!« Bei diesem Ausruf gibt es kein Modalverb (kein: sollen, dürfen, können, mögen …). Der Satz ist in der Gegenwart geschrieben. Es gibt keinen Handlungsspielraum, bei dem Interpretationen möglich sind.

Vergleiche nun folgende Sätze: »Ich könnte sterben« – »Ich sterbe«. »Ich könnte Krebs bekommen« – »Ich habe Krebs«. Genau deshalb ist unsere Sprache so wichtig. Unsere Kommunikation mit uns selbst, aber auch unsere laut geäußerten Worte in Gesprächen mit anderen. Auch hier kommen wir wieder zum Dreh- und Angelpunkt: unseren Gedanken. Unsere automatisierten und nicht hinterfragten Gedanken, die wir hinnehmen, aussprechen und so stehen lassen.

Wir müssen mit Ängsten, Rückschlägen, Selbstzweifeln und Verzicht umgehen lernen (siehe Kapitel »Ängste überwinden«, »Rückschläge«) und den Fokus auf das Ziel lenken. Das gibt uns Kraft, Stärke und Ausdauer, ihre Dauer zu überstehen. Das Einzige, was du noch für die Erreichung brauchst, ist deine Überzeugung von dir und deinen Fähigkeiten. Dafür sind Glaubenssätze hilfreich, die wir im Kapitel »Glaubenssätze« bereits passend zu deinem Ziel formuliert haben. Wie du zu mehr Selbstbewusstsein kommst, damit du überzeugt und sicher deinen weiteren Weg beschreiten kannst, erfährst du in den Abschnitten »Selbstbestimmung« und »Wer bin ich?«.

Ich hoffe, du hast nun ein besseres Verständnis über dich gewonnen und die zwei Motivatoren identifiziert. Warum ist das wichtig? Nun, wenn wir wissen, dass Schmerzvermeidung stärker ist als ein mögliches positives Gefühl, können wir dieses Wissen nutzen, um Veränderungen zu erreichen. Wenn du dein Ziel klar formuliert hast und die Stolpersteine auf dem Weg dorthin erkennst, ist es wichtig, so viele negative Aspekte wie möglich zu finden, die mit der Nichterreichung einhergehen. Eine Sucht loswerden, das Weglaufen vor Nähe, Rauchen, Faulheit, Hektik ... was auch immer dich stört, aufhält, behindert und verändert werden soll – der Weg führt über Schmerz. Sammle schmerzvolle Eindrücke. Wir wollen Schmerzen und Leid vermeiden. Genau deswegen suchen wir leidvolle Aspekte heraus, die uns zum Handeln bewegen. Welche könnten dir begegnen?

Welche davon bringen deinen Geist und deinen Körper dazu, zu reagieren und aktiv zu werden?

Was ist die Grundlage für deine Handlungen?

Ich möchte dir in diesem Kapitel noch eine Geschichte zum Thema Motivation mitgeben (siehe auch »Sinnfindung« – Falsche Motivation). Diese hat meinen Blickwinkel und mein Verhalten grundlegend verändert. Ich habe lange darüber nachgedacht, in welchen Lebensbereichen ich mir selbst die Freude genommen habe oder auch andere sich die Freude nehmen (lassen).

Die Geschichte des alten Mannes

Ein alter Mann trat frühmorgens seinen täglichen Spaziergang zum Bäcker an. Er brauchte einen Stock zum Gehen und kam nur langsam voran. Es war ihm jedoch wichtig, selbst sein Frühstück zu besorgen. Denn zu seinem morgendlichen Kaffee durfte ein frisches Croissant nicht fehlen. Eines Tages lauerten ihm Kinder auf. Diese Kinder kannte der alte Mann nicht. Er schätzte sie auf 13 Jahre. Die Kleinen piesackten ihn. Sie versuchten, ihm ein Bein zu stellen, bewarfen ihn mit Steinen und spuckten ihn an. Wehren konnte sich der Mann nicht. Er ließ es über sich ergehen. Am nächsten Tag ging er wieder zum Bäcker. Die Kinder erwarteten ihr Opfer schon. Sie hatten große Freude daran und ärgerten ihn wieder. Ein weiterer Tag verging. Der Morgen brach an und der alte Herr war auf dem Weg, sich sein Croissant zu kaufen. Natürlich waren die Kinder wieder da. Diesmal sagte der Mann: »Jeder, der mich ärgert, bekommt einen Euro!« Die Kinder ließen sich das nicht zweimal sagen und hatten noch mehr Spaß daran, ihn zu ärgern. Natürlich bekam jedes Kind wie versprochen den Euro. Am nächsten Tag begegnete er wieder den Kindern und er sagte: »Wer mich heute ärgert, bekommt 50 Cent!« Die pubertierenden Kinder waren enttäuscht, dass es weniger als am Vortag war, aber sie taten es trotzdem. »Wer mich heute ärgert, bekommt 10 Cent!«, sagte der alte Mann am darauffolgenden Morgen. »Aber das ist ja viel weniger!«, schrien die Kinder aufgebracht. Der Mann blieb bei seinem Angebot. »Nein, das zahlt sich nicht aus«, meinten die Kinder und verloren die Lust, ihn zu ärgern. Von nun an hatte der alte Mann seine Ruhe und wurde nicht mehr auf seinem Spaziergang zum Bäcker gestört. Warum passierte das? Was hat die monetäre Motivation mit den Kindern gemacht?

Die Freude an der Sache selbst, dem Ärgern, wurde durch Belohnung ersetzt. Die Kinder hatten nicht mehr Spaß am »Tun« (intrinsische Motivation, Spaß an der Sache selbst), sondern Freude an der Belohnung (extrinsische Motivation, Freude durch Belohnung oder Bestrafung). Die Motivation für die Handlung wurde ausgetauscht. Freude wurde mit Belohnung ersetzt. Belohnung ist der Tod der Freude an der Arbeit.

Verrichten wir Arbeiten allein für die Entlohnung und Anerkennung einer Sache, verlieren wir automatisch den Spaß an der Sache selbst. Dies ist oft mit Hobbys, die wir zu Geld machen wollen, der Fall. Auch bei regulären Angestelltenverhältnissen ist das zu beobachten. Wir machen die Arbeit, weil wir bezahlt werden, und nicht mehr, weil wir die Tätigkeiten mögen. Wenn die Entlohnung zu hoch wird, so hoch, dass sie die Grundmotivation der zu verrichtenden Tätigkeit wird, stirbt die innere Freude am Tun. Hier müssen wir konkret gegensteuern. Denn auf lange Sicht wird dich ein rein monetärer Nutzen nicht erfüllen.

Lebenskrisen sind Wahrnehmungskrisen

Eine Krise wird laut Duden als »schwierige Lage, Situation oder Zeit, die den Höhe- und Wendepunkt einer gefährlichen Entwicklung darstellt«. Früher sprach man von der Midlife-Crisis, die in der Lebensmitte bei vielen Menschen plötzlich auftaucht und sie ihr Leben komplett ändern lässt. Heute spricht man von drei bis vier Krisen, die ein Mensch in seinem Leben durchmacht. Unsere nächsten Generationen sind schnelllebig, so schnell kommen und gehen auch die Lebenskrisen. Der 50-Jährige möchte wieder jung sein und tobt sich mit einer jungen, aufgeweckten Blondine aus. Sein neues Motorrad ist nur eines seiner neuen, coolen Spielzeuge. Die sensible Studentin hat nach Ende des Studiums keinen Plan, was sie mit ihrem Leben machen soll, und lenkt sich von ihren Zweifeln und ihrer Unschlüssigkeit durch »Inselhopping« ab. Auch nach drei Jahren ist sie nicht schlauer geworden, aber zumindest hat sie ein neues Reiseziel entdeckt, um sich dort endlich zu finden. Die Mutter möchte nach Auszug des Kindes nun eine Tierpension eröffnen und ihren Job an den Nagel hängen. Sie hat das Gefühl, ihr Leben hat keinen Sinn. Sie hat so viel Liebe zu geben, die sie aktuell nicht geben kann, was sie innerlich auffrisst.

Wenn Menschen beginnen, ihr Leben radikal zu ändern, ihre Entscheidungen zu bedauern und sich nicht mehr wohl in ihrer Haut zu fühlen, dann liegt das an ihrer Wahrnehmung. Unsere Wahrnehmung ist für alle negativen und positiven Gefühle verantwortlich. Das, was wir wahrnehmen, entspricht nicht immer der Realität, aber es bildet immer die Grundlage für unsere Wahrheit.

Warum Lebenskrisen in Wirklichkeit nur ein Wahrnehmungsproblem sind und wie wir damit umgehen können, erfährst du in diesem Kapitel.

Wahrnehmung

Zuerst müssen wir den Begriff Wahrnehmung definieren. Wahrnehmung ist subjektiv. Wir nehmen mit unseren Sinnen wahr. Wahrnehmung wird oft gelernt und ist deine individuelle Beobachtung und Bewertung. Der größte Teil dieser Auswahl- und Bewertungsprozesse ist unbewusst. Deine Wahrnehmung wird auch von deinem Istzustand (Hunger, Müdigkeit, Stimmung, Identifikation mit einer Sache) beeinflusst.

Wahrnehmung ist deine individuelle Beobachtung und Bewertung.

Wenn du Hunger hast, werden dir alle Restaurants auffallen. Wenn du müde bist, wirst du alle gemütlichen Ecken finden. Bist du schlecht drauf, dann wirst du alles um dich herum negativer bewerten als an einem guten, glücklichen Tag. Wenn wir ein Fan einer Serie sind, wird uns jeder Fanartikel, der mit dieser Serie in Verbindung steht, erfreuen. Haben wir eine Ablehnung gegen Hunde, werden wir alles mit Hunden in Verbindung stehende (Hundetassen, ein Schild mit der Aufschrift »Hundewiese«, Socken mit einem Hundekopf, ein Hundenapf in einem Restaurant) genauso ablehnen. Auch die Orte, an denen dieses Symbol, das wir ablehnen, zu finden ist, werden wir als »schlecht« bewerten. Wenn du angefangen hast, dich als Versager wahrzunehmen, wird dir alles auffallen, was dich in deiner Bewertung bestätigt. Hast du eine Abneigung gegen Männer, weil du eine Scheidung durchmachen musstest? Dann wirst du den Postboten anders wahrnehmen und behandeln als die Postbotin.

Die Geschichte der vier Männer

Vier Männer im mittleren Alter gehen durch die Stadt. Einer von ihnen ist Architekt, ein anderer Inhaber eines Restaurants, der dritte ein Autohändler und der vierte Mann ist Verkäufer und glücklicher Single. Diese Männergruppe spaziert also durch die Straßen. Sie unterhalten sich, tauschen sich aus und kehren in einem Café ein. Der Autohändler sagt: »Dieser Porsche war der Hammer. Habt ihr den gesehen?« Der Verkäufer antwortet: »Nein, habe ich nicht. Aber dafür diese wunderschönen Damen mit den kurzen Röcken. Herrlich! Hast du die nicht bemerkt?« »Was ihr auf dem Weg hierher gesehen habt, ist mir nicht aufgefallen. Ich habe mich auf diese atemberaubende Architektur konzentriert. Diese Häuser sind grandios. Die kann man nicht übersehen!«, erwidert der Architekt. Der Restaurantbesitzer wirft ein: »Lustig, ich habe nur auf die Restaurants und die kulinarischen Angebote geachtet. Diese Preise! Das kann keine Qualität sein. Und erst diese kundenunfreundliche Gestaltung!«

Der Architekt bemerkt nur die Häuser, der Single nur die hübschen Frauen, der Autohändler nur die Autos und der Restaurantbesitzer nur die Gastronomieangebote. Die vier Männer haben auf demselben Weg komplett unterschiedliche Dinge wahrgenommen und somit hat jeder für sich ein anderes reales Erlebnis gehabt. Wir nennen das »selektive Wahrnehmung«. Die Wirklichkeit ist subjektiv und kann deshalb von Mensch zu Mensch unterschiedlich sein. Das bedeutet nicht, dass eines der Erlebnisse unwahr ist. Es bedeutet, dass wir bestimmten Dingen mehr Aufmerksamkeit und somit Bedeutung geben. Denn im Wort Bedeutung steckt »deuten«, also den Sinn zuweisen. Genau das haben die Männer getan: unterschiedlichen Dingen Wichtigkeit gegeben, mit dem Finger innerlich darauf gedeutet und somit ihre eigene Wirklichkeit geschaffen.

Wahr ist immer, was wir wahrgenommen haben.

Die Bewertung einer Sache strahlt unbewusst auf das Umfeld aus, in dem sie steht. Dies muss uns bewusst sein, denn oft bewerten wir aufgrund dieses »Halo-Effekts« falsch. Eine falsche Bewertung führt zu Gedanken und Gefühlen, die nicht der Realität und der wahren Bewertung entsprechen. Wenn wir einen Mann im Anzug sehen, gehen wir davon aus, dass er ein erfolgreicher Geschäftsmann ist. Stimmt das? Vielleicht ist er nur auf dem Weg zu einer Hochzeit und ist in Wirklichkeit arbeitslos. Wenn wir einer fülligeren Person über den Weg laufen, gehen wir davon aus, dass diese undiszipliniert ist. Vielleicht ist dieser Mensch sehr diszipliniert, zum

Beispiel eine erfolgreiche Geschäftsfrau, die das Essen als Ventil zum Stressabbau nutzt. Wenn jemand die Position »Abteilungsleiter« innehat, gehen viele Mitarbeiter davon aus, dass er es besser weiß. Auch dieser Rückschluss könnte falsch sein, denn womöglich ist er direkt als Führungskraft eingestellt worden und hat nie die Arbeiten seines Teams erledigen müssen. Ein studierter Mensch ist intelligent. Auch das könnte ein Trugschluss sein und sich nach den ersten Minuten in einem Gespräch als falsch herausstellen.

Obwohl wir es nicht genau wissen, ziehen wir aus einer Eigenschaft Rückschlüsse auf andere.

Stell dir dazu folgende Fragen:

Welche Eigenschaften nehme ich aufgrund bestimmter Merkmale an? (Nimm dir Zeit und versuche, acht Assoziationsketten zu finden.)

____

____

____

____

____

____

____

____

Warum, glaubst du, stehen in Werbefilmen schöne Frauen neben schnellen Autos? »Halo-Effekt«. Die Schönheit der Frau soll auf das Auto abstrahlen. Genauso begehrenswert, wie die Frau für den Mann ist, soll das Auto für den männlichen Käufer sein. Dieser Effekt wird durch die Kopplung dieser zwei Reize erzeugt. Joghurt-Werbung wird niemals mit einem übergewichtigen Chinesen ausgestrahlt werden. Wenn McDonald's als gesund und frauenfreundlich gelten möchte, zeigt McDonald's schlanke Frauen. Soll die Fast-Food-Kette kinderfreundlich wirken, werden Kinder gezeigt.

Von welchen Werbekampagnen habe ich mich bereits beeinflussen lassen? Welche Reize haben die Macher gekoppelt, um welche Wahrnehmung ihrer Marke zu erreichen? (5 Beispiele)

____

____

____

____

____

Die Werbebranche setzt die Wahrnehmungseffekte gezielt ein. Uns selbst fallen diese Rückschlüsse nur selten bewusst auf. Die Lösung führt wieder zu den richtigen Fragen: Ist dieser Rückschluss wahr? Was halte ich von der einzelnen Sache? Stimmt meine Bewertung? Lasse ich mich beeinflussen?

Trägst du eine Uhr am Handgelenk? Dann sieh sie dir an und versuche, genau die Farbe zu beschreiben sowie die Schriftzüge, das Material und alle kleinen, besonderen Details. Dein Fokus hat deine ganze Aufmerksamkeit auf das Design gelenkt. Deshalb hast du die Uhrzeit nicht wahrgenommen. Meistens gilt der Blick auf die Uhr der Zeit und du nimmst die anderen Details nicht wahr. Also entscheide bewusst, wo dein Fokus und Interesse liegen sollen und versuche, diese achtsam zu steuern und für dich positiv zu nutzen.

»80 Prozent der Eheprobleme können nicht gelöst werden.«

Wir müssen verstehen, dass wir uns oft selbst manipulieren. Solange dies förderlich für uns ist, spricht nichts dagegen. Wenn wir uns jedoch sabotieren, anstatt uns zu motivieren, dann ist es Zeit, unsere Wahrnehmung kritisch zu betrachten.

»80 Prozent der Eheprobleme können nicht gelöst werden«, sagt der erfolgreiche Gründer des RPP Instituts und Psychotherapeut Raphael M. Bonelli. Eine stolze Zahl. Die Probleme müssen akzeptiert werden. Wir müssen stattdessen lernen, den Fokus zu verändern. Unsere Wahrnehmung darf nicht auf den Problemen liegen, auf den Dingen, die schieflaufen, die uns stören und runterziehen, sondern auf den positiven Aspekten. Denn um zum Glück zu finden, gibt es nur eine Lösung: Akzeptanz. Glücklich sein bedeutet, das Hier und Jetzt zu akzeptieren.

Lass uns deine Ansichten zur Welt, zu dir und deinem Leben betrachten. Worauf fokussierst du dich? Was denkst du über deine Arbeit, deine Schwächen, die Menschen ...?

Vollende folgende Sätze spontan mit dem ersten Wort, das dir einfällt.

Die Welt ist voller ...

Meine Arbeit ist ...

Das Leben ist ...

Menschen sind ...

Meine größte Schwäche ist ...

Liebe ist ...

Ich bin ...

Das Erste, was dir dazu einfällt, ist oft das, was du glaubst und deshalb bewusst suchst und wahrnimmst. Wenn du glaubst, die Welt ist voller Idioten, wirst du genau die Idioten finden und nicht die gutherzigen, intelligenten, großzügigen Menschen. Wenn du eine bestimmte Schwäche identifiziert und im Fokus hast, wirst du diese immer wieder im Alltag entdecken. Wenn du glaubst, deine Arbeit ist anstrengend, wirst du immer die anstrengenden Teilbereiche und Aufgaben sehen und nicht die, die dir Freude bereiten und die du gern tust. Wenn du glaubst, Kinder sind nicht konzentrationsfähig, wirst du immer die Kinder suchen und finden, die sich nicht konzentrieren können, und die fleißigen, aufmerksamen Kinder nicht wahrnehmen. Das Leben ist unfair? Genau, wenn du diese Einstellung und Ansicht zum Leben hast, dann wirst du natürlich alles wahrnehmen, was diese Annahme bestätigt.

Was ist Glück?

Glück ist die Akzeptanz des Hier und Jetzt.

Die Umstände annehmen zu können und sich damit so zu arrangieren, dass man sich wohlfühlt. Glücklich sein heißt, im Hier und Jetzt zu leben. Jemand, der Depressionen hat, lebt in der Vergangenheit, da er gedanklich immer wieder vergangene Situationen hervorholt, die ihm Schmerz zugefügt haben. Bei Angsterkrankungen und Stress leben wir in der Zukunft und sehen vor uns ein mögliches, aber noch nicht eingetroffenes Szenario. Der Irrglaube »Ich brauche ..., damit es mir gut geht« oder der beliebte Satz »Erst wenn ich ..., dann kann ich zufrieden und glücklich sein« zeigen, dass wir die derzeitigen Umstände nicht annehmen. Dies würde bedeuten, dass wir erst in der Zukunft und nur unter Erfüllung dieser kausalen Kette zufrieden sein können. Gleichzeitig heißt es, dass es uns jetzt in diesem Moment nicht möglich ist, glücklich zu sein. Diese Bedingungen sind, wie schon erwähnt, das Resultat einer falschen Wahrnehmung, eines falschen Fokus: Wir schieben die Verantwortung für unser persönliches Glück auf äußere Umstände, was wiederum ein Gefühl von Machtlosigkeit und Hilflosigkeit auslöst.
Wusstest du, dass du beim Sport erst bei 40 Prozent deiner Leistungsfähigkeit bist, wenn du glaubst, dass du nicht mehr kannst? Du könntest dich noch um mehr als das Doppelte steigern. Also rede dir nicht ein, dass es nicht geht, du es nicht schaffst, die Fähigkeiten nicht mitbringst und die Stärke nicht hast, um gewisse

Ziele zu erreichen. Dein Körper und dein Geist sind zu mehr fähig, als du ihnen zutraust. Das Wort Vertrauen trifft es ganz gut. Wir müssen uns selbst vertrauen, Vertrauen in unsere Fähigkeiten haben. Dies gepaart mit Hoffnung – einer positiven Zukunftsvorstellung – und wir werden unaufhaltsam.

Glück zu haben und glücklich zu sein, startet im Kopf. Du erschaffst das Glück mit deinen Gedanken. Die Herausforderung ist, diese zu erkennen, bewusst wahrzunehmen, richtig (!) und realistisch einzuschätzen – und dann damit zu arbeiten. Dieses Buch hilft dir dabei, dass dir deine Gedanken immer bewusster werden. Je mehr Fragen du dir stellst und beantwortest, umso besser wirst du dich kennenlernen und verstehen. Du wirst wachsamer werden, Zusammenhänge erkennen und auch lang vergessene und unbekannte Seiten von dir entdecken.

Glück ist ein festes, lautes JA zum Leben, wie es ist!

Vervollständige diesen Satz, ohne lange darüber nachzudenken.

Wenn ich ______________________________ , dann bin ich glücklich.

Wenn ich ______________________________ , dann bin ich glücklich.

Wenn ich ______________________________ , dann bin ich glücklich.

Wenn ich ______________________________ , dann bin ich glücklich.

Wenn ich ______________________________ , dann bin ich glücklich.

Und dann frage dich:

Welche Gefühle lösen diese Bedingungssätze aus?

Ist dieses Gefühl hilfreich?

Hängt mein Wohlbefinden wirklich von diesen Bedingungen ab?

Würde ich zu einem anderen Menschen werden, wenn diese fünf eingesetzten Bedingungen morgen wahr wären?

Warum bzw. warum nicht?

Die Erfolgreichsten sind oft die Unglücklichsten. Dennoch: Die Vorstellung, zu ihnen zu gehören, erscheint traumhaft. Denn die eigene Vorstellung vom Leben anderer Menschen ist fast immer schöner im Vergleich zum eigenen Leben. Der Grund: Hierbei liegt der Fokus auf den Dingen, die wir uns wünschen würden, die uns fehlen und die wir dadurch bewusst wahrnehmen und sehen. Aufgrund unseres

Interesses an den Dingen, die uns fehlen, nehmen wir auch nur die schönen Aspekte dieses Wunschtraumes wahr.

Die Realität sieht anders aus. Unsere Wahrnehmung wird getäuscht durch die Dinge, die wir sehen wollen. Unser Fokus erzeugt also unser Unglück oder auch unser Glück.

Im deutschsprachigen Raum herrscht allgemein eine schreckliche Fehlermentalität: Wir legen den Fokus auf die Dinge, die schlecht laufen. Wir weisen andere auf ihre Unzulänglichkeiten hin und empfinden Fehler als Versagen. In Amerika sieht das anders aus. Hier werden Fehler akzeptiert. Jeder Irrtum bringt einen näher an die Lösung, da dadurch eine weitere Möglichkeit gefunden wurde, die nicht funktioniert. Daher gibt es weniger Möglichkeiten, die nicht funktionieren können, und dies bringt automatisch die Lösung näher. Das ist eine Sichtweise, die ich gern vermehrt in unserer Kultur erleben würde. Auch beim Lesen dieser Sätze solltest du den Unterschied gespürt haben: Welche Fehlerkultur ist motivierend, welche frustrierend?

Vervollständige nun die folgenden Sätze mit den zuvor von dir definierten Phrasen. Beende die Sätze mit Argumenten, die deine neue, positive Sichtweise bestätigen und für dich logischer und nachvollziehbarer machen:

Ich bin glücklich, obwohl ______________________________ ,
denn ____

Ich bin dankbar für ______________________________ ,
denn ____

Ich akzeptiere und beginne ______________________________ zu lieben,
denn ____

Ich bin dankbar, dass ______________________________ ,
weil ____

Mein Glück hängt nicht von ______________________________ ab,
denn ____

Eine andere Wortwahl in Kombination mit einer bestärkenden Begründung lässt die Dinge in einem anderen Licht erscheinen.

Glück ist die Akzeptanz des Hier und Jetzt.

Stell dir folgende Fragen:

Wie fühlst du dich, wenn du diese neu formulierten Satzkonstrukte liest? Wie fühlt es sich im Gegensatz dazu an, wenn du dir die zuvor genannten Bedingungen für das »Glücklichsein« durchliest?

____

____

Verwende diese positiv formulierten Satzgerüste öfter im Alltag, um dich auf die positiven Aspekte zu konzentrieren. Damit steuerst du deine Wahrnehmung aktiv, sodass diese für und nicht gegen dich arbeitet.

Vergleiche

Wenn wir über uns nachdenken, vergleichen wir uns sehr oft mit Menschen, denen es besser geht als uns selbst. Wer vergleicht sich schon mit einem afrikanischen Straßenkind? »Das hat keinen Sinn. Das kann man nicht vergleichen«, würden viele behaupten. Aber doch, es hat Sinn! Und ja, wenn du dich mit einem Multimillionär, Model und erfolgreichen Schauspieler oder Fußballer vergleichst, dann hat es Sinn? Unsere Vergleichsobjekte sind oft der Grund, warum wir uns gut und dankbar fühlen, aber auch der Grund, warum wir uns unzureichend, zu faul oder unbedeutend fühlen.

Erst wenn ein Freund durch einen schweren Unfall im Rollstuhl sitzt, beginnen wir unsere Beine zu schätzen. Erst wenn das Kind eines Freundes überfahren wird, ärgern wir uns nicht mehr darüber, dass unser Kind oft schreit und sein Zimmer ein einziges Chaos ist. Erst wenn wir unseren Job verlieren, regen wir uns nicht mehr über den nervigen Kollegen und den cholerischen Chef auf. Erst wenn der Partner weg ist, sehen wir die positiven Charaktereigenschaften, die wir vermissen, und haben die Störfaktoren komplett ausgeblendet.

Wenn du dein Haus mit dem von Kim Kardashian vergleichst, dann fühlst du dich nicht mehr wohl in deinen eigenen vier Wänden. Wenn du eine Dokumentation über einen afrikanischen Stamm siehst, in der eine zehnköpfige Familie in einem zwanzig Quadratmeter großen Lehmhaus wohnt, schätzt du dein Zuhause. Wenn du deinen Körper mit dem eines Supermodels vergleichst oder mit dem eines Kleinwüchsigen, welche Gefühle breiten sich in dir aus? Du kannst dir selbst durch Vergleiche im Weg stehen und dir dazu verhelfen, dich klein zu fühlen – oder du kannst dich dankbar, stark und erfolgreich fühlen. Dein Vergleichsobjekt entscheidet.

Natürlich kann es anregend und motivierend sein, sich ein erstrebenswertes Vorbild zu suchen. Jedoch darf dieses nicht zu weit von deinem Istzustand entfernt sein, sodass es sich nach wie vor realistisch und möglich anfühlt, dieses zu erreichen. Ist die Differenz zwischen deinem aktuellen Startpunkt und dem Vergleichsobjekt zu groß, fühlst du Überforderung, die zu Frust, Scham und Stillstand führt.

Stell dir folgende Frage:

Welche Vergleichsobjekte kann ich für mein Leben heranziehen, um Dankbarkeit für meine Entwicklung, meinen Körper und mein aktuelles Leben zu fühlen?

___

___

___

___

___

Wir werden im Kapitel »Rückschläge« nochmals auf die Wichtigkeit von Dankbarkeit eingehen, denn Dankbarkeit ist der Erfolgsfaktor für ein glückliches und zufriedenes Leben. Durch Dankbarkeit lernen wir, die Umstände so anzunehmen, wie sie aktuell sind. Wir leben im Moment und bedanken uns für das, was wir aktuell haben und erleben dürfen.

Wenn du dich in einer Krise befindest, bist du nicht in einer wahrhaftigen, »echten« Krise. Es ist deine Wahrnehmung oder auch Vorstellung, die zu negativ ausfällt oder auch zu einseitig auf etwas Bestimmtes fokussiert ist. Es ist deine Wahrnehmung, die dich wie einen König erscheinen lassen kann oder auch wie einen Versager. Deine, und nur deine (!), persönliche Wahrnehmung, dein Fokus, entscheidet. Hier müssen wir wieder achtsam mit unseren Gedanken umgehen und die richtigen Fragen stellen. Sehr oft schätzen wir unsere eigenen Fehler viel dramatischer ein, als wenn diese jemand anderem passiert wären. Unser eigener Körper hat mehr Makel als jeder andere. Bei uns selbst fällt uns jeder kleine Patzer auf, jede Unebenheit, jedes aus der Reihe tanzende Haar. Bei anderen sagen wir: »Ach, das fällt doch nicht auf!«, und meinen es ehrlich.

Unsere Wahrnehmung entspricht nicht dem vollständigen Bild der Ereignisse. Wahrnehmung ist ein Ausschnitt deiner wahrgenommenen Realität. Wahrnehmung ist deine persönliche Fokussierung auf bestimmte Faktoren.

Wahrnehmungstest

Wahrnehmung passiert durch unsere Sinne. Jeder Mensch hat einen bevorzugten Wahrnehmungskanal. Je nach Wahrnehmungstyp brauchen Menschen Botschaften in »ihrer« Sprache, um sie zu verstehen. Was dein bevorzugter Wahrnehmungskanal ist und wie Menschen, die du gern hast, am besten »angesprochen« werden wollen, erfährst du in diesem Kapitel.

- Visuell (sehen)
- Auditiv (hören)
- Kinästhetisch (fühlen, riechen, schmecken)

Es gibt den visuellen (sehen), den auditiven (hören) und den kinästhetischen (fühlen) Typ. Der kinästhetische Wahrnehmungstyp kann in den gustatorischen (schmecken), den kinästhetischen (spüren) und den olfaktorischen (riechen) Typ unterteilt werden.[1]

Oftmals kommt es deshalb bei Paaren zu Missverständnissen, weil beispielsweise die Frau denkt, ihr Mann liebe sie nicht mehr. Sie sagt es ihm und er antwortet:

»Natürlich liebe ich dich, das sage ich dir doch häufig« (auditiver Typ). Sie entgegnet: »Nein, du liebst mich nicht, weil du mich nicht mehr in den Arm nimmst (kinästhetisch) und mir keine Blumen mehr bringst« (visuell). Sie möchte die Liebe sehen und fühlen, er hingegen fühlt sich geliebt, wenn er es hört (siehe auch »Exkurs: die Sprachen der Liebe«).

Ein visueller Typ möchte Lob sehen (z. B. Geschenke), ein auditiver es hören (»Ich liebe dich«) und ein kinästhetischer möchte es fühlen (umarmen), riechen (Blumen) oder schmecken (Sekt).

In der Schule kann es oft sein, dass ein Kind den Fortschritt sehen muss, um Lob annehmen zu können und um sich geschätzt zu fühlen (Punkteanzahl bei

---

1 Cordula Nussbaum, ArbeitundGesundheit.eu, erfolgreich-frei.de, Schulvortrag Arbeitswelt, 2020

einem Test – 45/50 Punkten, ein Sticker, ein Häkchen). Andere Schüler möchten es hören: »Toll gemacht!« Ein weiterer Klassenkollege möchte es schmecken und bekommt ein Zuckerl für eine richtige Antwort und fühlt sich dadurch bestätigt. Der Sitznachbar würde es am liebsten fühlen und braucht einen Schulterklopfer, um sich und seine Leistung wertgeschätzt zu fühlen.

Finde heraus, welcher Wahrnehmungstyp du bist und welcher Typ dein Gegenüber ist, um Botschaften in der bevorzugten »Sprache« senden zu können, sodass sie verstanden, wahrgenommen und gefühlt werden. Lies dir folgende Begriffe durch und kreuze jeweils deine zuerst wahrgenommene Sinnesempfindung an. Sollten zwei Sinneskanäle stark angesprochen werden, darfst du auch zwei ankreuzen, mehr jedoch nicht. Es gibt kein »richtig« und kein »falsch«, es gibt nur deine Wahrnehmung.

	Visuell (sehen)	Auditiv (hören)	Gustatorisch (schmecken)	Kinästhetisch (spüren)	Olfaktorisch (riechen)
Kerze					
Sonnenuntergang					
Pferd					
Strand					
Lederhose					
Buch					
Schule					
Zimtplätzchen					
Theater					
Neujahr					
Cellophanpapier					

Telefon					
Autobahn					
Tauben					
Rose					
Beethoven					
Holzhacken					
Sonntag					
Summe					

Addiere die Anzahl der Kreuze pro Spalte. Je nachdem, wo du die meisten Kreuze gemacht hast, liegt dein persönlicher Wahrnehmungskanal. Natürlich nutzt du – und auch andere – mehr als einen Kanal, jedoch ist dieser am ausgeprägtesten. Trage diese neue Erkenntnis in die Welt hinaus, an deine Freunde, Familie, Arbeitskollegen und Partner, welcher Sinneskanal dich am meisten anspricht.

Achte in Zukunft in Gesprächen und Aktionen darauf, dass du deine Mitmenschen in deren Wahrnehmungskanal ansprichst. Frag sie ruhig, was ihnen am meisten zeigen würde, dass sie sich geliebt, geschätzt und anerkannt fühlen. Da du nun auch deine optimale »Sprache« gefunden hast, gib auch deinem Umfeld weiter, wie du dich am meisten angesprochen fühlst.

Ängste überwinden

In diesem Abschnitt des Buches werden wir nicht nur über die weltweit verbreitetste unbehandelte Krankheit auf dieser Erde sprechen – Stress –, sondern auch lernen, wie wir Ängste bekämpfen. Denn Angst und Stress liegen nahe beieinander. Nicht nur der Auslöser ist derselbe, sie haben auch dieselben Symptome.

Angst vs. Stress

Erleben wir über einen längeren Zeitraum körperliche Anspannung, sprechen wir von Stress. Stress ist die Vorstufe von Angst, also eine leichte Angst oder eine leichte Dauerangst. Angst kommt vom althochdeutschen Wort »angust« und drückt sprachgeschichtlich ein undeutliches Gefühl der Beklemmung, der Enge, des Bedrohtseins aus. Stress ist Unbehagen, Unsicherheit und Hilflosigkeit. Der Begriff »Stress« wird im alltäglichen Sprachgebrauch häufig als Sammelbegriff für belastende Umstände verwendet. Mit Stress kann sowohl ein Zustand unangenehmer Anspannung (Stressreaktion) als auch die auslösende Ursache (Stressreiz) gemeint sein. Du kannst sagen: »Heute fühle ich mich gestresst«, oder: »Der nicht funktionierende Drucker bereitet mir Stress.«

Die Symptome nach außen sind dieselben: geweitete Pupillen, Herzklopfen, Schwitzen, ein trockener Hals, weiche Knie, schnelle Atmung … Die körperlichen Begleiterscheinungen von Stress werden durch Redensarten der Alltagssprache sehr treffend beschrieben: sich den Kopf zerbrechen, die Nase voll haben, das geht an die Nieren, die Luft geht aus, das liegt schwer im Magen, etwas lastet schwer auf den Schultern, das Herz rutscht in die Hose etc. Sehr passend, denn diese Redewendungen spiegeln genau wider, wo und wie wir Stress und Angst verspüren.

Stell dir folgende Fragen:

Welche körperlichen Symptome zeigen sich bei mir, wenn ich Angst oder Stress verspüre?

Finde ich einen Unterschied zwischen meiner Reaktion bei Stress und meiner Reaktion bei Angst?

Beide Gefühlszustände haben nicht nur dieselben körperlichen Auswirkungen, sondern auch denselben Auslöser: die gedankliche Vorstellung einer Bedrohung. Angst und Stress entstehen aufgrund einer Vorstellung von der Zukunft, die nicht real ist, da sie noch nicht eingetreten ist. Doch Stress ist keine Erfindung der modernen Zeit. Stress und Angst sind angeboren und wichtig. Denn sowohl Angst als auch Stress sind natürliche, biologisch sinnvolle Reaktionen, die wir auch heute noch beibehalten haben. Als das Mammut vor uns stand, brauchten wir unsere gesamte Kraft und vollste Aufmerksamkeit, um die gefährliche Situation bewältigen zu können. Die Bedrohung durch das Mammut löste in uns die bereits genannten körperlichen Mechanismen aus, um die Situation überleben zu können. Unsere Pupillen weiteten sich, da wir nicht übersehen wollten, was uns gefährlich werden könnte. Unsere Muskeln spannten sich an, damit wir maximale Kraft hatten. Unser Herz schlug schnell, die Atemfrequenz stieg, da unser Körper hochfuhr und seine gesamte Energie mobilisierte, um das Überleben zu sichern.

Wenn wir glaubten, dass wir die nötigen Fähigkeiten oder Mittel (Speer, Messer etc.) hatten, um das Mammut zu bewältigen, kämpften wir. Glaubten wir, dass wir nicht gewinnen konnten, nicht die nötigen Fähigkeiten und Kenntnisse hatten (z. B. unsere Speerwerferfähigkeiten reichten nicht aus), um das Mammut erlegen zu können, hieß es »Flucht«. Durch die Reaktion Kampf oder Flucht verbrauchten wir die zuvor mobilisierte Energie. Denn nachdem wir die Energie eingesetzt hatten, flaute die Anspannung ab. Die Energie wurde eingesetzt und verbraucht. Der Körper kam zur Ruhe.

Das Problem in der heutigen Gesellschaft ist, dass wir viele Stresssituationen erleben, jedoch die mobilisierte Energie nicht abbauen. Durch das Tippen auf der Tastatur wird die Energie nicht verbraucht, auch nicht, indem wir uns ärgern oder uns Sorgen machen. Sport würde helfen. Hier können wir die Energie abbauen, die wir früher im Kampf mit dem Mammut oder bei der Flucht vor ihm verbraucht hätten. Mehr Stress und weniger Strategien, ihn abzubauen, führt zu einer Fehlsteuerung unseres Stressalarms. Wenn unser Körper aufgrund vieler wahrgenommener Bedrohungen in einem Zustand der Daueranspannung ist, reagiert er immer leichter auf Stressauslöser. Die verstärken die Anspannung mehr und mehr und lassen den Körper glauben, er sei im Dauerüberlebensmodus. Denn Stress baut sich auf wie eine Kurve. Mehr Stressauslöser erhöhen das Anspannungsniveau. Immer weniger reicht aus, um die magische Linie der Überforderung zu erreichen. Diese Überforderung kann Panik sein, ein Angstanfall, ein Zusammenbruch, Magenbluten, unkontrolliertes Weinen etc. Dauerhaft auf einem hohen Anspannungsniveau zu sein, macht krank.

Wir brauchen Erholung, müssen Energie tanken und entspannen, um bei der nächsten Herausforderung unserem Körper die Möglichkeit zu geben, uns perfekt für diese vorzubereiten und auszustatten. Denn niemand kann tagelang oder auch jahrelang gegen ein Mammut kämpfen oder davor weglaufen. Unser Körper gibt an einem gewissen Punkt auf.

Traurig ist, dass wir diesen Überlebenskampf, die Bedrohung, selbst inszenieren. Denn in unserer Zeit gibt es kaum lebensbedrohliche Ereignisse, die diese Reiz-Reaktionskette sinnvoll auslösen. Wann hast du das letzte Mal gegen einen Tiger gekämpft? Oder dich im Ring für dein Überleben mit deinen Fäusten verteidigt? Oder ist ein Stau so lebensbedrohlich, um diese Reiz-Reaktionskette anzuheizen? Ist ein Drucker ein derartiger Stressor (Stressauslöser), der es rechtfertigt, Energie zu mobilisieren für einen Kampf?

Stell dir folgende Fragen:

Was sind meine Stressoren (Stressauslöser)?

____

____

____

Welche Stressoren kann ich vermeiden oder minimieren?

____

____

____

Wie kann ich diese Stressoren vermeiden oder minimieren?

Ordne deine Sorgen (Stressgedanken/Ängste) den folgenden Kategorien zu und gib an, welchen Prozentsatz jede ausmacht, sodass die Summe am Ende 100 Prozent ergibt:

Sorgen, die unwichtig sind: ______

Sorgen, die unveränderbar sind: ______

Sorgen, die nie eingetroffen sind: ______

Sorgen, die wichtig sind: ______

100 %

Wie viele meiner Sorgen haben sich bewahrheitet und waren wichtig?

Wenn ein Großteil der Sorgen unwichtig oder unveränderbar war oder nie eingetroffen ist, wie werde ich nach dieser Erkenntnis mit Sorgen in Zukunft umgehen?

____

____

____

____

____

____

Was kann ich aus dieser Übung mitnehmen?

____

____

____

____

Haben wir zu oft diese (Fehl-)Alarme, wird unser Körper dauerhaft Kampfhormone produzieren und im Dauer-Überlebensmodus sein. Genau das führt zu Burn-out und vegetativen Störungen, weil unser Körper einiges unbewusst und unabhängig von unserem Willen steuert. Dies wird durch das sogenannte vegetative Nervensystem automatisch und unbewusst gesteuert (Darm, Herz, Leber, Niere, Hormone etc.). Zum Beispiel reguliert es die Produktion von Speichel und Magensäure. Bei Stress, wenn wir im Kampf- und Überlebensmodus sind, werden alle unwichtigen »Energiefresser«-Tätigkeiten des Körpersystems heruntergefahren, um nur die wichtigen Regionen zu aktivieren, die in der Auseinandersetzung benötigt werden. Ob wir wollen oder nicht, ein längerer Kampf gegen eine Bedrohung macht unseren Körper und unsere Psyche kaputt. Immer mehr Fehlalarme und mögliche Bedrohungen werden wahrgenommen, bis unser Körper mürbe wird und aufgibt.

Unsere Bewertung verursacht Stress und Angst.

Eine Bedrohung erleben wir, wenn wir eine Situation als gefährlich einstufen. Unsere Bewertung des möglichen Ereignisses löst die Mobilisierung der Energie aus und startet die Angst-Reiz-Reaktionskette. Nicht die neutrale Situation verursacht Stressgedanken, sondern unsere Bewertung der Situation.

Zwei Formen von Bewertungen tragen zur Entstehung von Angst und Stress bei:

- Die negative Bewertung der **Situation**:
  Du überschätzt die Wahrscheinlichkeit, dass unangenehme Ereignisse eintreten werden.
  (Beispiel: Die Prüfungsfragen sind zu schwer; die Arbeit ist zu viel)

- Die negative Bewertung der eigenen **Person**:
  Du unterschätzt deine Fähigkeiten und das eigene Vermögen, gestellte Aufgaben zu bewältigen.
  (Beispiel: Ich weiß zu wenig darüber; das konnte ich noch nie)

Einerseits schätzen wir den möglichen schlechten Ausgang der Situation als zu gefährlich und wahrscheinlich ein, und andererseits glauben wir, dass unsere Fähigkeiten nicht ausreichen, um mit der Herausforderung fertigzuwerden. Die unbewusste Bewertung einer Situation ist verantwortlich für Angst und auch Stress.

Stell dir folgende Frage:

Welche Bewertung(en) der Situation ist/sind bei den von mir genannten Stressoren für meine Reaktion verantwortlich?

____

____

____

____

____

Manche Bewertungen schleppen wir seit unserer Kindheit mit, ohne diese zu hinterfragen. Glaubenssätze wie »Regen macht mich depressiv«, »Ich liebe Nebel«, »Ich bin ein Sonnenkind«, »Die Sonne kann mir gestohlen bleiben, wer will schon schwitzen und unter der Sonne brutzeln« sind automatisierte Bewertungsprogramme. Wir beurteilen Regen als schlecht (oder auch gut), so wie wir Bücher, Partys, Sport, Brokkoli, Fleisch und Co. direkt mit einer eigenen Einschätzung versehen. Innerhalb einer Sekunde hast du vor deinem inneren Auge ein Plus oder Minus stehen.

Situationen, Menschen und Dinge sind neutral — bis du sie bewertest.

So kann es sein, dass Erfahrungen oder auch Vorlieben aus der Vergangenheit sich manifestiert haben und dich beeinflussen. Beim Wort »Regen« werden manche freudestrahlend zu grinsen beginnen und von gemütlichen Filmnachmittagen berichten. Andere werden dich griesgrämig ansehen und von langweiligen Beschäftigungsversuchen erzählen, da sie bereits innerlich »Regen« mit einem Minus versehen haben.

Wenn du eine Abneigung gegen Regen hast (in deinem Kopf ist abgespeichert: »Ich hasse Regen«), wirst du immer schlechte Gefühle anziehen, sobald es regnet. Das muss jedoch nicht sein. Wenn du diesen abgespeicherten Satz hinterfragst: »Hasse ich Regen wirklich? Warum hasse ich Regen?«, du nachdenkst, wie dieser Satz entstanden ist und ob er nach wie vor gültig ist, kannst du dich von einer Menge Negativität befreien. Vielleicht kommst du zu der Erkenntnis, dass du Regen nicht magst, weil deine Eltern bei Regen die Ausflüge abgesagt haben, auf die du dich immer gefreut hast. Es kann sein, dass du dich an ein Ereignis erinnerst, bei dem du patschnass wurdest und sehr gefroren hast und deshalb diese Abneigung entwickelt hast. Vielleicht ist es nur eine Gewohnheit geworden, weil es andere in deinem Umfeld auch so machen (»Bei Regen gehe ich nicht raus«).

Bewertungen werden gelernt, passieren oft unbewusst und automatisch.

Wenn du aktiv gegen deine gedanklichen Bewertungen vorgehst und nicht immer das tust, was dein Kopf für »nicht gut«, »schwer« oder »angsteinflößend« hält, wirst du stärker, gelassener, belastbarer. So kannst du neue Erfahrungen sammeln und dadurch deine automatisierten Bewertungsprogramme ändern. Also geh beim nächsten Regen hinaus: Geh joggen, weil es regnet. Verabrede dich, obwohl es schüttet, und du wirst komplett anders darüber denken. Denn neue Erfahrungen erweitern deine Plus- und Minusliste und können dazu beitragen, deine automatisierte Bewertung neu abzuspeichern. Solltest du draufkommen, dass du Regen nach wie vor nicht magst – auch gut. Dann bist du dir dessen zumindest sicher und hast etwas über dich gelernt.

Negativer Stress

Stress ist die weltweit verbreitetste unbehandelte Krankheit. Sehr viele Erkrankungen entstehen aufgrund von Stress und dessen Verstärkung: der Angst. Oft, wenn der behandelnde Arzt nichts findet, was die Symptome erklären lässt, fragt er: »Haben Sie Stress?« Stress ist dann die Diagnose, die von Ärzten folgt, wenn sie kein Problem feststellen können. Der Kopf macht krank. »Dann wird es wohl stressbedingt sein«, diagnostiziert der Arzt.

Denn er weiß, wie stark unser Kopf bei der Entstehung (und Prävention) von Krankheiten involviert ist. Wie sieht die Behandlung aus? Medikamente! »Ich verschreibe Ihnen ein Medikament. Das sollte Ihre Schmerzen etwas lindern.« Die Symptome werden bekämpft, die Ursache, die angstauslösende Vorstellung im Kopf, aber nicht.

Oft sind genau die betroffenen »Stellen«, die in den Redensarten vorkommen, ein guter Hinweis darauf, wo das Problem liegt. Zum Beispiel hat ein Bekannter ein Gewächs, einen gutartigen Tumor, direkt am Hals. Ihm geht es angeblich gut. Betrachtet man das Aufwachsen des Mannes sowie sein derzeitiges Leben, lässt sich erkennen, dass er nie seine Meinung sagen durfte. Der Mann schluckte alles hinunter. Der Stress setzte sich direkt am Hals fest. Ein weiterer Bekannter hat starke Kopfschmerzen, die immer wieder auftauchen, wenn er Stress hat. Ihm steigt alles zu Kopf. Eine junge Dame, die stark unter Prüfungsangst leidet, kann unter Druck nichts essen. Ihr liegen der Stress und die Angst schwer im Magen. Ich selbst hatte im Alter von zarten 19 Jahren einen kreisrunden Haarausfall. Ich war sehr froh, dass diese Stelle gut zu verstecken war. Meine Friseurin hatte sie bemerkt und mich darauf aufmerksam gemacht. Meine damalige Situation war zum Haare raufen. Dieses Signal brauchte ich, denn ich habe mir buchstäblich die Haare ausgerissen, um an der Universität gute Noten zu schreiben, meinen Job gut zu machen, ein Unternehmen aufzubauen und nebenbei noch persönlich zu wachsen. Von diesem Tag an begann ich, mehr auf mich zu achten, mich besser um meine Erholung zu kümmern, aktiv Entspannungsphasen einzubauen und meine Gedanken genau zu beobachten. Siehe da, der Haarausfall verschwand. Trotzdem dauerte es sehr lange, bis die kahle Stelle wieder bewachsen war.

Stress ist negativ, wenn er zu lange andauert und wir keine Erholungs- und Entspannungsphasen haben.

Positiver Stress

Stress und auch Angst sind normale Gefühle wie Freude, Trauer oder Zorn, die jeder kennt und schon einmal verspürt hat. Angst war immer ein Teil des Menschen und wird es auch in unserer technisch hoch entwickelten Zeit bleiben. In der heutigen Zeit sind die Auslöser von Stress komplexer geworden und haben zugenommen. Allein die Belastung im Straßenverkehr, die technischen Veränderungen am Arbeitsplatz und ein von Lärm und Hektik geprägter Lebensstil führen zu einer hohen Anspannung.

Angst ist angeboren und wichtig.

Angst war nicht nur für den Menschen in der Steinzeit lebensnotwendig, auch heute ist sie sinnvoll und notwendig. Angst ist ein wichtiges Tool, damit wir Energie mobilisieren und unseren Körper optimal vorbereiten können, um Höchstleistungen zu vollbringen. Und wenn wir das wissen, können wir Stress als sinnvolles Hilfsmittel sehen, das uns unterstützt und nicht belastet. Vielleicht kennt jemand noch aus der Schulzeit das Lernen in letzter Minute, das Aufschieben von Hausaufgaben. Auf einmal konnten wir Höchstleistungen bringen! Das wäre ohne den Stress nicht möglich gewesen. Doch bei dieser Art von Stress gibt es einen entscheidenden Unterschied. Dieser Stress hat uns nicht überfordert, er hat uns angeregt, Energie gegeben und geholfen, das Ergebnis abzuliefern.

Stress ist unser Freund. Er liefert die nötige Energie, um mit Herausforderungen fertigzuwerden.

Angst ruft bestimmte körperliche und psychische Reaktionen hervor. Der Ablauf der physiologischen Reaktion ist bei jedem Menschen gleich und läuft nach einem bestimmten Muster ab: Der Adrenalinspiegel im Blutkreislauf steigt, die Muskeln spannen sich an, die Atmung geht schneller und das Herz schlägt schneller. Unser Körper bereitet sich darauf vor, in einer Gefahrensituation schnell reagieren zu können.

Angst oder auch Stress macht den Menschen wachsam für die Anzeichen einer Gefahr. Deswegen weiten sich auch unsere Pupillen, damit wir nichts übersehen können, was eine potenzielle Gefahrenquelle ist. Angst und Stress führen dazu, dass wir in einer gefährlichen Situation vorsichtig sind und kein unnötiges Risiko eingehen. Wir gehen nachts durch eine unbeleuchtete Straße und spüren, wie der Adrenalinspiegel steigt. Unser Gehör wird empfindsamer, wir achten mehr auf die Geräusche und Bewegungen um uns herum. Wenn wir keine Angst verspüren würden, würden wir ohne Angst durch Feuer gehen und verbrennen oder von einer 100 Meter hohen Brücke springen und sterben, ohne einen Funken Angst.

Angst ist ein wichtiges Gefühl, das als Alarmsignal auf bedrohliche Ereignisse hinweist und für das Überleben unverzichtbar ist.

Eine amerikanische Studie ist zu einem erstaunlichen Ergebnis gekommen: Das Forscherteam lud zu einem Stressexperiment ein. Die Freiwilligen wurden in zwei Gruppen eingeteilt. Der ersten Gruppe wurde gesagt, dass sie extremem Stress ausgesetzt werden und bestimmte Aufgaben so schnell wie möglich richtig lösen sollen.

Der zweiten Teilnehmergruppe wurde genau dasselbe gesagt. Jedoch wurde ergänzt, dass der Stress, den sie deutlich erleben werden, gut für sie sei, da dieser ihnen helfe, die Aufgaben zu bewältigen. Der Körper würde durch ihn angeregt, um genau diese herausragenden Leistungen überhaupt erst vollbringen zu können.

Die Teilnehmer wurden schikaniert, angeschrien, auf Fehler hingewiesen und zeigten starke körperliche Stresssymptome. Die Studienleiter wollten die Gruppen an ihre Grenzen bringen.

Die Ergebnisse sprachen für sich. Die Gruppe, der vorher mitgeteilt worden war, dass Stress positiv sei, da er die nötige Energie in ihnen mobilisierte, schnitt deutlich besser ab. Die Aufgaben wurden um 80 Prozent schneller gelöst, waren doppelt so oft richtig und die Teilnehmer zeigten keine Erschöpfung. Sie waren konzentrierter und die körperlichen Reaktionen waren zwar erkennbar, aber bei Weitem nicht so stark wie bei der anderen Gruppe. Ihr Herzschlag stieg, blieb aber relativ stabil. Auch die anderen Werte waren nicht bedrohlich, sondern in guten Bereichen, die auf eine Herausforderung, aber nicht Überforderung hindeuteten.

Die körperlichen Messungen bei den Teilnehmern der ersten Gruppe wurden als gesundheitsschädigend eingestuft, wenn diese Ergebnisse länger andauern würden.

Was können wir daraus lernen? Wenn wir wissen, dass Stress gut ist und uns vorbereitet, damit wir eine bevorstehende Herausforderung optimal bewältigen können, behinderte uns nicht, sondern hilft uns.

Und genau so müssen wir den Stress betrachten: als eine wichtige körperliche Reaktion, die uns hilft, Herausforderungen zu bewältigen. Stress ist wichtig, Stress gibt uns Energie, Ausdauer und hilft uns, Höchstleistungen zu vollbringen – solange er eben danach abgebaut werden kann und es Ruhephasen gibt. Ein gewisses Maß an Anspannung und Stress hält den Organismus in Schwung.

Stress ist eine biologisch sinnvolle Reaktion.

Wenn wir Stress als Herausforderung erleben und die Energie positiv nutzen können, sprechen wir vom positiven Eustress im Gegensatz zum negativen Disstress. Von Eustress spricht man bei einer aufgeregten Anspannung eines Sportlers vor einem wichtigen Wettkampf oder auch vor einem besonderen Ereignis wie einer Hochzeit oder Geburt. Die lateinische Vorsilbe »Eu« bedeutet dabei so viel wie »wohl, gut« und »Dis« steht für »schlecht«.

Stell dir folgende Frage:

Wobei hat mir Stress schon geholfen, Höchstleistungen zu vollbringen?

____

____

____

Stress kann also sehr gut und sinnvoll sein. Stress hilft uns, maximale Kraft, Ausdauer und Konzentration zu mobilisieren, um Bestleistungen zu vollbringen. Wenn wir unnötig Stress und Angst verspüren und dadurch eingeschränkt oder gelähmt werden und Anzeichen von Überforderung wahrnehmen, wird es Zeit, an dem Stress- und Angstauslöser zu arbeiten: unserer gedanklichen Vorstellung.

Vorstellung

Bei Angst und Stress ist nicht die Situation an sich der Auslöser, sondern die Vorstellung davon.

Ein Beispiel: Jemand bietet dir ein Bonbon an. Du stellst dir automatisch im Kopf vor, wie gut und süß es schmeckt, wie es sich auf deiner Zunge anfühlen würde, und dass du dies jetzt gern schmecken würdest. Du empfindest Freude. Jetzt nehmen wir an, ich sage dir, dieses Bonbon ist vor fünf Jahren abgelaufen. Mit dieser Zusatzinformation ändert sich die Bewertung des Bonbons. Deine Gedanken ändern sich und gleichzeitig das daraus erzeugte Gefühl und dein Verhalten. In deiner Vorstellung schmeckt das Bonbon nicht mehr süß, sondern alt, verdorben und unappetitlich. Nun hast du nicht mehr das Bedürfnis, es zu essen. Wenn du am 10-Meter-Turm stehst und Angst hast zu springen, ängstigt dich nicht der Turm oder das Wasser, sondern die mögliche Konsequenz in deiner Vorstellung, dich zu verletzen. Wenn du eine Präsentation halten musst, stresst dich nicht die Präsentation selbst, sondern das, was die anderen über dich sagen und denken könnten. Dich schüchtert die mögliche Bewertung der Zuhörer ein. Denn wenn du allein zu Hause dein Thema präsentierst, verspürst du keine Angst und zeigst keinerlei körperliche Stresssymptome.

Die schlimmste Vorstellung lässt uns das fühlen, was Angst und Unbehagen verursacht. Diese furchterregende Zukunftsvision ist jedoch meistens nicht real und stellt nur die schlimmste mögliche Ausgangssituation dar.

Angst entsteht im Kopf durch verzerrte Kognitionen in Form von negativen Gedanken, Bewertungen, Wünschen, Erwartungen und Einstellungen.

Die Angst verschwindet nur, wenn wir uns ihr stellen. Sonst wird sich unsere negative Zukunftsvorstellung, die negative Bewertung, nicht verändern. Spinnen und Insekten im Allgemeinen sind für viele ein Angst- und Stressauslöser. Welche gedankliche Vorstellung ängstigt sie wirklich? In meinem Umfeld gibt es einige Menschen, die panische Angst vor ungeplanten Tagen haben. Ob Arbeitstag oder Wochenende, stets müssen sie im Vorhinein wissen, was passiert. Denn was, wenn sie es nicht wissen? Das könnte katastrophal enden!

Alles, was neu und unbekannt ist, ist zuerst eine Bedrohung, bis wir die Situation neu bewerten können, indem wir positive Erfahrungen gemacht haben.

Es ist immer wieder gut, auch für zufriedene Persönlichkeiten, Dinge zu tun, die nicht dem Alltag entsprechen, die einen fordern und aus Routinen bewusst ausbrechen lassen. Dies belebt, regt an und stärkt. Denn neue Situationen sind herausfordernd, stärken unser Immunsystem und unsere Belastbarkeit.

Es kann die Reihenfolge einer morgendlichen Abfolge sein, es kann ein neues Hobby sein oder ein neuer Sitzplatz. Du kannst auch einfach mal die rechte Seite des Schreibtisches mit der linken tauschen. Allein die Tatsache, dass die Stifte nun auf einer anderen Seite stehen, bewirkt Konzentration, Überraschung und Erregung. Bei dieser Übung lernen wir auch, dass Neues nicht unbedingt schlecht ist. Wir lernen Offenheit und bewerten weniger schnell negativ.

Stell dir folgende Frage:

Welche kleine Veränderung kann ich im Alltag einsetzen, um mich herauszufordern?

Alles, was neu und unbekannt ist, erzeugt Angst (Stress).

Mit deiner Vorstellung vermeidest du, dass diese Angst und der Stress dich weiter beeinflussen.

Du fühlst, was du denkst

Die Art, wie du über eine Situation denkst, beeinflusst deine Gefühle. Deine Gefühle sind die Reaktion auf deine Gedanken und veranlassen als Resultat dein Verhalten. Wichtig ist, zu verstehen, dass deine selbst erzeugten Gedanken die Ursache für die Gefühle sind. Stress, Angst, der Griff zur Zigarette, Faulheit, mangelndes Selbstbewusstsein, Unzufriedenheit und vieles mehr entstehen im Kopf. Du kannst einen Gedanken aufkommen lassen, ihn erkennen und dann aber ändern. Du bist nicht unfähig und einem bestimmten Gedanken »ausgeliefert«. Wenn du ängstlich bist, hast du an etwas gedacht, dich daran erinnert oder dir vorgestellt, was dich ängstlich stimmt. Denn die Vorstellung in deinem Kopf macht dir Angst, nicht die reale Situation.

Frage dich:

Ist diese Angst eingetroffen? Oder ist es nur die Vorstellung in meinem Kopf, die mich ängstigt?

In den meisten Fällen lautet die Antwort: »Nein!« Der Auslöser, dieser ängstigende Gedanke, ist nicht eingetroffen, die negativen Gefühle resultieren aus meinen Gedanken und sind nicht real. Viele Frauen haben zum Beispiel Angst vor Einbrechern. Die Angst ist da, entsteht aber durch eine bildhafte Vorstellung, die nie eingetroffen ist. Die Angst ist also nicht real und in den meisten Fällen »unnötig«.

Wenn du eine Situation als bedrohlich einschätzt, wirst du ein negatives Gefühl wie Angst spüren. Wenn du eine Situation als positiv und angenehm beurteilst, werden positive Gefühle wie Freude, Ekstase oder Stolz erlebbar. Es ist die persönliche Bewertung einer Situation, die darüber entscheidet, wie du dich fühlst. Es hängt von deiner Bewertung ab, wie du eine Situation erlebst. Daher kann ein und dieselbe Situation verschiedene Reaktionen auslösen. Wenn wir dieses Wissen berücksichtigen, können wir uns selbst steuern, also managen.

Übung: Einbrecher

Stelle dir folgendes Szenario so bildlich wie möglich vor:

Nachdem du aufgelegt hast, sitzt du noch immer auf der Terrasse. Dein Nachbar hatte dich angerufen und von einem versuchten Einbruch erzählt. Du atmest die frische Luft tief ein, drehst dich um und gehst Richtung Schlafzimmer. »Schlafenszeit, ich muss morgen früh raus«, denkst du. Du putzt deine Zähne und ziehst dich um. Nun liegst du in deinem Bett. Das Licht hast du bereits abgedreht und du kuschelst dich in deine Decke. Das Betttuch ist angenehm weich, die Matratze schmiegt sich an deinen Körper. Dein Körper ist bereits sehr müde, dein Kopf aber noch wach. Du gehst den morgigen Tag durch. Plötzlich hörst du von draußen seltsame Geräusche. Du denkst an den Einbrecher aus der Erzählung. Du bist blitzartig hellwach, traust dich aber nicht, dich zu bewegen. Dein Körper reagiert, mobilisiert Energie und du bekommst Herzklopfen, einen trockenen Hals und atmest schneller. Da fällt dir ein, dass du die Balkontüre nicht abgeschlossen hast.

Stell dir folgende Fragen:

Wie fühle ich mich? Was würde ich tun?

____

____

____

____

____

Wenn du das Geräusch als Hinweis für einen Einbrecher deutest, wirst du Angst bekommen. Dir werden sofort Gedanken kommen, wie du dich schützen kannst, wen du anrufen kannst, wie du den Einbrecher überwältigen oder verscheuchen kannst. Deine Gedanken haben die Vorstellung des Einbrechers bereits real werden lassen und fragen nicht mehr, ob das stimmt, sondern nur, wie du jetzt darauf reagierst.

Die Angst wird dadurch immer stärker, weil das Bild im Kopf durch die weiterführenden Gedanken immer bewusster wird und die Angst schürt. Je deutlicher die Bedrohung im Kopf wird, desto intensiver wird das Gefühl der Angst.

Genau dieselbe Situation kann aber auch neutrale Gefühle oder Überraschung hervorrufen, wenn du sie als ungefährlich erlebst.

Wenn du zum Beispiel am Abend schon eine Katze gesehen hast, die über deine Terrasse gehuscht ist, wirst du dasselbe Geräusch anders bewerten und dich nicht fürchten:

Du sitzt auf der Terrasse und spielst mit der Katze, die sich am Nachmittag in deinen Garten verirrt hat. Da sie anscheinend jung und sehr verspielt ist, ist sie kaum zu überhören. Du atmest die frische Luft tief ein, drehst dich um und gehst Richtung Schlafzimmer. »Schlafenszeit, ich muss morgen früh raus«, denkst du. Du putzt deine Zähne und ziehst dich um. Nun liegst du in deinem Bett. Das Licht hast du bereits abgedreht und du kuschelst dich in deine Decke. Das Betttuch ist angenehm weich, die Matratze schmiegt sich an deinen Körper. Dein Körper ist bereits sehr müde, dein Kopf aber noch wach. Du gehst den morgigen Tag durch. Plötzlich hörst du von draußen seltsame Geräusche. Du denkst sofort an deinen neu gewonnenen Freund, die Katze. Du lächelst und bist in Gedanken dabei, sie zu streicheln. Dein Körper entspannt sich und du schließt die Augen. Da fällt dir ein, dass du die Balkontüre nicht geschlossen hast.

Stell dir folgende Fragen:

Wie fühle ich mich? Was würde ich tun?

____

____

____

____

Eine Katze ist weder eine Bedrohung noch eine Gefährdung und lässt dich weiterhin ruhig im Bett liegen bleiben. Eine Katze ist keinerlei Gefahr und du wirst dich vermutlich ohne Probleme trauen, aufzustehen und die Tür zu schließen. Beim Einbrecher werden deine Reaktion, deine Gefühlslage und dein Verhalten anders aussehen.

Wenn du an diesem besagten Abend Geburtstag hast, denkst du vermutlich eher an einen Überraschungsgast als an einen Einbrecher.

Auch dies ist nicht bedrohlich, mobilisiert wenig Energie, löst keinen »Alarm« aus und versetzt dich in keinen Stresszustand. Vielleicht empfindest du Freude, fühlst dich wertgeschätzt und geliebt.

Und so kommt es, dass deine Gedanken den Ablauf von Angst- und Stressreaktionen bestimmen sowie von Freude, Motivation und Begeisterung. So kommt es, dass deine Vorstellung deine Welt kreiert und deine Handlungen steuert. Da du ganz allein die Macht über deine Gedanken hast, hast du gleichzeitig die Macht, deine Gedanken zu ändern.

Du bist dafür verantwortlich, ob du dich gut oder schlecht fühlst, ob du dich motiviert oder entspannt fühlst, ob du dich für eine Sache begeistern kannst oder dich ärgern lässt. Du bist der Einzige, der deine Gedanken kennt und diese zum Positiven verändern kann. Dies ist eine enorme Verantwortung, aber eine noch größere Chance.

Negative Gedanken erzeugen negative Gefühle.
Positive Gedanken erzeugen positive Gefühle.

Wenn wir uns selbst bzw. etwas Bestimmtes fühlen wollen, um Energie zu verspüren, um zur Entspannung zu kommen, oder wir jegliche andere, derzeit erwünschte Gefühle und Verhalten erleben möchten, können wir das über unsere Vorstellung erreichen.

Wahrnehmungslenkung

Wie wir bereits gelernt haben, ist unsere Welt die Konsequenz unserer Gedanken. Wir glauben, unsere Gedanken bewusst zu lenken, jedoch wird meist unbewusst gesteuert, was wir wahrnehmen. Was wir sehen, ist ein Ausschnitt der Realität, nicht die vollständige Wahrheit und oft nicht identisch mit dem, was andere sehen und wahrnehmen. Um von einer gedanklichen Vorstellung wegzukommen, können wir unsere Wahrnehmung auf etwas anderes lenken. Das hilft, um nicht im möglichen gefährlichen Zukunftsbild hängenzubleiben, sondern im Hier und Jetzt zu bleiben.

Die Wahrnehmung lässt sich nur bewusst beeinflussen, solange die Erregung (Stress, Angst, Wut, Verzweiflung, Scham, Traurigkeit, Eifersucht, Nervosität ...) noch gering ist. Sobald die Emotion zu stark ist und bereits körperliche Symptome erzeugt hat, ist es kaum noch möglich, klar zu denken und die Wahrnehmung zu steuern. Es braucht viel Übung sowie sehr viel Achtsamkeit und Aufmerksamkeit von dir.

Deshalb ist es auch wichtig, dass du dir vorab einen Plan zurechtlegst, wie du in derartigen Situationen reagieren kannst, was du denken oder tun kannst, um diese Vorstellung und somit deine Gefühle und dein Verhalten für dich positiv zu steuern.

Sobald du merkst, dass negative Gedanken aufkommen und du diesen entkommen möchtest, solltest du sofort gegenlenken. Hier stelle ich dir Strategien vor, die dir dabei helfen, nicht in die Negativspirale zu kommen:

- Pfeifen
- Singen
- Trommeln
- Grimassen ziehen
- Muskeln anspannen (und wieder lockern)
- Zeichnen oder kritzeln
- Aus dem Fenster blicken
- Gegenstände aufmerksam begutachten und beschreiben (Farbe, Form, Material)
- Leute beobachten
- Musik bewusst hören
- Ein Instrument spielen
- Fitnessübungen
- Vorwärts oder rückwärts zählen
- Mit Freunden telefonieren
- An etwas riechen (Bleistift, Taschentuch, Kerze ...)
- An einen Ruheort denken (Meer, Berge, Urlaubsbilder ...)
- Etwas planen (den nächsten Tag oder Urlaub)

Stell dir folgende Fragen:

Kommen mir einige Ablenkungsstrategien bekannt vor? Wann verwende ich diese?

Und wovon (von welchen Gedanken) lenke ich mich ab?

Welche kurzfristigen Ablenkungsstrategien kann ich bei einer negativen Zukunftsvorstellung einsetzen?

Beschreibe genau, bei welchen Situationen diese hilfreich wären.

Stell dir nun die jeweilige Situation bildlich vor. Danach setze gedanklich die Ablenkungsstrategie ein und frage dich:

Welche Wirkung hat diese Ablenkung auf mich, meine Gedanken, Gefühle und mein Verhalten?

____

____

____

____

____

Auf den nächsten Seiten werden wir eine weitere Technik namens »Grounding« kennenlernen, die bei Panikattacken eingesetzt wird und hilft, weg von den Zukunftsbildern zu kommen und im Hier und Jetzt zu bleiben. An dieser Stelle weise ich dich jedoch darauf hin, dass eine kurze Ablenkung gut ist und dich von der Zukunft in die Gegenwart bringt. Jedoch hilft diese Strategie nicht auf Dauer. Um mit Ängsten und Stress langfristig umgehen zu können, müssen wir uns diesen unangenehmen Situationen stellen, an unseren Gedanken arbeiten und trainieren, trainieren, trainieren.

Sucht kommt von suchen.
Ein Süchtiger SUCHT nach etwas. Was suchst du?

Denn Ablenkung finden wir auch oft in Suchtmitteln – Zigaretten, Kaffee, Sport, Sex, Alkohol oder Tabletten. Bei der Sucht suchen wir aber etwas anderes. Die Sucht ist eine Strategie der Ablenkung. Das Suchtmittel befriedigt, zumindest teilweise, das dahinterliegende Bedürfnis.

So kann eine Droge eine Ablenkung von einem Bedürfnis wie Nähe und Zuneigung sein. Der Drogenkonsum lenkt vom Alleinsein ab. Dasselbe Bedürfnis zeigt sich oft in exzessivem Verlangen nach Sex. Oft, vor allem bei Frauen, wird es als Ersatz für Liebe, Zuneigung und Nähe gewählt. Zumindest kurzfristig fühlen wir uns geliebt, begehrt und geschätzt. Sex ist bei Ehepaaren auch immer eine gute Ablenkung, wenn Probleme aufkommen. Einerseits kann diese Ablenkung in das Hier und Jetzt führen, relativiert das Problem und hilft somit bei der Lösung. Andererseits kann dies auch ausgenutzt werden, um Schuldgefühle zu verdrängen. So kann Alkohol eine Ablenkung von aufkommenden Selbstzweifeln sein, denen sich jemand nicht stellen kann. Das Bedürfnis nach Akzeptanz, (Selbst-)Liebe und Wertschätzung bleibt nach wie vor unbefriedigt. So kann die Ablenkung mit Drogen kurzzeitig funktionieren, jedoch wird sich auf Dauer nichts ändern. Tragisch ist, wenn diese Ablenkungsstrategie zur Gewohnheit wird.

Denn wenn eine gesundheitsschädigende Strategie bei jeglichen Problemen eingesetzt wird, dann ist diese Art der Ablenkung tödlich.

Solange uns nicht bewusst ist, was wir suchen, welches Bedürfnis dahinterliegt und befriedigt werden möchte, können wir nur schwer davon loskommen. Diese Tätigkeiten lenken zwar ab, aber verhelfen uns nicht, das zu bekommen, was wir brauchen.

Die wahren Bedürfnisse hinter diesen Suchtstrategien herauszufinden, ist für den Betroffenen sehr schwer und wird deshalb meist mit professioneller Hilfe bearbeitet. Trotzdem kannst du versuchen, dich zu fragen, welches Bedürfnis hinter dieser Ablenkung steht.

Stell dir folgende Fragen:

Wovon lenke ich mich ab? Welches Bedürfnis liegt dahinter? Bei welchem Gedanken oder Gefühl beginnt meine gewohnte Bewältigungsstrategie? Was ist mein »Trigger«?

____

____

____

____

____

Lernen

Gedanken – Gefühle – Verhalten

Wie du im oberen Absatz erfahren hast, sind Gedanken der auslösende Reiz für Angst und Stress. Hast du einen Angstgedanken, löst dieser automatisch die passenden Gefühle dazu aus. Diese Gefühle veranlassen deinen Körper zu reagieren und steuern dein Verhalten.

Ein sehr gutes Beispiel dafür ist die gefürchtete Situation, eine Präsentation halten zu müssen. Deine Gedanken sind: »Ich kann das nicht«, »Ich werde mich blamieren.« Du stellst dir bereits die noch nicht eingetretenen Konsequenzen vor. Deine Gefühle sind: Unsicherheit, Scham, Angst. Dein Körper reagiert mit Schwindel, starkem Herzklopfen und einem Gefühl der Enge in der Brust. Dein Verhalten dazu kann Resignation sein: »Das mache ich nicht. Jemand anderes soll diese Präsentation halten.« Ein anderes mögliches Verhalten ist Kampf: »Das wird schwer werden. Ich versuche es und gebe mein Bestes.«

Das Verhalten bei einem angstauslösenden Reiz ist Kampf oder Flucht. Wenn du flüchtest, wirst du weiterhin dieselbe Angst in denselben Situationen verspüren. Entscheidest du dich für Kampf, kannst du neue positive Erfahrungen machen, aber möglicherweise auch scheitern.

Je stärker deine negativen Gedanken (und Vorstellungen) sind, desto stärker werden deine negativen Gefühle sein, und umso stärker fällt die Reaktion deines Körpers aus. Je intensiver du in diese Vorstellung hineintauchst, umso mehr bist du in deinem Denken und Handeln eingeschränkt. Denn im Überlebensmodus ist kein klares Denken möglich, hier zählt das Überleben. Das Ergebnis wird also mit starker Angst um einiges schlechter ausfallen, da dein Kopf nicht frei ist und du mit dieser innerlichen, selbst verursachten Belastung zu kämpfen hast. Das bedeutet, dass wir, wenn wir unser Verhalten ändern möchten, an unseren Gedanken arbeiten müssen.

Wieso bewerten wir derartig schnell Situationen als gefährlich? Wieso verfallen wir bei manchen Reizen in derartig starke Emotionen? Warum können wir unser Verhalten so schwer ändern?

Der Grund sind Erfahrungen. Gelernte Bewertungsprozesse, die unser Leben erleichtern sollen, laufen automatisch ab. Wenn wir uns nicht durch eine Erfahrung gemerkt hätten, dass die Herdplatte heiß ist, wenn sie rot aufleuchtet, würden wir uns immer wieder verbrennen. Das möchte die Natur nicht. Wir sollen aus Erfahrungen lernen und uns dadurch schützen.

Jeder hat gewisse automatisierte Denkprogramme im Laufe seines Lebens angelegt. Zum Beispiel kann es sein, dass du bei Liebe zuerst an Schmerz denkst, dass du bei Kaffee sofort an Milchschaum oder bei Sport an Anstrengung denkst. Je nachdem, wie stark deine Erinnerungen an die gemachten Erfahrungen sind, kommen die Gedanken umso schneller hoch. Je emotionaler negative Erfahrungen waren, desto weniger leicht können wir in den ablaufenden Denkprozess eingreifen.

Gedanken lösen Gefühle aus, Gefühle lösen Verhalten aus.

Es gibt zwei Arten, wie du zu dem automatisierten Ablauf deiner Gedanken – nicht nur der Angstgedanken – gekommen bist: Erfahrung und Evolution.

Der Begriff Erfahrung kann in persönliche Erfahrung, Modell-Lernen und Erzählungen unterteilt werden, also ob du die Erfahrung selbst gemacht, durch Beobachtung deiner Eltern erfahren oder durch das Erzählen einer Erfahrung dazugewonnen hast. Aber auch die Evolution kann ein Auslöser sein, der deine Gedanken in dieser Art und Weise auftauchen lässt. Hierbei ist es keine Erfahrung, sondern der reine Überlebenswille, der uns zum Schutz die richtigen angstauslösenden Gedanken mitteilt.

Das Gute ist, dass alles Erlernte auch wieder verlernt werden kann. Menschen können sich ändern, so wie sich der eigene Geschmack, Vorlieben, Hobbys, aber auch Denkweisen, Ansichten, Verhalten und Glaubenssätze ändern können. Die Voraussetzung dafür ist ein erstrebenswertes Ziel (siehe Kapitel »Sinnfindung«), eine ausreichend starke Motivation (siehe Kapitel »Warum tust du, was du tust«), Selbstvertrauen (siehe Kapitel »Wer bin ich?«), ein konstruktiver Umgang mit Fehlern (siehe Kapitel: »Rückschläge«) sowie die Kenntnis über die eigenen Energie- und Erholungstankstellen (siehe Kapitel »Von nichts kommt nichts«).

Modell-Lernen

Kinder lernen von den Eltern durch Beobachtung. Eltern sind die Modelle und somit Vorbilder für ihre Kinder. Wenn Papa immer von den bösen Ausländern spricht, dann wird auch das Kind lernen, dass Ausländer böse sind und alles in Verbindung damit als böse und falsch bewerten. Wenn Mama viel Wert auf ihr Aussehen legt, wird es lernen, dass Aussehen ein wichtiger Faktor ist. Im Gegensatz dazu wird sich ein Kind einer Mutter, deren Aussehen und Kleidung ihr gleichgültig sind, dies als Vorbild nehmen und dem äußeren Erscheinungsbild nicht viel Zeit und Energie widmen. Kinder imitieren ihre Eltern. Sie lernen, was in der Welt wie funktioniert, was gefährlich und was gut ist. Sie übernehmen Glaubenssätze, Werthaltungen,

Weltanschauungen sowie Sprache, den Umgang mit Fehlern, Zeitmanagement, Kommunikation, den Stellenwert von Beziehungen, Verantwortung ... Prinzipiell lernen Kinder von Eltern alles, nicht nur Ängste. Denn oft ist das die einzige Art und Weise, die sie kennengelernt haben, zu reagieren. Die Welt der Eltern ist die richtige und funktionierende Welt der Kinder. Erst im Alter von etwa 15 Jahren beginnen Kinder damit, Fehler in dieser Welt sowie in Personen zu finden und zu sehen. Hier lernen sie, dass die Welt nicht perfekt ist, dass nicht alles »wahr« ist, und beginnen zu hinterfragen. In der Pubertät gestalten sie ihre Welt neu und entscheiden, welche Ansichten, Einstellungen und Haltungen sie mitnehmen und glauben wollen. Dies ist ein Abnabelungsprozess, in dem sie den Eltern ganz klar zeigen, dass sie anderer Meinung sind. Jedoch kann niemand 15 Jahre »Modell-Lernen« ausblenden, denn diese Art des Vorlebens beeinflusst nachhaltig, wenn nicht sogar lebenslang.

*Alles, was wir gelernt haben,
können wir auch wieder verlernen.*

Dieses unbewusste Lernen ist bei der Markenwahl gut zu erkennen. »Bei uns kommt nur Bio-Fleisch auf den Tisch!« Welche Waschmittelmarke wurde gekauft? Welche Milch war immer im Kühlschrank? Steht bei dir nun auch immer Persil neben der Waschmaschine und im Kühlschrank die gute Schärdinger H-Milch? Hast du deine Einstellung zu Bioprodukten von deinen Eltern übernommen und unterbewusst gelernt? Unterbewusst greifen wir zu den Marken und Lebensmitteln, die uns unsere Eltern vorgelebt haben, weil wir sie als richtig und gut eingespeichert haben. Hat ein Elternteil immer gesagt: »Autofahren ist gefährlich, pass auf!«, wirst auch du Autofahren eher als gefährlich einstufen und diesen Satz auch deinen Liebsten mit auf den Weg geben.

Vor allem in der Zeit von Social Media und Tausenden Influencern finden wir hier eine Menge Modelle, von denen wir unbewusst lernen. Wir lernen, welche Marken besonders erstrebenswert sind, wie wir auszusehen haben, was wir essen, wie wir leben und was wir tragen sollen.

Deshalb ist es so wichtig, darauf zu achten, womit wir uns beschäftigen. Denn allein das Ansehen von Serien mit einer derben Sprache wird dich lehren, dass diese Sprache normal ist. Hier lernen wir den Umgang mit Menschen, viel über Kommunikation und noch mehr über gesellschaftlich akzeptiertes Verhalten.

Stell dir folgende Fragen:

Welche Marken präferiere ich aufgrund des Vorbilds meiner Eltern?

Welche Eigenschaften wurden mir als erstrebenswert vermittelt?

Was haben meine Eltern immer als »böse« und schlecht empfunden? Sehe ich das heute noch genauso?

Welche Sätze habe ich von meinen Eltern oft gehört? Finden sich diese nach wie vor in meinem Leben?

Was habe ich von Serienhelden, Freunden und Vorbildern gelernt?

Exkurs: die Sprachen der Liebe

Zu lieben wird gelernt. Der Großteil davon durch das unbewusste Beobachten deiner Eltern. Wenn du gesehen hast, dass Liebe und Beziehung auf eine bestimmte Art und Weise funktionieren, glaubst du das und suchst das im späteren Leben. Ob eine enge Bindung an den Partner oder eine sehr offene, freie Beziehung bis hin zur Trennung – das, was du gesehen und erlebt hast, bildet unweigerlich die Grundlage für deine Art, Beziehungen zu führen.

Einige haben die Scheidung der Eltern erlebt und dadurch starke Bindungsangst sowie die Angst, verlassen zu werden, entwickelt. Auch die Art, wie Liebe gezeigt wurde – durch körperliche Nähe, wertschätzende Worte, Zeit zu zweit oder durch Geschenke –, hat deine Art zu lieben und dich geliebt zu fühlen geprägt.

Auch wenn alle diese Handlungen Liebe ausdrücken, gibt es immer einen Haupt-Liebes-Kommunikationsweg: Hilfsbereitschaft, Lob, Zweisamkeit, physische Nähe oder Geschenke. Wenn dich deine Mutter immer umarmt und dir mit Nähe Liebe gezeigt hat, wirst du das übernommen haben und so auch anderen deine Liebe zeigen. Gab es bei euch kaum körperliche Nähe und du hast Geschenke bekommen, wenn du brav warst, wirst du selbst Geschenke machen, wenn du jemanden gernhast. Hast du kaum wertschätzende Worte bekommen, wirst du deine Liebe auch nicht über Lob ausdrücken, sondern durch eine andere Art der Liebesbekundung. Bedeutet Liebe für dich, Zeit zu zweit zu verbringen, weil du dies beobachtet hast, wirst du dich geliebt fühlen, wenn du Zeit mit deinem Partner verbringst.

Es ist wichtig zu wissen, welche Hauptsprache der Liebe man selbst spricht, um dies dem Partner weiterzugeben und eine glückliche Beziehung führen zu können.

Denn sehr oft fühlen sich Partner ungeliebt, obwohl das Gegenüber sich bemüht, Liebe auszudrücken. Jedoch liegt das oft an der »falschen« Sprache der Liebe, die verwendet wird. So fühlt sich der eine nicht geliebt, da dieser zum Beispiel anerkennende Worte braucht, aber mehr Nähe bekommt. Ein anderer Partner möchte regelmäßig Aufmerksamkeiten, um sich gesehen und geliebt zu fühlen, bekommt aber nur Hilfeleistung und Unterstützung, wenn diese nötig sind. Es ist also wichtig zu sehen, was wir durch Modell-Lernen von unseren Eltern und unserem engen Umfeld in der Kindheit erlebt haben.

Lieben wird gelernt.

Hast du durch Beobachtung gelernt, dass es kaum glückliche Paare gibt? Dass Liebe nichts mit körperlicher Nähe zu tun hat, sondern mit Hilfsbereitschaft? Oder hast du gelernt, dass Lieben bedeutet, Zeit füreinander zu haben? Hast du gesehen, dass auf einen Ehepartner kein Verlass ist, dass das Konzept der Ehe nur wirtschaftliche Hintergründe hat, dass die Abhängigkeit eines Partners schrecklich ist, dass Wertschätzung und Akzeptanz keine Rolle spielen?

Hier auszubrechen und eine neue Art von Beziehung, Liebe und Gemeinschaft zu definieren, ist eine sehr herausfordernde Aufgabe, die viel Energie von beiden Seiten benötigt. Hier hilft es enorm, herauszufinden, wo diverse Ansichten und Meinungen entstanden sind, um diese weitergeben zu können, dein Verhalten aufgrund der Gedanken und logischen Konsequenz zu verstehen und dann abändern zu können.

Stell dir folgende Fragen:

Was habe ich über Liebe und Beziehung von meinen Eltern und meinem engen Umfeld in Kinderjahren gelernt?

Welche Glaubenssätze, Gedanken und Verhalten habe ich deshalb in meinem jetzigen Leben?

Wann fühlst du dich geliebt?

Wann fühle ich mich am meisten geliebt?

- ☐ Wenn mir jemand sagt, dass er/sie mich liebt, und mir Komplimente macht. (Worte der Anerkennung).
- ☐ Wenn er/sie mir Aufmerksamkeiten zukommen lässt, einen Urlaub, Ausflug oder Essen plant. (Geschenke)
- ☐ Wenn er/sie mir Unterstützung und Hilfe anbietet und dies gern macht. (Hilfsbereitschaft)
- ☐ Wenn er/sie sich Zeit für mich nimmt und wir schöne Stunden nur zu zweit verbringen. (Zweisamkeit)
- ☐ Wenn er/sie mich berührt, kuschelt und küsst. (körperliche Nähe)

Was ist meine Hauptsprache der Liebe? (Nähe, Lob, Zweisamkeit, Geschenke, Hilfsbereitschaft)

___

Wie zeige ich Liebe?

___

___

Wie haben sich meine Eltern Liebe gezeigt? (Nähe, Anerkennung, Zweisamkeit, Geschenke, Hilfsbereitschaft)

____

____

Wie haben mir meine Eltern Liebe gezeigt? (Nähe, Anerkennung, Zweisamkeit, Geschenke, Hilfsbereitschaft)

____

____

Unterscheidet sich meine Art, Liebe zu zeigen, von der Art meiner Eltern?

____

____

Die Art und Weise, zu lieben und Beziehungen zu führen, ist eines der besten Beispiele für Modell-Lernen.

Persönliche Erfahrungen

Waren deine Eltern sehr fürsorglich? Dann wirst auch du eher fürsorglich mit anderen umgehen. Haben deine Eltern viel geschimpft, getadelt und waren sehr kritisch? Dann wirst auch du dazu neigen, andere schnell zu kritisieren und auf deren Fehler zu achten.

Persönliche Erfahrungen sind die stärksten Auslöser für automatisierte Bewertungs- und Denkprogramme. Vor allem, wenn es sich um Ängste handelt.

Kinder lernen auch, wie Radfahren funktioniert, dass die Herdplatte »aua« (= heiß) ist und wie man sich die Schuhe bindet. Das Kind lernt auch, dass es Aufmerksamkeit bekommt, wenn es schreit, und es damit ein akutes Bedürfnis stillen kann. »Ich habe Hunger«, denkt sich das Baby und schreit. Mama oder Papa kommt angelaufen und nährt es. Es lernt: »Wenn ich schreie, kommt Hilfe.« Wird dies wiederholt, lernen wir, dass A zu B führt – ein automatisierter, erlernter Denk- und Handlungsprozess. Wenn du von den Eltern lernst, dass du nur liebenswert bist, wenn du eine Leistung erbringst, damit du die nötige Liebe und Aufmerksamkeit bekommst, wirst du dich noch Jahre später unter Druck setzen, um dich selbst lieben (oder auch nur akzeptieren) zu können.

Persönliche Erfahrungen bilden die Grundlage für automatisierte Denkprogramme.

Hast du selbst negative Erfahrungen gemacht, wie z. B. vor der Klasse ausgelacht worden zu sein, wirst du alle ähnlichen Situationen meiden, die diese negative Erfahrung wiederholen könnten. Du hast gelernt, dass es sich nicht gut anfühlt, vor vielen Menschen zu sprechen, und dass du ins Lächerliche gezogen wirst. Hast du einen Autounfall mitverursacht, hast du gelernt, dass Autofahren gefährlich ist, und die Angst wird dich bei jeder Fahrt begleiten. Es kann sogar noch massiver werden, wenn allein der Gedanke an das Einsteigen in ein Auto dir Angst macht, wenn dieser kleine, neutrale Reiz »Auto« schon ausreicht, um diese Gedanken auszulösen.

Die ersten Erfahrungen sind oft die bedeutendsten. Die erste Liebe, das erste Mal Skifahren, der erste Urlaub, die erste gemeinsame Wohnung ... sie prägen und bilden die Grundlage für unsere spätere Bewertung.

Stell dir folgende Fragen:

Welche Erfahrungen habe ich in der Schulzeit gemacht?

____

____

Welche Erinnerungen habe ich an meine erste Liebe?

Welche Erfahrungen durfte ich zum Thema Freundschaft machen?

Welche persönlichen Erfahrungen habe ich mit Kritik gemacht?

Diese Fragen könnte man ewig weiterführen. Wenn dich ein bestimmtes Thema belastet, frage dich, wo und wann du die erste Erfahrung damit gesammelt hast. Oder, wenn sich eine Bewertung geändert hat: Was war das Ereignis, welches zu dieser Veränderung geführt hat? Somit bist du am Kern deiner Bewertung angelangt und kannst entscheiden, ob diese Bewertung nach wie vor Relevanz hat, richtig und für dein jetziges Leben sinnvoll ist.

Erzählungen

Wie du bereits bei einigen Beispielen und Geschichten in diesem Buch bemerkt hast, können dich Erzählungen, Geschichten und Erfahrungswerte von anderen Menschen stark beeinflussen. Ich sehe es vermehrt bei den älteren Generationen, die tagtäglich die Zeitung lesen und von der schlechten Welt da draußen berichten, in der Vergewaltiger, Räuber, Psychopathen und geldgeile Unternehmen zu finden sind. Wenn wir die täglichen negativen Schlagzeilen der Zeitung lesen, lernen wir in jedem Artikel, wie böse und schlecht die Welt ist. Denn positive Berichte sind kaum zu finden. Menschen würden keine Zeitung lesen, wenn sie glaubten, dass alles in der Welt gut und heil ist. Dann würde die Zeitung an Wert und Wichtigkeit verlieren. Aus diesem Grund werden die Geschichten imposanter, spannender und schrecklicher dargestellt, um die Menschen zu schockieren und zum Lesen zu bewegen.

Mal angenommen, dein Freund erzählt dir von einem Beinaheabsturz mit dem Flugzeug. Durch diese Erzählung kann es passieren, dass du eine Flugangst entwickelst, obwohl du keinerlei schlechte Erfahrungen mit dem Fliegen gemacht hast. Erzählungen von Freundinnen, die sich über ihre faulen, desinteressierten Männer aufregen, lassen dich glauben bzw. lernen, dass Männer grundsätzlich faul und desinteressiert sind. Hast du öfter Geschichten erzählt bekommen, dass Partner fremdgegangen sind? Sehr wahrscheinlich wirst du bei den kleinsten Anzeichen davon ausgehen, dass dein Partner dich auch betrügen könnte.

Wenn dir das bewusst wird, kannst du frühzeitig eingreifen und neue Glaubenssätze entwickeln, bis diese deine erlernten, automatisierten Gedanken ersetzen.

Stell dir folgende Fragen:

Welche Geschichten und Erzählungen sind bis heute noch in meinem Gedächtnis?

Was habe ich daraus gelernt?

Was war mein(e) Lieblingsgeschichte, -märchen, -buch und/oder -film als Kind?

Was habe ich daraus gelernt?

Beeinflussen mich diese Geschichten heute noch?

Evolutionäre Angst

Tief in uns sind Ängste verankert, sogenannte Urängste, die sich evolutionär entwickelt haben. Dazu zählen: Angst vor Feuer, Angst vor spitzen Gegenständen, Angst vor der Dunkelheit und Angst vor dem Ersticken. Bis zu einem gewissen Ausmaß ist diese Angst in jedem von uns verankert, da wir jahrhundertelang gelernt haben, dass diese Dinge uns töten könnten. Diese Angst, die die Angst-Gedanken lehrt und verursacht, schützt unser Überleben, unsere Spezies und ist überaus wichtig. Wird eine Angst zu einschränkend und belastet dein Leben, dann kannst du auch an deinen Urängsten arbeiten.

Die Entstehung der eigenen Angst zu kennen, hilft dir enorm, diese annehmen zu können und im Zuge dessen nachhaltig zu verändern. Das Wichtigste bei Ängsten ist, sie anzuerkennen und zu akzeptieren.

Diese Angst schützt dich und erfüllt einen bestimmten Zweck. Die Angst weiß nicht, dass sie dich behindert, sie will dich beschützen. Deshalb frage dich unbedingt, was an deiner Angst gut ist, wovor sie dich bewahren möchte. Damit starten wir jetzt:

Stell dir folgende Fragen:

Wann bzw. wovor habe ich Angst? (Situationen, Dinge)

____

____

____

Welche Gedanken und Zukunftsvorstellungen lösen diese aus? (Gedanken – Konsequenz: Gefühle, Verhalten)

____

____

____

____

____

____

____

Wähle nun ein bis zwei Ängste aus, die dich am stärksten belasten, um die weiteren Fragen zu beantworten. Später kannst du die weiteren Ängste einzeln nochmals mit den Fragen durchgehen.

Was ist positiv an dieser Angst?

Wo zeigt sich das Gefühl der Angst im Körper?

Gab es in meiner Vergangenheit ähnliche Situationen, in denen ich diese Angst verspürt habe?

Gab es in meiner Vergangenheit ähnliche Situationen, in denen ich diese Angst nicht verspürt habe?

Wo/wobei/bei wem habe ich diese Angst das erste Mal erlebt?

Was ist das Schlimmste, das bei meiner Angst passieren könnte?

Wie wahrscheinlich treten diese Konsequenzen ein?

Ist mein Denken realistisch und zu 100 Prozent wahr?

Welche realistischen Gedanken würden mir helfen, mit dieser Situation besser umzugehen?

Was würde es für mich bedeuten, wenn ich diese Gedanken IMMER in dieser Situation hätte?

Was würde es bedeuten, wenn ich diese Gedanken nicht mehr in dieser Situation hätte?

Was würde sich bei mir im Leben ohne diese Angst alles ändern?

Was würde ich als Erstes ohne diese Angst tun?

Warum tue ich es nicht? Was hält mich von der Umsetzung noch ab?

Wie kann ich das überwinden?

Wie sehen meine konkreten Schritte zur Umsetzung aus?

Diese Fragen kannst du dir immer stellen, egal welche Herausforderung, welches Problem oder welche Angst sich dir stellt; von Eifersucht bis hin zum Ändern von Gewohnheiten. Diese Fragen in dieser Reihenfolge geben dir die Antwort. Du findest die Motivation zur Umsetzung (Warum will ich das? Was ist der Nutzen? Was ist das Ergebnis?), du findest den Grund heraus, was dich davon abhält, und beantwortest dir selbst, wie du dies lösen kannst.

Es gibt nicht die eine richtige Lösung. Es gibt immer bei jeder Problemstellung Lösungsmöglichkeiten. Du suchst für dich diejenige aus, die am erfolgversprechendsten ist und am leichtesten umzusetzen.

Entkatastrophisieren

In diesem Buch haben wir schon oft gelesen, dass wir unsere Ängste und Stresssituationen nicht meiden, sondern uns ihnen aktiv stellen sollen. Dies ist leichter gesagt als getan. Bei der Entkatastrophisierung arbeiten wir zuerst an unserer Vorstellung und versuchen, diese zu steuern und positiv zu beeinflussen, bevor wir uns an die Umsetzung in der realen Welt machen.

Eine Phobie umfasst die Furcht vor einzelnen Situationen und Objekten. Menschen, die unter Klaustrophobie leiden, haben die Vorstellung, in einem engen Raum eingeschlossen zu sein. Daher bezieht sich ihre Angst auf Tunnel, Aufzugkabinen, U-Bahnen, Autos. Bei der Angst vor Präsentationen ist es die Vorstellung, vor den Zuhörern in einem schlechten Licht dazustehen und kläglich zu versagen.

Entkatastrophisieren bedeutet, dass du dich mit den befürchteten Situationen gedanklich auseinandersetzt und sie im Geiste in eine positive Richtung lenkst. Diese Technik ist charakterisiert durch die »Was-wäre-wenn«-Fragestellung. Phobiker stellen sich das Eintreten der gefürchteten Situation in negativen Bildern vor, zum Beispiel in einem Aufzug eingeschlossen zu sein, in die Tiefe zu stürzen usw. An diesem angstauslösenden Punkt reißt die Vorstellung ab. Die Folgen des gefürchteten Ereignisses, wenn es tatsächlich auftreten würde, werden nicht zu Ende gedacht. Das Vorstellungsbild beinhaltet das Leid und die mit der Angst verbundenen Qualen in der gefürchteten Situation. Da die Vorstellungsbilder wie reale Reize verarbeitet werden, reagiert der Organismus so, als wäre die Katastrophe tatsächlich eingetreten.

Mit der Technik des Entkatastrophisierens kannst du systematisch überprüfen, ob die vorgestellten Konsequenzen wirklich so untragbar wären, wie du vielleicht anfangs annimmst. Dabei müssen zwei Punkte beachtet werden:

- Die Aufmerksamkeit muss auf das Weiterdenken der Vorhersagen gerichtet sein.
- Die Gedanken darüber, was passieren würde, wenn die schlimmsten Befürchtungen eintreten, müssen beschrieben und neu durchdacht werden.

Es findet also eine aktive Auseinandersetzung mit der Angst statt.
»Ich habe Angst vor dem Fahren mit dem Aufzug.«

Was wäre, wenn die allerschlimmste Befürchtung eintreffen würde?
»Es wäre schrecklich, wenn der Aufzug stehen bleiben würde und ich in der Kabine eingeschlossen wäre.«

Was wäre, wenn der Aufzug tatsächlich stehen bleibt? Was würde konkret passieren?
»Ich hätte Angst und würde dastehen und warten.«

Ist das lebensbedrohlich?
»Nein, Warten ist nicht lebensbedrohlich.«

Tut das weh?
»Nein.«

Ist dein Gedanke, deine gefühlte Bedrohung, wirklich wahr?
»Nein.«

Wie kann diese Vorstellung positiv ausgehen?
»Der Aufzug fährt ganz normal bis zum gewünschten Punkt. Ich summe gedanklich ein Lied. Nichts passiert.«

Oder:

»Ich habe Angst davor, Präsentationen zu halten und dabei einen schlechten Eindruck zu hinterlassen.«

Was wäre, wenn die allerschlimmste Befürchtung eintreffen würde?
»Es wäre schrecklich, wenn ich den Text vergessen würde. Ich hätte Panik und würde eventuell weinen.«

Was wäre, wenn du wirklich den Text vergisst? Was würde konkret passieren?
»Ich würde nichts sagen und stumm dastehen.«

Ist das lebensbedrohlich?
»Nein, nichts zu sagen, ist nicht lebensbedrohlich.«

Tut das weh?
»Nein.«

Sind deine Gedanken wirklich wahr?
»Nein, ich kann nicht wissen, ob das passiert.«

Wie kann diese Vorstellung positiv ausgehen?
»Ich halte meine Präsentation wie bei einem Kaffeeplausch mit einer Freundin im Café, der ich eine Geschichte erzähle. Alle sind begeistert und applaudieren. Ich habe Spaß dabei.«

Stell dir folgende Fragen und versuche stets, die leeren Zeilen mit vollständigen Sätzen zu füllen:

Was wäre, wenn die Angst auftritt?

____

____

____

Was würde konkret passieren?

____

____

____

____

Wie würde ich mich verhalten?

Ist das lebensbedrohlich?

Tut mir das weh?

Ist der Gedanke wirklich wahr?

Wer bzw. was könnte mir helfen?

Wie kann die Situation positiv ausgehen?

Je öfter wir die Situationen gedanklich positiv ausgehen lassen, umso mehr glauben wir diese Vorstellung. Da eben allein die Vorstellung reicht, um daraus zu lernen und dies als positive Erfahrung abzuspeichern, kann dieses Trockentraining Wunder bewirken.

Versuche, möglichst genau die Situation vor dir zu sehen. Nimm sie mit allen Sinnen wahr. Was siehst du? Welche Farben, Formen, welches Material nimmst du wahr? Was hörst, riechst, schmeckst und fühlst du? Wo genau befindest du dich? Was ist um dich herum? Was hast du an? Wen siehst du?

Dann heißt es trainieren, trainieren, trainieren. Tagtäglich stellst du dir vor dem Einschlafen den positiven Ausgang vor. Das machst du so lange, bis der Reizauslöser dich automatisch zu dieser Vorstellung bringt. Den Test kannst du machen, indem du dich der Gefahrenquelle näherst. Egal ob dies ein Aufzug ist, bei dem du von nun an immer fröhlich ein Lied summst, oder ob du inmitten von Leuten stehst und laut sprichst. Teste, wie stark dein Glaube ist und ob du dieses neue Zukunftsbild mit dem zuvor angstauslösenden Reiz verknüpft hast.

Natürlich sind manch starke Ängste und Phobien nicht so einfach abzulegen. Diese können durch professionelle Hilfe behandelt werden.

Übung: Grounding (»Erden«)

Der Angstkreislauf ist schwer zu durchbrechen. Tauchen angsterregende Gedanken auf, reagiert dein Körper. Du bemerkst seine Reaktion und deine Gedanken schreien noch mehr: Panik! Flucht, Kampf oder totstellen! Um diesen Kreislauf zu durchbrechen, ist es wichtig, dass du den Fokus von dir weglenkst. Dieses Ablenken von den eigenen Gedanken und Gefühlen ist eine kurzfristige Strategie zum Entspannen und zum Durchbrechen des Teufelskreises. Lenke den Fokus von dir, deinen Gedanken und körperlichen Warnsignalen weg.

»Grounding« – oder auf Deutsch »Erden« – kann hier schnell Abhilfe schaffen. Du löst dich von einer unangenehmen Vorstellung und gelangst ins Hier und Jetzt. Nutze dafür deine Sinne.

Finde fünf Dinge, die du sehen kannst. Finde vier Dinge, die du fühlen kannst. Finde drei Dinge, die du hören kannst. Finde zwei Dinge, die du riechen kannst. Finde ein Ding, das du schmecken kannst.

Welche fünf Dinge sehe ich? (Beschreibe Form, Farbe, Material so genau wie möglich. Versuche, jedes Detail wahrzunehmen, so als müsstest du es nachzeichnen.)

Welche vier Dinge kann ich anfassen? Wie fühlen sich diese Dinge an? Wie unterscheiden sie sich? Wie fühlt es sich am Handrücken an? Wie mit dem Daumen, wie mit dem Zeh?

Was höre ich im Moment? (Sei aufmerksam und geduldig, höre ganz genau hin, bis du drei Geräusche benennen kannst.)

Was kann ich riechen? (Versuche, zwei Gerüche zu identifizieren. Magst du den Geruch? Woran erinnert er dich?)

Finde etwas, was du schmecken kannst. Ein Kaugummi, ein Bonbon, eine Tomate, einen Schluck Saft. Wie ist die Konsistenz? Wo im Mund nehme ich den Geschmack am intensivsten wahr? Versuche, den Geschmack zu beschreiben.

Diese Übung kannst du jederzeit an jedem Ort durchführen, um deine automatisierten Denk- und Handlungsprogramme zu stoppen: im Auto, wenn du im Stau stehst und dich von deinem innerlichen Ärger ablenken möchtest, wenn du nervös vor einem wichtigen Gespräch bist oder im Büro, wenn dich dein Chef zur Weißglut treibt. Wenn du es nun geschafft hast, durchzuatmen und dich zu »stoppen«, dann kannst du anfangen, deinen Supercomputer »Gehirn« neu aufzusetzen.

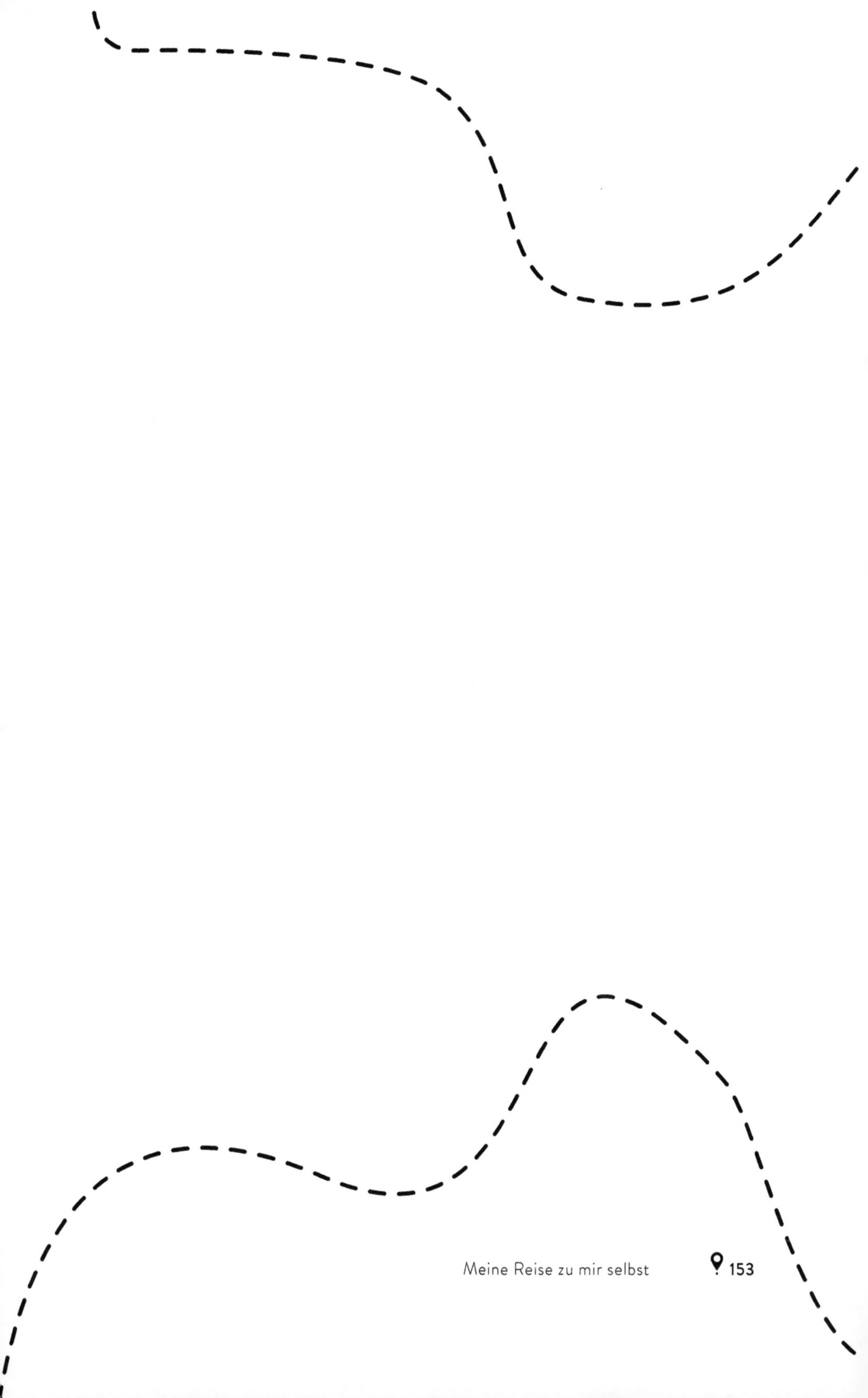

Erlernte Denkprogramme verlernen

Warum fühlen wir, was wir fühlen? Warum tun wir, was wir tun?

Der Grund sind immer unsere Gedanken. Es gibt einen Reiz, der eine Reaktion auslöst. Die aus dem Reiz entstandenen Gedanken resultieren meist aus unseren Erfahrungen, Erwartungen und Bewertungen. Darauf folgt ein zum Gedanken passendes Gefühl. Dieses Gefühl löst eine Reaktion deines Körpers aus und Gedanken und Gefühle verleiten dich zu einer Handlung. Jeder Reiz löst eine Kette an Reaktionen aus. Reiz: Berührung der heißen Herdplatte, Gefühl: Schmerz (»Aua«), Verhalten: Hand wegziehen. Oder, Gedanke: »Ich vermisse ihn«, Gefühl: Trauer, Einsamkeit, Verhalten: Weinen.

Egal welches Verhalten, welches Symptom wir ändern wollen, wir müssen dafür die Ursache, unsere Gedanken, umprogrammieren. Ob dies ein Stress- oder Angstgedanke ist oder eine schlechte Angewohnheit, die wir loswerden wollen – mit der richtigen Fragetechnik, gepaart mit Übung und der richtigen Motivation, ist dies möglich.

Viele Menschen sagen zwar, dass sie sich ändern wollen, unterbewusst sehen sie sich jedoch weiterhin in der aktuellen Rolle, mit derselben Haltung und Handlung. Sie haben ihre Vorstellung nicht geändert. Ihre Gedanken laufen immer noch gleich ab, deshalb hat sich auch das Verhalten nicht geändert.

Erfahrungen lassen uns lernen.
Bewertungen lassen uns fühlen.

Wie leiten wir Veränderungen ein? Es muss genügend Anreiz (siehe Kapitel »Warum tust du, was du tust«) zur Veränderung geben und gleichzeitig eine neue Alternative für die Befriedigung der eigenen Bedürfnisse gefunden werden. Diese Alternative hilft uns aus der Hilflosigkeit und Überforderung. Wir brauchen einen Plan, denn in der gewohnten Situation sind wir nicht unbedingt kreativ genug, um neue, alternative Handlungen einzuleiten. Da es nicht leicht ist, diese sofort umzusetzen, starten wir mit der gedanklichen Vorstellung (siehe »Entkatastrophisieren«). Wir stellen uns einen anderen, positiven Ausgang vor.

Wenn jemand gern aus Frust isst, muss es eine alternative Belohnung anstelle der Gewohnheit »essen« geben. Anstatt zur Zigarette zu greifen, muss eine andere Handlung her, die denselben oder zumindest einen ähnlichen Effekt hat. Wenn du nicht mehr aus der Haut fahren oder in gewohnte depressive Gedanken verfallen möchtest, suche dir eine Alternative.

Hier empfiehlt es sich, auf »sinnliche« Aktivitäten zurückzugreifen, Tätigkeiten, die mindestens einen Sinn oder gar mehrere ansprechen. Unter dem Kapitel »Von nichts kommt nicht« findest du eine Auswahl an Aktivitäten, die als Freude bringend, spaßig, anregend oder auch entspannend beschrieben werden, sogenannte Eustress-Aktivitäten. Jeder sollte für sich eine eigene Liste, mit alternativen Aktivitäten erstellen. Denn nicht jeden Tag funktioniert die Strategie vom Tag zuvor. Auswahlmöglichkeiten schaffen Abhilfe. Dazu kommen wir aber erst später, nachdem wir gelernt haben, wie wir uns »umprogrammieren« können.

Gewohnheiten ändern

Wie entstehen Gewohnheiten?

Gewohnheiten zu ändern, ist schwer. Gewohnheiten entstehen aufgrund von Erfahrungen. Wir haben gelernt, dass eine Handlung ein gewünschtes Ergebnis bringt. Dieses Ergebnis und die gefühlte Belohnung werden dann wiederholt.

Deine Worte werden zu Taten.
Deine Taten bilden deine Gewohnheiten.
Deine Gewohnheiten formen deinen Charakter.
Dein Charakter wird zu deinem Schicksal.

Ein großes Problem beim Ändern von Gewohnheiten ist, dass diese zum Großteil automatisch ablaufen. Gewohnheiten sind mentale Abkürzungen, die auf Erfahrungen beruhen. Sie sind erlernte Prozesse zum Problemlösen. Eine Entscheidung, die einst bewusst getroffen wurde, läuft nun automatisch ab. Das Gehirn ist immer darauf aus, Energie zu sparen, das schafft es mithilfe von Gewohnheiten. Wie entstehen Gewohnheiten? Die Formel lautet: Auslöser – Verlangen – Reaktion – Belohnung.

Der auslösende Reiz verursacht ein Verlangen. Dieses Verlangen leitete eine Handlung ein und auf die Handlung folgt eine Belohnung. Nur wenn alle vier Schritte erfolgen, wird eine Handlung wiederholt und zu einer Gewohnheit. Fehlt die Belohnung oder ein Verlangen, dann wird diese Handlung kein weiteres Mal wiederholt.

Man sehnt sich nicht nach der Zigarette, sondern nach der Erleichterung. Eine Person möchte nicht den Fernseher einschalten, sondern Unterhaltung. Ein Mensch möchte nicht Zähne putzen, sondern das angenehme Gefühl von Sauberkeit. Die Belohnung ist der Grund für das Verhalten. Das Verlangen nach der Belohnung löst die Reaktion aus.

Um Gewohnheiten zu ändern, müssen wir den Fokus auf die Handlungen legen, nicht auf das Ziel. Klar ist ein Ziel wichtig, um Motivation zu bekommen und den Weg dorthin zu gestalten, aber es ist wichtiger, sich auf die Taten zu fokussieren, die uns auf diesem Weg halten. Deshalb haben wir Maßnahmen erstellt, die nötigen Schritte, um dem Ziel näher zu kommen.

Du musst nicht alle auf einmal umsetzen, es reicht, jeden Tag ein Prozent besser zu werden, einmal mehr »Nein« zur Schokolade zu sagen, einmal mehr »Ja« zu Situationen, die dich ängstigen, oder nur eine Wiederholung mehr bei der Übung im

Fitnessstudio. Jeden Tag einmal mehr. Stück für Stück wachsen. Auch Rom wurde nicht an einem Tag erbaut.

Auch winzige Veränderungen sind bedeutsam.

Jeden Tag ein Prozent mehr geben, besser werden, stärker sein als am Vortag. Glaub mir, du wirst schneller vorankommen als gedacht. Denn Wachstum ist exponentiell. Das bedeutet, dass du dich steigerst, ein sogenanntes Plateau erreichst, und dann schlagartig große Veränderungen erkennen wirst. Plötzlich bist du zehn Prozent besser, obwohl du nur ein Prozent mehr gegeben hast. Ein Prozent Abweichung bei einem Flugzeug auf der Flugbahn lässt dieses auf einem anderen Kontinent landen. Ein Prozent Veränderung reicht aus, um dich zu verändern.

Unsere Gefühle verleiten uns zu Handlungen. Deshalb ist es wichtig, die richtigen zu erzeugen, um Gewohnheiten zu ändern, sich gut zu fühlen und die gewünschte Belohnung abzuholen.

Das Gefühl, das dich bestärkt, eine neue Verhaltensweise durchzuhalten, ist Stolz. Stolz zu sein, wenn die ersten Ergebnisse sichtbar sind. Stolz zu sein auf die schönen Nägel, sodass sie nun kein weiteres Mal abgekaut werden. Stolz zu sein auf die verlorenen Kilos, sodass man die neue Gewohnheit weiter beibehalten möchte. Stolz zu sein, weil man sich etwas gewagt hat und nun dieses Gefühl von Zufriedenheit und Stärke wiederholen möchte.

Wenn du stolz auf deine Haare bist, wirst du diese nie vergessen zu pflegen. Wenn du stolz auf deine Zähne bist, wirst du diese immer fleißig putzen. Wenn du stolz auf deinen Mut bist, wirst du diesen stets hervorholen können, in jeder herausfordernden Situation.

Stolz verändert nachhaltig.

Gewohnheiten erschaffen die Persönlichkeit

Um Gewohnheiten zu ändern, müssen wir so lange unsere Handlungen wiederholen, bis sich unsere Persönlichkeit ändert. Unsere Persönlichkeit ändert sich mit unserem Verhalten. Unsere Taten repräsentieren unsere Persönlichkeit, unsere Werte, unseren Glauben.

»Ich bin schlank« erfordert, Gewohnheiten von schlanken Menschen zu etablieren, zum Beispiel viel frisch zu kochen und Sport zu treiben. Eine sportliche Persönlichkeit ist stolz auf den durch Fitness geformten Körper. Sie würde sagen: »Ich bin ein Sportler, ich bin sportlich«, und verfolgt deshalb gern die dazu passenden Handlungen.

Nicht das formulierte Ziel ist die Endstation, die veränderte Persönlichkeit durch neue, wiederholte Handlungen ist es.

Ziel ist es nicht, mehr zu lesen, sondern Leser zu werden. Ziel ist es nicht, abzunehmen, sondern eine schlanke Person zu werden. Ziel ist es nicht, langsamer zu essen, sondern ein Genussmensch zu werden. Ziel ist es nicht, einen Marathon zu laufen, sondern Läufer zu werden. Ziel ist es nicht, mit dem Rauchen aufzuhören, sondern Nichtraucher zu werden. Deine Gewohnheiten machen dich zu dem Menschen, der du heute bist, und zu dem Menschen, der du morgen sein kannst.

Die Gewohnheiten sind die Verkörperung der Identität. Wenn jemand jeden Tag etwas schreibt, verkörpert dieser Mensch einen Schriftsteller. Jemand, der jeden Tag sein Bett macht und die Wohnung putzt, verkörpert eine ordentliche Person. Jemand, der jeden Tag Sport macht, verkörpert einen Sportler. Jemand, der sein Essen langsam isst und jeden Bissen genießt, verkörpert einen Genussmenschen. Jemand, der jeden Tag in die Kirche geht, verkörpert einen religiösen Menschen. Je häufiger ein Verhalten wiederholt wird, umso stärker wird der Glaube an die neue Identität. Die Identität ist also das wiederholte Tun. Die Taten sind messbar, beweisbar, liefern Ergebnisse und sind somit für einen selbst glaubhaft.

Identitätskonflikt

Wenn du eine bestimmte Identität nicht einnehmen kannst, liegt es oft an deinen negativen Gedanken. Wenn du dir einredest: »Ich habe keinen Orientierungssinn«, wirst du kein Städtekenner werden. »Abnehmen ist schwer«, »Mathematik liegt mir nicht«, »Ich war immer dick«, »Ich war schon immer schüchtern«, »Lesen ist langweilig«, »Wer nicht fleißig arbeitet, der verdient auch nichts« ... Wenn man sich jahrelang etwas eingeredet hat, nimmt man es allzu gern hin. Anderes wird abgelehnt, weil es »nicht zu einem passt«. Man würde sich widersprechen, wenn das neue Verhalten, die neue Identität, nicht mit dem vorherigen Glauben übereinstimmt.

Es ist bequem, an alten Glaubenssätzen festzuhalten sowie an alten Verhaltensweisen. Mehr als bequem ist es jedoch nicht, schon gar nicht hilfreich für Veränderungen, denn diese verlangen nach neuen Verhaltensweisen. Ein Identitätskonflikt ist der Hauptfaktor für fehlende Veränderungen (siehe Kapitel »Gründe, warum wir nicht ins Handeln kommen«) und ausbleibenden Fortschritt.

Es ist bequem, an alten Glaubenssätzen festzuhalten.

Wenn man immer dick war und nie abnehmen konnte, warum sollte es nun anders sein? Wenn man nie der Frühstücker war, warum sollte es morgen anders sein? Wenn Fitnessstudios nur für arrogante Pumper sind, warum sollte man nun dorthin gehen?

Es ist aber nur ein erlernter Glaubenssatz, nicht die Realität, nicht die absolute Wahrheit. Ein erlerntes Denken über etwas. Eine Annahme, die dich aufgrund der persönlichen Bewertung zurückhält. Diese muss nicht wahr sein. Diese war früher für dich wahr. Aber nun bist du auf dem Weg, ein neuer Mensch zu werden, für den dies nicht mehr gilt. Um gegen diese Kognitionen anzukämpfen, helfen Glaubenssätze (siehe Kapitel »Glaubenssätze«), um eine neue, hilfreiche Denkweise zu erschaffen. Überarbeite ständig deine Überzeugungen, hinterfrage sie, passe sie an.

Der erste Schritt zur Veränderung

Veränderungen erfolgen Schritt für Schritt, Tag für Tag, Gewohnheit für Gewohnheit. Wenn man über Nacht zu einem anderen Menschen wird, hat man oft das Gefühl, nicht mehr man selbst zu sein. Man beginnt zu zweifeln, zu hinterfragen und sich unwohl zu fühlen.

Ein Prozent jeden Tag reicht aus. Winzige neue Gewohnheiten sind effektiv genug, um das gewünschte Ergebnis zu erreichen. Auch wenn Gewohnheiten noch so klein sind, sind sie bedeutsam. Wenn sie bedeutsam sind, sind sie wichtig. Wenn sie wichtig sind, erfordern sie die volle Aufmerksamkeit.

Stell dir folgende Fragen:

Welche Art Mensch möchte ich sein? Welche Identität möchte ich annehmen?

____

____

____

____

Welche Gewohnheiten hat dieser (neue) Mensch?

____

____

____

Welche Verhalten müssen nun folgen?

Wie kann ich diese in meinen Alltag einbauen?

Welche Art Mensch möchtest du sein? Frage dich dann, was dieser Mensch tun würde.

Welche Art Mensch möchtest du sein?

Was würde ein gesunder Mensch essen? Wie würde sich der beste Arzt in der Stadt verhalten? Wie der beste Lehrer? Wie würde sich ein guter Manager verhalten? Wie eine Autoritätsperson?

Der Fokus sollte immer darauf liegen, eine bestimmte Art Mensch zu werden, und nicht darauf, ein bestimmtes Ergebnis zu erzielen. Mit jeder Handlung stimmst du darüber ab, welcher Mensch du bist. Entscheide weise.

Sicherheitssystem

Um Gewohnheiten bewusster wahrzunehmen und neue bewusst einzuschleusen, hilft es, diese laut zu benennen.

Beschreibe, was du gerade tust. »Ich stehe auf, schalte den Wecker aus und die Kaffeemaschine ein, gehe duschen, hänge das Handtuch auf« etc. Wie ein Moderator sprichst du laut aus, was du tust und siehst. Dabei werden dir viele unbewusste Abläufe vor Augen geführt.

Auch wenn du neue Verhalten anstrebst, kannst du laut aussprechen, was in dir vorgeht. »Ich habe Angst, aber trotzdem mache ich es«, »Ich möchte dieses Schoko-Croissant, aber ich esse es nicht, weil ich abnehmen möchte«, »Ich habe keine Lust auf einen Spaziergang, aber ich tue es, weil ich mich jeden Tag etwas mehr bewegen möchte«, »Ich würde viel lieber auf der Couch liegen, aber ich habe mir versprochen, mich jeden Tag etwas mehr um meine Liebsten zu kümmern und Zeit zu finden.«

Etwas laut auszusprechen, macht uns aufmerksam und Umstände, Gedanken, Gefühle und Verhalten bewusst. Es verleiht dem Ganzen eine gewisse Wichtigkeit, Wahrheit und Schwere. Einmal laut ausgesprochen, beginnen wir intensiver zu fühlen, die Konsequenzen unserer Entscheidungen besser abzuschätzen und sind klarer im Tun.

Veränderungen sind nur möglich, wenn uns unser derzeitiges Verhalten bewusst ist. Bewusstsein ist der erste Schritt zur Veränderung. Erst wenn uns etwas bewusst ist, können wir die Notwendigkeit und Richtigkeit davon hinterfragen.

Schlechte Gewohnheiten haben schlechte Auswirkungen. Gute Gewohnheiten haben gute Auswirkungen.

Stell dir folgende Fragen:

Welche schlechten Gewohnheiten habe ich?

Was bringt mir die jeweilige Gewohnheit? Was ist die Belohnung?

Was ist der Auslöser dieser Gewohnheit?

Welche gute Gewohnheit könnte diese ersetzen?

Wann und wie bekomme ich die Belohnung?

Ein Prozent jeden Tag besser zu werden reicht aus, um nachhaltige Veränderung zu erreichen.

Klassische Konditionierung – ein Verhalten belohnen. Lernen, dass ein bestimmtes Verhalten eine angenehme Belohnung mit sich bringt und dies dann gewollt wiederholen, um weitere Male die Belohnung zu bekommen. So lernen wir, so lernen Tiere. Reiz – Reaktion – Belohnung. So können neue Verhalten erlernt und alte verlernt werden.

Verzögerte Belohnung

Wie viel mehr Gesundheit und Wohlbefinden kann ich erlangen, wenn ich abnehme? Wie viel Unbehagen, Selbstzweifel, schlechte Laune und mangelnde Arbeitsleistung entstehen, wenn ich weniger esse? Wie unangenehm ist jetzt Sport, wie angenehm wäre das Sofa zu Hause?

Sind die Argumente für die Beibehaltung des alten Lebensstils nicht viel stärker und emotionaler als die möglichen, positiven Aspekte? Wenn wir die Belohnung nicht sofort bekommen, sondern erst später, ist es schwerer, die Verhaltensänderung herbeizuführen.

Jeder Mensch, jedes Tier, ist darauf aus, sofort eine Belohnung zu erhalten. Je schneller die Belohnung kommt, umso süchtiger wird man. Man kann dies sehr gut an Suchtmitteln erkennen. Je schneller die Belohnung gefühlt wird, umso süchtiger machend ist die Droge. Je länger das Belohnungssystem braucht, um aktiviert zu werden, desto schwerer ist die Beibehaltung dieser Handlung.

Wie schnell fühlst du Genugtuung, wenn du einen Bissen deines Lieblingsessens zu dir nimmst? Beim Essen gibt es die Belohnung relativ schnell, der Körper reagiert zeitig mit der Ausschüttung an Hormonen. Auch der Verzehr von Zucker oder Koffein löst schnell eine körperliche Reaktion aus.

Das Problem ist, dass die meisten Menschen ihre Entscheidungen aufgrund ihrer Erfahrungen treffen, die kurzfristig Freude verursachen oder Schmerzen vermeiden. Denn die Belohnung – die Glücksgefühle und sichtbaren und fühlbaren positiven Aspekte – braucht Zeit. Das Leid und der Schmerz sind sofort fühlbar.

Vor allem, wenn wir in der Vergangenheit nicht durchgehalten, immer wieder abgebrochen haben, dann sind nur die negativen Erinnerungen abgespeichert. Wir verbinden mit Abnehmen Schmerz und Leid. Die Belohnung kam erst zu spät oder zu wenig stark, um den Erfolg zu spüren. Dadurch verlieren wir nicht nur den Glauben an uns selbst, dass wir durchhalten können. Wir sind auch nicht in der Lage, den Schmerz als Mittel zum Zweck zur großen Belohnung zu sehen.

Die wichtigsten Dinge in unserem Leben erfordern, die Mauer kurzfristiger Nachteile zu durchbrechen.

Die wichtigsten Dinge in unserem Leben, die, die wir am meisten schätzen, erfordern jedoch, die Mauer kurzfristiger Nachteile zu durchbrechen, um langfristig Vorteile zu erhalten.

Dies ist in Beziehungen ersichtlich. In der Liebe erfahren wir immer mehr Eigenschaften an unserem Partner, die uns nicht gefallen. Das Durchhalten würde uns jedoch mit dem schönsten Gefühl der Welt, bedingungsloser Liebe, belohnen. Auch in der Arbeitswelt müssen wir anfangs viele anstrengende, unwichtige Tätigkeiten erledigen, bevor wir Verantwortung übertragen bekommen und vielleicht sogar unsere Arbeiten frei wählen dürfen. Auch hier heißt es: Kurzfristige Schmerzvermeidung bringt uns nicht voran.

Beim Abnehmen ist es nicht anders. Zuerst ist es hart, wir sind hungrig, dürfen nicht mehr das Lieblingsessen zu uns nehmen, sind schlecht gelaunt, schlafen schlecht, müssen uns anstrengen und trotzdem den Alltag erledigen. Erst wenn sich die ersten Erfolge zeigen, die Waage das Ergebnis präsentiert, der Spiegel dir deinen »neuen« Körper zeigt, dann bekommst du die Belohnung. Du musst durchhalten, aushalten und darauf warten, bis deine neuen Abnehmaktivitäten Erfolge zeigen und du die Belohnung wahrlich fühlen kannst.

Stell dir folgende Fragen:

Wie belohnt mich das niedrigere Gewicht? Welche Vorteile bekomme ich dadurch?

____

____

____

Wann beginne ich dieses Gefühl von Belohnung zu spüren? Wobei?

____

____

____

Welches Leid muss ich ertragen, um die langfristigen Vorteile zu erleben?

Welche Gedanken können mir helfen?

Um Gewohnheiten zu ändern, muss das Verhalten geändert werden. Hierauf sollte der Fokus liegen, denn Verhalten wird zu Gewohnheiten. Gewohnheiten formen den Charakter und bilden die Identität. Gewohnheiten können mit kleinen Schritten geändert werden. Auch jede kleine Veränderung ist bedeutsam, bringt uns dem Ziel näher und ist deshalb wichtig. Regelmäßig zu reflektieren, zu hinterfragen und bewusst Entscheidungen zu treffen, ist der erste Schritt zur Änderung von Gewohnheiten.

Die Methode: kognitive Umstrukturierung

Die kognitive Umstrukturierung ist eine wissenschaftlich anerkannte Methode, mit der wir unsere Gedanken (Kognitionen) verändern können.

Diese besteht aus drei Punkten und einer genauen Abfolge von Fragen. So wissen wir, dass es nicht das schlechte Wetter ist, was uns »missmutig stimmt«, sondern unsere Meinung (Bewertung), die wir vom Wetter haben (Bewertung: Regen ist schlecht), sowie unsere Erwartungen (»Ich hatte auf Sonne gehofft, jetzt muss ich umplanen«). Bei der kognitiven Umstrukturierung gibt es drei Schritte, die chronologisch zu befolgen sind:

1. Belastende Gedanken erkennen
2. Kritisch hinterfragen und überprüfen
3. Alternative, hilfreiche Gedanken finden

Belastende Gedanken erkennen

Schritt 1: Denkprozesse erkennen. Hier hilft die ABC-Methode sehr gut.

- A steht für Auslöser (activating event)
- B steht für Bewertung (belief)
- C steht für Konsequenz (consequence)

Sagen wir, der auslösende Reiz für die negativen Gedanken ist ein Telefongespräch mit deinem Vater, in dem du bzw. dein Verhalten kritisiert wurde. Du überlegst, warum diese Gedanken hochkommen, wie du diese Situation bewertest (dein unbewusstes Selbstgespräch), und stellst fest: »Ich mache alles falsch. Er sollte mich endlich akzeptieren.« Dann achtest du darauf, was die Konsequenz dieser Gedanken (Bewertung) ist. Dies könnte sein: »Ich bin ärgerlich, traurig, enttäuscht. Mein daraus resultierendes Verhalten ist, dass ich mir Vorwürfe mache und nicht zuhöre – ich schimpfe und beschuldige.« Nun kommen wir zu unserem Fallbeispiel mit dem Vater zurück:

(A) Auslöser: Telefongespräch mit Vater – Kritik
(B) Bewertung: Mein Vater ist unzufrieden mit mir. Ich mache immer alles falsch.

Er verbreitet immer nur schlechte Laune.

(C) Konsequenz: Ich fühle mich minderwertig, ungeliebt und wertlos. Ich bin traurig und enttäuscht von mir selbst. Ich beschimpfe ihn und rechtfertige mich. Ich ziehe mich zurück, da ich mich wertlos und ungeliebt fühle.

Ein weiteres Beispiel zur Verdeutlichung: Der Reiz (A): »Ich soll mit dem Fahrstuhl fahren«, die Bewertung dazu wäre (B): »Fahrstühle sind eng, ich kann nicht fliehen«, das ausgelöste Verhalten (C): »Ich meide den Fahrstuhl.«

Eine Übung, die dir hilft, deine unbewussten Gedanken an die Oberfläche zu befördern, ist eine Schreibübung. Wie bereits erwähnt, reicht das Ausformulieren und Aufschreiben der Gedanken oft aus, um zur Erkenntnis zu kommen.

Wenn dies zu wenig ist, nimm dir für mehrere Tage hintereinander etwas Zeit und schreibe fünf Minuten lang alles auf, was dir in den Sinn kommt. Die Herausforderung: Du darfst den Stift nicht absetzen und musst durchschreiben, bis die Uhr nach der vereinbarten Zeit Alarm schlägt. Bei dieser Übung werden viele »vorbewusste« Gedanken ersichtlich. Du wirst dich wundern, was dir durch den Kopf geht, dich beschäftigt und welche Sätze du am Ende der Übung notiert hast. Eine sehr aufschlussreiche, leicht umsetzbare Übung. Probiere es aus.

Kritisch hinterfragen und überprüfen

Schritt 2: Frage dich, ob deine Bewertung der Situation wahr ist. Stelle dir folgende Fragen der Reihe nach:

- Ist dieser Gedanke hilfreich?
- Ist dieser Gedanke wahr?
- Ist dieser Gedanke zu 100 Prozent wahr?
- Wie geht es mir mit diesem Gedanken?
- Wie geht es mir ohne diesen Gedanken?

Oft stellen wir fest, dass das, was wir an anderen kritisieren, dasjenige ist, was uns am meisten an uns selbst stört (»Mein Vater soll mich akzeptieren«, »Ich akzeptiere meinen Vater nicht«; »Er redet zu viel«, »Ich rede zu viel«).

- Ist dieser Gedanke hilfreich?
  Nein, dadurch fühle ich mich schlecht.
- Ist dieser Gedanke wahr?
  Nein, ich mache nicht immer alles falsch. Menschen machen Fehler, das ist in Ordnung und gut so, damit wir uns weiterentwickeln.
- Ist dieser Gedanke zu 100 Prozent wahr?
  Er ist nicht IMMER schlecht drauf, das ist eine Verallgemeinerung.
- Wie geht es mir mit diesem Gedanken?
  Mir geht es schlecht mit diesem Gedanken.
- Wie geht es mir ohne diesen Gedanken?
  Ohne würde es mir besser gehen.

Die Frage »Ist dieser Gedanke wahr?« haben wir bereits in vielen anderen Übungen gefunden. Immer wieder, wenn du dir diese Frage stellst, wirst du bemerken, dass du dir in den meisten Fällen nicht die Wahrheit in Gedanken vorstellst. Das »Worst-Case-Szenario« bereitet dir Sorgen, die Wirklichkeit selten, und wenn doch, dann hilft dir dabei das Kapitel »Rückschläge«.

Da wir bei der kognitiven Umstrukturierung mehr im Kopf als bei unserem Bauch(gefühl) sind, hilft es enorm, wenn du deinem Kopf zusätzlich Gründe lieferst, indem du nach der Frage »Ist das 100 Prozent wahr?« die Frage »Warum?« beantwortest. Warum ist der Gedanke nicht wahr? »Weil ich nicht immer alles falsch mache«, »Weil es eine Vorstellung ist und ich nicht weiß, ob dies überhaupt eintrifft«, »Weil die Wahrscheinlichkeit sehr gering ist« ...

Andere mögliche Begründungen bei Prüfungsangst oder der Angst, Fehler zu machen, auf die Frage »Warum ist das nicht wahr?«, können sein: »Weil ich mein Bestes geben werde«, »Weil ich viel geübt habe«, »Weil es unwahrscheinlich ist, dass ich keine einzige Aufgabe richtig habe«, »Weil Fehler menschlich sind und mich nicht umbringen« ...

Alternative, hilfreiche Gedanken finde

Wir können andere Menschen nicht ändern. Wir können nur uns selbst ändern. Also können wir, um uns besser zu fühlen, nur an uns arbeiten, also an unseren Gedanken.

»Mein Vater möchte nur das Beste für mich und liebt mich so sehr, dass er mich beschützen möchte, und kritisiert mich, um mich vor Fehlern, negativen Konsequenzen und Gefühlen zu bewahren«, »Ich sollte meinen Vater so akzeptieren wie er ist, denn ich wünsche mir auch von ihm, dass er mich so akzeptiert, wie ich bin«, »Ich kann IHN nicht ändern, aber mich. Ich kann mit dem arbeiten, was in meinen Händen liegt«, »Ich entscheide mit meinen Gedanken, ob ich leide oder nicht.«

Wähle zwei Denkprogramme bzw. Gewohnheiten, die du gern ändern würdest, und wende die Methode an:

Situation: ______________________________

1: Gedanken erkennen

A: ______________________________

B: ______________________________

C: ______________________________

2: Kritisch hinterfragen

Ist dieser Gedanke hilfreich?

____

Ist dieser Gedanke zu 100 Prozent wahr?

____

Warum? (3 Gründe)

____

____

____

Wie geht es mir mit diesem Gedanken?

Wie geht es mir ohne diesen Gedanken?

3: Alternative, hilfreiche Gedanken finden

Situation:

1: Gedanken erkennen

A:

B:

C:

2: Kritisch hinterfragen

Ist dieser Gedanke hilfreich?

Ist dieser Gedanke zu 100 Prozent wahr?

Warum? (3 Gründe)

Wie geht es mir mit diesem Gedanken?

Wie geht es mir ohne diesen Gedanken?

<u>**3**: Alternative, hilfreiche Gedanken finden</u>

Übung: typische Stressgedanken

Der erste Schritt ist, dass wir lernen, aufmerksam unsere Selbstgespräche wahrzunehmen. Das beste Hilfsmittel dafür ist ein Stift. Schreibe dir regelmäßig deine Gedanken auf. Du kannst natürlich auch Meditation oder aktives Nachdenken nutzen, jedoch macht es einen großen Unterschied, Gedanken in ganzen Sätzen mit klaren Worten zu formulieren. Hier wirst du sofort merken, wie streng oder liebevoll du mit dir umgehst, was dich beschäftigt. Und du erkennst durch die Verwendung deiner Wortwahl den Ton, in dem du mit dir sprichst. So werden dir deine Gedanken immer klarer und du kannst dich selbst immer besser bei deinen Selbstgesprächen belauschen.

Ich habe eine Übung für das Umformulieren von häufig vorkommenden negativen Gedanken zusammengestellt. Wir nehmen an, dass dir diese wenig hilfreichen, negativen Sätze bewusst auffallen. Dann sagst du »STOPP!« und formulierst sie um. Finde nun hilfreiche alternative Gedanken und formuliere die Glaubenssätze um:

»Ich muss alles perfekt machen.«	
»Ich muss es allen recht machen.«	
»Ich bin ein Versager.«	
»Niemand mag mich.«	
»Das werde ich niemals schaffen.«	
»Das nächste Unglück kommt bestimmt.«	
»Ich kann das nicht.«	
»Ich mache alles falsch.«	

Akzeptanz

Du möchtest Gewohnheiten ändern? Ängste loswerden? Dann starte mit Akzeptanz. Du musst zuerst zugeben, dass dich etwas stört, denn normalerweise rechtfertigen wir uns, schieben die Schuld auf äußere Umstände und benutzen Ausreden. Wir müssen die Verantwortung für unser Handeln übernehmen, um in die Veränderung zu kommen. Dafür musst du es offen aussprechen und zugeben.

Wenn du Verantwortung für deine Taten übernimmst, hast du die Macht, diese zu ändern.

Gib es zu. Akzeptiere es. Erzähle es. Mach es verbindlich. Für viele ist es sehr schwer, aus einem derartigen Teufelskreis auszubrechen. Im ersten Schritt musst du diese Gewohnheit offen aussprechen, annehmen und nach außen tragen (»Ich rauche täglich 20 Zigaretten, das ist mir zu viel«, »Ich möchte keine Angst vor Spinnen mehr haben«, »Ich möchte mich nicht mehr einsam fühlen«, »Ich habe starke Angst zu versagen«). Allein die laute Äußerung bewirkt eine Erleichterung und reduziert die Last auf deinen Schultern. Meist wird dein Gegenüber von deiner entwaffnenden Ehrlichkeit begeistert sein und dich liebend gern unterstützen. Wenn dich jemand auf diesem Weg begleitet, steigen deine Erfolgschancen um stolze 70 Prozent. Also schnapp dir einen Freund, der deine Fortschritte, aber auch Fehltritte mitverfolgt. (»Ich rauche täglich 20 Zigaretten. Ich möchte das ändern. Hilf mir bitte dabei«, »Ich hätte gern einen Partner, möchtest du mir helfen, neue Menschen kennenzulernen?«, »Ich möchte mir aktiv Zeit für mich selbst nehmen, bitte hilf mir dabei, dies umzusetzen und keine Ausreden mehr zu finden.«)

Leiden ist optional

Schmerz ist unvermeidlich, Leiden ist optional. Lies dir diesen Satz langsam vor. Und nochmals: Schmerz ist unvermeidlich, Leiden ist optional. Was bedeutet das? Manches im Leben kannst du nicht ändern. Du musst Gegebenheiten hinnehmen,

Situationen, Menschen und Konsequenzen akzeptieren und annehmen, jedoch heißt es nicht, dass du dich dabei schlecht fühlen musst.

Weil dir der Regen deine Pläne durcheinandergebracht hat, musst du nicht den ganzen Tag über missmutig sein und dich und dein Umfeld leiden lassen. Sieh es als Chance, endlich die Wohnung zu streichen, dir einen Tag nur für dich Zeit zu nehmen oder einen Brettspielabend zu veranstalten. Wenn du verlassen worden bist, ist es normal, dass du traurig bist, jedoch kannst du dich auch auf die positiven Konsequenzen fokussieren: Du hast mehr Zeit für dich und deine Hobbys. Du musst dich nicht rechtfertigen, dein Essen nicht mehr teilen und kannst dich voll und ganz auf dich konzentrieren. Die Formel lautet: Akzeptanz. Fokus ändern.

1. Akzeptieren 2. Fokus ändern

Shaolin-Mönche laufen über heiße Kohlen ohne Schmerz, denn sie haben sich gedanklich entschieden, den Schmerz wahrzunehmen, zu akzeptieren, aber nicht darunter zu leiden. Nehmen wir an, dein Vater (oder deine Mutter) kritisiert dich. Gut, hier hätten wir einen Auslöser, einen Reiz, der dich auf die Palme bringen kann, der dich dich minderwertig und schlecht fühlen lässt. Muss das so sein?

Musst du dich schlecht fühlen oder hast DU entschieden, dich schlecht zu fühlen? Du kannst die Aussage wahrnehmen und dich ehrlich fragen: »Muss ich mich so fühlen? Hilft mir dieses Gefühl?«

Wenn du jemanden vermisst, werden Einsamkeit und Traurigkeit vorrangig sein. Jedoch hast du dich dafür entschieden, so zu fühlen, denn du musst nicht leiden.

Du kannst die Situation akzeptieren und entscheiden, dass dieses Gefühl dir nicht hilft und du deswegen nicht darauf eingehen möchtest. Du kannst deine Gedanken und Sorgen niederschreiben und auf Basis dessen deine Gedanken umformulieren. Zum Beispiel kannst du deine Wahrnehmung und deinen Fokus auf etwas anderes lenken: »Ich bin froh, jemanden zu haben, den ich vermissen kann«, anstelle von

»Ich bin traurig, da ich diese Person vermisse.« Wir haben den Fokus weg vom Gefühl gelenkt und hin zum Positiven an der Situation. Und es gibt in jeder Situation etwas Positives, oder hättest du geglaubt, dass es beim Vermissen auch nichts Positives gibt?

Wenn du deine Gefühle annimmst, sie akzeptierst und die Verantwortung übernimmst, dann hast du die Macht, diese zu ändern. Denn im Grunde geht es darum, dass es dir gut geht und dir jeder Tag Freude bereitet. Du hast es in der Hand, deine Gedanken und deine Einstellung entscheiden. Denn du musst dich nicht schlecht fühlen und du musst nicht leiden. Du kannst dich immer dafür entscheiden, dich gut zu fühlen.

Verstärkung des Schmerzes

Wir haben bereits am Anfang des Buches über die zwei Motivatoren unseres Lebens gesprochen und festgestellt, dass Leid den stärkeren Motivationseffekt hat. Wir haben auch eine Übung durchgeführt, bei der du an etwas denken solltest, was du niemals tun würdest und warum. Ich möchte dir in diesem Kapitel Extrembeispiele aufzeigen, die so »schmerzlich« sind, dass sie sehr effektiv funktionieren und zu einer Veränderung führen:

Wenn du dich schämst, dass du zu wenig Sport machst, ziehe ein bauchfreies Top an und gehe durch ein Shoppingcenter. Du wirst dich so schämen, dass du auf der Stelle den nötigen Ansporn hast, etwas daran zu ändern.

Möchtest du dein Verlangen nach Schokolade loswerden, schreibe ausschließlich Schokolade auf die Einkaufsliste und mache die Süßigkeit zu deinem Frühstück, Mittagessen und Abendessen. Du wirst sehen, wie schnell dir die Lust vergehen wird. Spätestens nach vier Tagen wird dir schlecht sein, wirst du dich schlecht fühlen und auch genauso aussehen, da du an einem Nährstoffmangel leidest.

Wenn du deine Faulheit überwinden möchtest, lasse dafür ein perfektes Beispiel aufblitzen. Übertreibe maßlos, tu gar nichts, bis sich Müllberge in deiner Wohnung häufen, Kleidung sich am Boden sammelt, dein E-Mail-Posteingang genauso auseinanderplatzt wie dein Briefkasten und du selbst entsprechend ungepflegt bist. Lade am besten Freunde und Familie ein, um diese Faulheit öffentlich zu machen. Schockiere sie so, dass sie reagieren müssen. Du wirst derartige Scham verspüren, dass du unweigerlich dagegen vorgehen wirst.

Oft braucht es einen solch starken Anreiz von außen – durch Übertreibung und eine laute, klare Aussprache –, damit wir Veränderungen anstoßen. Wenn du disziplinierter essen möchtest, lass dich in einem Restaurant lautstark von einem Freund als Schwein beschimpfen, sodass alle Augen auf dich gerichtet sind.

Diese Vorgehensweise ist sehr extrem und auch nicht für sanfte Gemüter geeignet, trotzdem funktioniert sie bei jedem Menschen. Denn das Bild, das wir nach außen abgeben, ist uns wichtig, da wir soziale Wesen sind und Anerkennung, Zugehörigkeit und Wertschätzung normale, menschliche Bedürfnisse sind. Auch hier haben wir den Beweis, dass Schmerz der beste Motivator zur Veränderung ist.

Überlege mal, wann sich jemand wirklich ändert. Kennst du Beispiele? Oft sind dies Personen, die Nahtoderfahrungen machen mussten, oder Personen, die gezwungen wurden, etwas zu ändern. Denn dann geht es. Es gibt keinen Ausweg. Oft muss eine Krankheit ausbrechen, um Veränderung zu bewirken. Ab und zu muss ein geliebter Mensch uns verlassen oder auch sterben. Das Leben geht Wege, die nicht immer nachvollziehbar sind. Das Leben ist nicht gerecht. Jedem begegnen andere Prüfungen. Ziel ist es, seine persönliche Prüfung zu meistern, denn dann meistern wir unser Leben.

Versetze dich in die Situation, in der genau das Gegenteil deines Wunschzieles geschieht. Ein absoluter Misserfolg, das schlimmste Ausmaß, welches hierbei möglich ist. Stelle dir diese Situation als ein sehr schmerzvolles Ereignis vor, bei dem du unsäglich leidest – und zwar mit allen Sinnen. Es gibt kein vielleicht, aber, oder. Fühle den Schmerz, den Verlust, das Leid, das du fühlen wirst, wenn du jetzt nichts änderst. Schwelge darin mehrere Minuten lang. Sammle alle negativen Emotionen und verknüpfe sie mit dem Unerwünschten.

Stell dir folgende Fragen:

Wie kann meine »Herausforderung« maximal in das Negative gesteigert werden? Was kann ich so maßlos übertreiben, um es endgültig loszuwerden?

____

____

____

____

____

____

____

Damit wirst du eine negative Verbindung mit der unerwünschten Gewohnheit entwickeln.

Vielleicht reicht allein der Vergleich mit Menschen aus, denen es »noch« schlechter gehen könnte, damit du dich besser, stärker und zufriedener fühlst. Denn auch hier sind wir unseren eigenen Denkprogrammen oft unterlegen. Ein gebrochener Arm ist nicht so schlimm wie ein amputierter. Eine Kündigung ist nicht so schlimm wie der Verlust des Hauses oder der Ehefrau.

Denn wir haben in der Hand, was wir sehen wollen, indem wir die geeigneten Vergleichsobjekte wählen. »Ich habe meinen Job verloren, jedoch bin ich dankbar, eine Frau und ein Haus zu haben.« Oft wählen wir genau Vergleiche, bei denen wir schlechter wegkommen und uns klein fühlen. Ob das die Äpfel des Nachbarn im Vergleich zu denen im eigenen Garten sind. Ob das die unbekannte, hübsche Frau im Gegensatz zum Ehepartner ist. Oder ob es die glatten, dicken Haare sind oder die Größe, das viele Geld, die große Familie. Wenn du mit diesen Menschen sprichst, wirst du merken, dass viele davon ihre eigenen, ganz persönlichen Herausforderungen und Lebensprüfungen zu meistern haben.

Das, was man nicht hat, ist in der Vorstellung nur mit den Vorteilen ersichtlich, da wir den Fokus darauf legen. Das, was wir selbst besitzen, wird oft mit den negativen Aspekten versehen, da wir uns auf den Mangel konzentrieren (siehe Kapitel »Lebenskrisen sind Wahrnehmungskrisen«).

Hier gilt es genauso, »Stopp!« zu sich und seinem Gedankenkarussell zu sagen und die Gedanken umzuformen. Gedanken erkennen, hinterfragen, verändern. Wir lenken unseren Fokus bewusst und achten auf unsere Gedanken.

Nachdem wir uns intensiv in eine sehr negative Gefühlslage gebracht haben, versetzen wir uns nun in die konträre, positive Gemütslage. Je stärker der Kontrast zwischen den negativen und den darauffolgenden Gefühlen, umso intensiver erlebst du die positiven Gefühle.

Gib dir jedoch Zeit, um diese Gefühle durch deine Wunschvorstellung zu entwickeln. Dann, nach zwei bis drei Minuten, beginne, die Liebe zu fühlen, die positiven Dinge zu sehen, die passieren, wenn das Unerwünschte ausbleibt. Was werde ich durch die Veränderung alles gewinnen? Was wird sich zum Guten verändern? Worauf bin ich stolz? Warum? Wem werde ich dies erzählen? Wie werden sie reagieren? Nimm dir dafür ausreichend Zeit und wiederhole diese Übung mindestens 1x täglich.

Dies nennt man auch »Konditionierung«. Konditionierung bedeutet vereinfacht, dass zwei Dinge miteinander eng verknüpft werden und einander bedingen. Zum Beispiel kann ein Hund konditioniert werden, dass er bei jedem Klatschen zusammenzuckt, wenn das Klatschen oft genug gemeinsam mit dem Zusammenzucken vorkommt. Warum sollte sich ein Hund beim Klatschen erschrecken? Weil er oft genug geschlagen worden ist und durch klatschende Schläge zusammengezuckt ist. Denn durch Wiederholung wird dies konditioniert, gelernt, eng verknüpft und zu einer automatischen Handlung, ausgelöst durch den Konditionierungsreiz.

Frauen können ihren Orgasmus mit einem Kuss auf den Hals konditionieren. Wenn die Dame über eine längere Zeit am Hals geküsst wird, während sie einen Orgasmus erlebt, kann der Kuss am Hals allein einen Höhepunkt auslösen. Sehr viele Menschen haben sich im Laufe des Lebens diverse Konditionierungen unbewusst angeeignet. Bei manchen ist es die Jogginghose, die beim Nachhausekommen angezogen wird (Reiz: heimkommen, Reaktion: Jogginghose anziehen). Andere haben sich selbst konditioniert, beim Liegen auf der Couch zu Snacks oder Süßigkeiten zu greifen (Reiz: Fernsehen auf dem Sofa, Reaktion: Snacken). Das Liegen auf dem Sofa bedingt, etwas zu beißen. Wir verbinden unbewusst durch mehrmaliges Wiederholen einen Reiz mit einer Reaktion.

*In der Minute, in der du entscheidest,
dass du ein besseres Leben für dich willst, wird sich die
gesamte Welt zu deinen Gunsten verbessern.*

Da unser Gehirn ein Gewohnheiten liebendes, konditionierbares Organ ist, sollten wir das nutzen, anstatt in ungewünschte Verhaltensmuster zu verfallen, die schwer loszuwerden sind. Wiederholung ist ein Training. Ein Training für gute Gedanken und Verhalten oder ein Training, das uns noch kleiner, ängstlicher und hilfloser macht. Wir können uns selbst durch genügend Wiederholung zum Lernen von »neuem Verhalten« bewegen oder uns selbst in den alten Verhaltensmustern bestätigen.

Wer bin ich?

Um effektiv langfristig Veränderungen zu erzielen, müssen wir wissen, wer wir sind. Jeder Mensch ist einzigartig und ist durch seine Gene, sein Umfeld und seine Erfahrungen geprägt worden.

Der eine sieht dicke Frauen als ein Zeichen von Wohlstand, der andere als Zeichen von mangelnder Disziplin. Eine Person geht schnell, lebt schnell und sieht die Zeit als eine Sanduhr, die unaufhaltsam verbraucht wird. Eine andere nimmt die Zeit als wunderschöne Reise wahr, die sie bedacht, neugierig und entspannt beschreitet. Manchen fällt es schwer, Augenkontakt zu halten, und sie haben allgemein Probleme mit körperlicher Nähe. Andere können davon nicht genug bekommen, begrüßen gern mit einer herzlichen Umarmung oder einem Klopfen auf die Schulter. Auch die Vorstellung von Sauberkeit geht kulturell weit auseinander und ist ein Abbild unseres Aufwachsens sowie unserer eigenen Ansicht von Wichtigkeit im Leben. So sind wir alle unterschiedlich, auf unsere eigene Art und Weise besonders, liebenswert, kaputt und doch stärker, als wir uns zutrauen.

Das sichtbare & unsichtbare Ich

Das Oberflächliche ist leicht zu erkennen: unsere Kleidung, unser Verhalten, unsere Sprache, unsere Essgewohnheiten etc. Nicht immer ist das Offensichtliche Realität, jedoch sind wir bemüht, diese Realität nach außen zu tragen und an der Oberfläche zu erschaffen.

Unter dieser ersten, oberflächlichen Schicht gibt es eine weitere ersichtliche, aber nicht für jedermann sofort erkenntliche Ebene. Hier befinden sich: Schönheitsideale, Muster im Umgang mit Gefühlen, Körpersprache, Arbeitstempo, Sauberkeit, Geduld und die Vorstellung von Zeit. Diese Ebene ist nicht auf den ersten Blick zu erkennen. So kann es sein, dass ein Arbeitskollege diese Ebene von dir niemals zu Gesicht bekommt. Enge Freunde, Familie oder andere Menschen, die mit dir öfter Kontakt haben und dir nahestehen, erkennen diese zweite Schicht. Unser Innerstes, die unsichtbare und größte Ebene, ist nicht ersichtlich und vielen Menschen selbst nicht bewusst. Hierzu zählen zum Beispiel Bedürfnisse, Motive, Gedanken,

Selbstwert, das eigene Selbstkonzept, Identitätsglauben, erlernte Glaubenssätze, Haltungen, Einstellungen, Religion, Definition von Liebe, Freiheit, Schönheit, Stärke, die Beziehung zu Tod und Leben. Diese kommen erst an die Oberfläche, wenn du entscheidest, diese mit deinem Gegenüber zu teilen. Diese sind für das nach außen getragene Bild und somit für die zwei oberen Schichten verantwortlich.

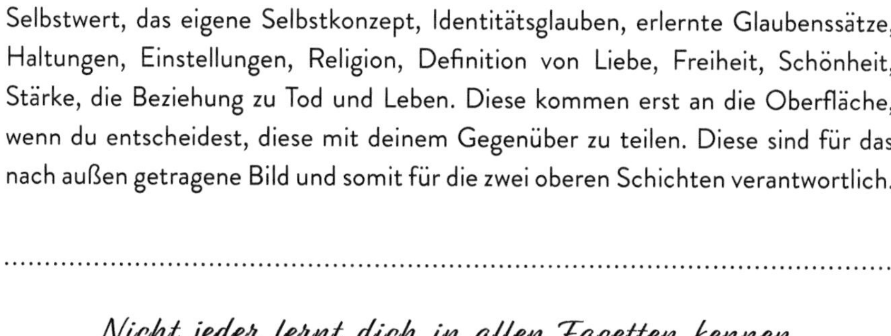

Natürlich ist der Großteil unbewusst, und ohne professionelle Hilfe wird es schwer, die wahren, tief verborgenen Gründe für jegliche Einstellungen, Verhalten, Antriebe, Interpretationen oder Bedürfnisse herauszufinden. Vieles werden wir niemals entdecken. Es hilft jedoch enorm, sich damit zu beschäftigen und noch aufmerksamer auf unterbewusste, verborgene Einstellungen, Haltungen, Ansichten, Glaubenssätze und Bedürfnisse zu werden.

Auch hierfür sind Fragen das beste Mittel, um diesen verborgenen Schätzen näher zu kommen. Mit der Zeit werden dir mehr und mehr Verhalten an der Oberfläche bewusst werden. Du wirst herausfinden, woher sie kommen, und dich noch runder, aufgeklärter, stärker und entspannter fühlen. Es ist wichtig zu sagen, dass kein Denkprogramm, keine Einstellung, kein Antrieb oder Bedürfnis gut oder schlecht ist. Sie haben ihren Nutzen und erfüllen einen Sinn. Du darfst entscheiden, ob du dies annimmst oder ändern möchtest. Lasst uns nun versuchen, uns selbst näherzukommen und von den bewussten, naheliegenden Themen zu unseren verborgenen Antrieben zu kommen.

Stell dir folgende Fragen:

Welche Art von Kleidung trage ich? Welche Farben, Materialien, Formen?

Aufgrund welcher Einstellungen, Werte, Ansichten trage ich diese?

Was bedeutet für mich Schönheit? Wann ist jemand attraktiv?

Wann finde ich mich attraktiv?

Was bedeutet für mich Stärke?

Wann fühle ich mich stark?

Was bedeutet für mich Freiheit?

Wann fühle ich mich frei?

Was denke ich über das Leben? Was löst der Gedanke »Leben« in mir aus?

Was denke ich über den Tod? Was löst der Gedanke »Tod« in mir aus?

Was denke ich über Liebe? Welche Gefühle löst dies bei mir aus?

Welche Emotionen fallen mir schwer auszudrücken?

Welche Erinnerungen und Erfahrungen habe ich mit diesen Emotionen in der Kindheit und in meinem Umfeld gemacht?

Gibt es Bedürfnisse, die ich vernachlässige? Wenn ja, welche?

Welche Bedürfnisse kann ich leicht unterdrücken? Wo und wann habe ich das erlernt?

Was ist mein größter Antrieb/Motivationsfaktor?

Warum?

Wenn mich jemand bei einem Spiel nachmachen würde und das Ziel wäre, mich zu erkennen, wie würde die Person mich darstellen? Was sind meine auffälligsten Merkmale bzgl. Aussehen, Wortwahl, Körpersprache ...?

Allein das bewusste Beantworten gezielter Fragen bewirkt eine starke Auseinandersetzung mit deinen eigenen, gelernten Denk-, Bewertungs- und Handlungsmustern.

Solltest du nicht sofort Antworten haben, notiere dir diese Fragen und stelle sie dir in den nächsten Tagen öfter, bis du zu einer Antwort gekommen bist. Diese Erkenntnis vollbringt oft Wunder.

Wir selbst sollten öfter offener sein und weniger (be-)werten, denn jeder folgt seiner eigenen Logik (Einstellungen, Bewertungsprogramme, Glaubenssätze ...), die er im Laufe seines Lebens erworben hat. Wir sollten uns selbst und andere mehr akzeptieren und uns liebevoll und wertschätzend behandeln. Der Mensch ist kein willkürliches Wesen. Der Mensch wächst auf, lernt und formt sich dementsprechend.

Ziel dieser Übung ist es nicht, alles zu verändern und ein neuer Mensch zu werden. Nein, wir sollen uns lediglich besser verstehen. Das Verständnis über die Entstehung hilft dabei sehr. Der einzige Grund, warum du etwas verändern solltest, sind Störfaktoren, durch die dein Leben negativ beeinflusst wird. Und nur dann darfst du kritisch vorgehen und dein Verständnis über dich selbst als Hilfe nutzen, um einen Fortschritt zu bewirken.

Gesunde, positive Gedanken beruhen auf Tatsachen.

Selbstwahrnehmung

Selbstwahrnehmung bedeutet, dich selbst so zu sehen, wie du bist. Die eigenen Stärken ebenso wie die Schwachstellen zu kennen und zu verstehen, wie du selbst auf andere wirkst. Noch einfacher lässt sich die Selbstwahrnehmung als Gegenstück zum Fremdbild verstehen. All das, was wir bei der (Fremd-)Wahrnehmung bei einer anderen Person bemerken, angefangen von offensichtlichen Dingen bis hin zu kleinen Details, ist das Fremdbild, also das Bild, welches wir von einer anderen Person haben.

JOHARI-FENSTER: SELBST- & FREMDWAHRNEHMUNG

	ANDEREN UNBEKANNT	ANDEREN BEKANNT
MIR BEKANNT	**Mein Geheimnis**	**Öffentlich**
MIR UNBEKANNT	**Unentdeckt**	**Blinder Fleck**

Manches zeigst du öffentlich und ist dir und anderen bekannt. Anderes weißt du, möchtest es aber nicht deinen Mitmenschen offenbaren – das ist ein Geheimnis. Manches ist weder dir noch anderen bewusst. Und anderes weißt du nicht, es fällt jedoch anderen auf – das sind sogenannte blinde Flecken. Vor allem sollte das Ziel sein, die blinden Flecken aufzudecken. Auf Verhalten und Eigenschaften aufmerksam zu werden, die anderen bewusst sind, dir jedoch (noch) nicht.

Zum Beispiel hat eine meiner Klientinnen die gleich aufgeführte Übung gemacht. Ihre Freunde und Familienmitglieder haben Eigenschaften und Fähigkeiten genannt. Gemeinsam sind wir diese durchgegangen, um auf blinde Flecken aufmerksam zu werden. Es kamen Eigenschaften zum Vorschein, die sie sich nie zugeschrieben hätte, zum Beispiel: Sie könne gut Freundschaften knüpfen und pflegen, sie sei sehr ordentlich, geduldig und immer liebevoll. Ihr Bruder schrieb unter anderem, dass sie immer lieb zu ihm sei, obwohl er sie ärgere. Meine Klientin hingegen glaubte, dass sie überhaupt nicht lieb sei, und hatte das Gefühl, dass sie ihn aus Wut sehr oft schlecht behandle. Er sah das nicht so. Er spürte immer, dass die Schwester ihn lieb habe. Ihre Mutter schrieb, dass sie, im Gegensatz zu ihr selbst, gut mit anderen Menschen umgehen könne und sie schnell beliebt sei.

Meine Klientin meinte jedoch, dass das ihre Schwäche sei, da sie schüchtern sei und nicht gut auf Menschen zugehen könne. Wie kam die Mutter dann darauf? Mit welchen Eigenschaften von sich selbst hatte sie ihre Tochter verglichen? Ist die Wortwahl von Mutter und Tochter dieselbe und beschreibt dieselben Eigenschaften? Das Mädchen hatte langjährige Freundschaften im Gegensatz zur Mutter. Das Mädchen ist sehr empathisch, bemerkt sofort, wenn es anderen schlecht geht und sie Hilfe oder Trost brauchen, auch das fiel der Mutter eher schwer. Die Mutter sieht ihre Tochter anders, als sie sich selbst sieht. Auch wenn sie nicht gut auf Menschen zugehen kann, hat sie doch ein Talent, wenn es um soziale Kompetenz geht. Sie war gut darin, sich um andere zu kümmern, diese zu lesen, richtig zu verstehen und zu behandeln. Auch die Geduld war ein Thema. Der Vater verlor schnell seine Geduld und sah in der Tochter die Ruhe selbst, da sie in jeder Situation gelassen war. Sie selbst meinte, ungeduldig zu sein, da sie nicht gern wartet. Dass sie die Eigenschaften hat, ihre Gefühle zu zügeln und einen ruhigen Kopf zu bewahren, hat sie nicht gesehen.

Entscheidend für eine ausgeglichene, realistische Wahrnehmung von sich selbst ist es, sich nicht auf das Positive oder Negative zu beschränken. Ein vollständiges Bild von dir kann nicht entstehen, wenn du – bewusst oder unbewusst – einen großen Teil außen vor lässt und dich beispielsweise nur auf deine Stärken und besonderen Fähigkeiten konzentrierst. Genauso wenig hilfreich und »echt« ist es, nur deine Schwachstellen zu betrachten.

Genau hier findet sich die Herausforderung der Selbstwahrnehmung: Es ist schwer, sich selbst gegenüber ehrlich zu sein, sich Schwächen und Fehler einzugestehen und zu verstehen, warum diese uns selbst nicht zu einer schlechteren Person machen. Oft ist es der einfachere Weg, sich selbst zu belügen.

Übung: Selbst- und Fremdeinschätzung

Ein guter Test zur Selbst- und Fremdeinschätzung ist, wenn du mehrere Personen aus verschiedenen »Rollen« deines Lebens (siehe Kapitel »Sinnfindung«) fragst, wie sie dich wahrnehmen. Da jeder einen anderen Teil von dir – durch deine dort eingenommene Rolle – wahrnimmt, können die Antworten abweichen, jedoch wird deine Einschätzung sich immer mehr der Realität nähern. Freunde, Eltern, Arbeitskollegen, Vereinsmitglieder, ein Taxifahrer oder Buchverkäufer, jeder würde dich anders beschreiben. Sei dir bewusst, dass jeder der Befragten andere Facetten von dir sieht, du nicht alles von dir jedem zeigst und dass dies eine rein subjektive Wahrnehmung ist und nicht der Realität entsprechen muss.

Je mehr du dein Selbstbild mit dem Fremdbild anderer Personen abgleichst, desto mehr deckst du deine blinden Flecken auf (unbewusste Eigenschaften). Um ihnen zu helfen, ehrlich zu sein, kannst du sie bitten, deine positiven und negativen Charaktereigenschaften anonym auf einen Zettel aufzuschreiben. Suche dir mindestens fünf Personen aus unterschiedlichen Bereichen deines Lebens und bitte sie, dich zu beschreiben. Überlege dir nun die Personen, denen diese Ehre zuteilwird, und versuche, innerhalb der nächsten sieben Tage diese Einschätzungen zu bekommen, um alle gleichzeitig zu öffnen.

Beschreibung Person A:

____

____

____

Beschreibung Person B:

____

____

____

Beschreibung Person C:

____

____

____

Beschreibung Person D:

Beschreibung Person E:

Stell dir dann folgende Fragen:

Welche Überschneidungen, Mehrfachnennungen habe ich gefunden?

Welche Abweichungen, Ausreißer habe ich gefunden?

Treffen die Antworten der Personen das Bild von mir, das ich nach außen zeigen möchte?

____

____

Haben mich Antworten überrascht? Warum?

____

____

____

Welche Erkenntnisse ziehe ich aus dieser Übung?

____

____

____

Manche konzentrieren sich zu sehr auf die positiven Aspekte an der eigenen Person, was zu großen Problemen im Beruf, aber auch in der Partnerschaft führen kann (z. B. »Ich bin diejenige, die IMMER alles macht, meine Arbeit ist gut – ich mache keine Fehler.«).

Prinzipiell neigen wir dazu, uns selbst schlechter einzuschätzen, als es andere tun würden. Deshalb sollte diese Übung dir Selbstbewusstsein geben, neue Stärken, Fähigkeiten und liebenswerte Eigenschaften aufdecken und dich dich gut fühlen lassen.

Da wir im deutschsprachigen Raum Nächstenliebe (also die Liebe zu unseren Mitmenschen) gelernt haben – im Gegensatz übrigens zu Indien, wo durch das Kastensystem jeder selbst für sich und sein Leben verantwortlich ist und somit der Nächste nicht gleichwertig ist oder geliebt werden muss – ,wollen wir, dass andere

Menschen sich gut fühlen, und beschönigen somit unsere Aussagen, um nicht unnötig Leid zu verursachen. So kann es auch bei dieser Übung der Fall sein, dass deine ausgewählten Personen die Aussagen über dich geschönt haben, um dich nicht zu verletzen. Oder sie haben sich auf die positiven Aspekte konzentriert, wenn du ihnen nicht ausdrücklich gesagt hast, dass sie auch deine Schwächen oder kleinen Makel notieren sollen. Einerseits zeigt dies eine wundervolle, menschliche Seite, andererseits werden einige negative Eigenschaften in dieser Übung deshalb nicht notiert oder geschönt dargestellt.

Sollten dir unangenehme Verhalten oder Eigenschaften bekannt werden, umso besser! Denn hier verlässt du deine gewohnten Pfade und hast eine Aussage, die du kritisch hinterfragen kannst, annehmen oder ablehnen darfst. Wenn es wehtut, hast du einen wichtigen Punkt gefunden, der dir etwas beibringen kann.

Merke dir, jedes Leid ist ein Lehrer. Jedes Leid gibt uns Motivation (siehe auch Kapitel »Warum tust du, was du tust«, »Rückschläge«).

So bin ich

Wir selbst entscheiden, wer wir sind. Oft treffen wir diese Entscheidung das erste Mal bewusst in der Jugend. In der Pubertät, der Zeit des Erwachsenwerdens, Differenzierens und Heranwachsens zu einem Mann bzw. einer Frau, wollen wir eine Person bewusst darstellen. Die meisten von uns haben in der Jugend eine bestimmte Phase durchgemacht.

Vielleicht haben wir uns entschieden, zu den Punks zu gehören, den »coolen Kids«, den Fußballern, dem Theaterverein, dem Buch- oder Schachclub etc. Manche werden Skateboarder, ziehen sich dementsprechend an, suchen sich hier ihre Freunde und reden im typischen Slang. Mädchen wollen oft bewusst zeigen, dass sie nun eine Frau sind, präsentieren ihre neu kennengelernten Reize, um den Eltern zu verstehen zu geben, dass sie nun erwachsen sind. Auch hier passt sich das äußere Erscheinungsbild und die Sprache der inneren Haltung an.

Natürlich können wir auch noch später unser »Ich« definieren, umgestalten und unser Erscheinungsbild unserem Denken anpassen. Der Veganer will sich bewusst als Veganer präsentieren. Der Fußballprofi läuft am liebsten den ganzen Tag im Trikot herum, da er sich darin am besten fühlt und auch gern den anderen zeigt, wer er ist. Der Marketingmitarbeiter möchte besonders kreativ und extravagant wahrgenommen werden und so wirst du ihn auch antreffen.

Du passt dich deinem Gedankengut an. Dein Inneres wird außen sichtbar. Solltest du nur an deinem Außen arbeiten, ohne eine Veränderung innen anzustreben, wird dies nicht lange halten, es wird unästhetisch, unehrlich und als nicht zusammenpassend wahrgenommen werden. Nach kurzer Zeit wird deinem Umfeld dieser Konflikt zwischen innerer Wertehaltung und äußerem Erscheinungsbild auffallen.

Wenn du dich länger mit einem neuen Gedankengut beschäftigst und Glaubenssätze aktiv verwendest, wirst du automatisch dein Erscheinungsbild, deinen ersten und letzten Eindruck bei anderen Menschen verändern. Starten musst du aber bei deinem Inneren, deinen Gedanken.

»Ich war schon immer so.«

»Ich bin sportlich, ich bin ein Athlet« – Menschen, die das von sich behaupten, haben Standards für ihr Leben gesetzt, die genau diesem Glauben über sich entsprechen. Dazu haben sie Routinen entwickelt, wie in diesem Beispiel vom Athleten ein regelmäßiges Training. Die Resultate bestätigen sie in ihrem Glauben und lassen sie weiterhin diese mittlerweile zur Gewohnheit gewordenen Aktivitäten durchführen.

»Das Rauchen aufzuhören, fällt mir schwer. Ich war schon immer Raucher. Meine Eltern rauchen auch.« Mit diesem Gedanken positionieren sich viele selbst als Raucher und reden sich ein, ihrer Sucht zu erliegen. Wenn wir uns mit derartigen Aussagen selbst die Macht entziehen, Veränderungen zu bewirken, haben wir die Verantwortung abgegeben und erliegen unseren Glaubenssätzen und unserer Vergangenheit.

»Ich habe zu viel Energie. Ich möchte gar nicht entspannt und ruhig sein. Das hält mich auf.« Zuerst einmal würde ich hier den Wahrheitsgehalt hinterfragen. Erholung und Entspannung sind im Leben unabdinglich und wichtig. Ein Bedürfnis, das nicht vernachlässigt werden darf (siehe Kapitel »Ängste überwinden: Angst vs. Stress«). Des Weiteren ist hier ein Glaubenssatz verwendet worden, der wenig hilfreich ist und definiert wurde, um nicht zu sehr am Scheitern zu leiden. Eine Ausrede, die das menschliche Versagen erträglicher macht.

Glaubenssätze, automatisierte Bewertungen, hat jeder Mensch. Das sind die Sätze, die wie aus der Pistole geschossen kommen und mit denen wir uns sofort rechtfertigen, um dem Gegenüber den Wind aus den Segeln zu nehmen. Wir haben uns selbst schon lange vorher diese Ausrede, den Grund des Scheiterns, definiert, um das Versagen erträglicher zu machen und die Schuld von uns selbst abzuweisen.

Einer der tödlichsten Sätze, wenn es um Veränderung geht, ist: »Ich war schon immer so.« Mit unserem Gedankengut »So bin ich, so war ich, so werde ich sein« stehen wir uns selbst im Wege und nehmen uns die Energie, Dinge positiv zu verändern. Denn unsere Gedanken lösen Gefühle aus und Gefühle Verhalten. So wird es unweigerlich zu keiner (!) Verhaltensänderung kommen. Diese Glaubenssätze sagen aus, dass wir machtlos sind und nichts ändern können, da wir ein bereits vollgeschriebenes Blatt sind, welches nicht mehr gelöscht und neu beschrieben werden kann. Auch diese Aussage ist falsch.

Wir kommen als unbeschriebenes Blatt, als »Tabula rasa«, wie es in der Pädagogik heißt, zur Welt. Wir wissen noch nichts, werten nicht, kennen kein Richtig und Falsch. Wir sind offen, neugierig und haben keine Erfahrungswerte, auf die wir zurückgreifen oder aufgrund derer wir uns bewerten lassen könnten. Dieses leere Blatt wird mit der Zeit beschrieben, Erfahrungen werden gesammelt, Erkenntnisse notiert, Verknüpfungen festgestellt und abgespeichert. Allerdings hast du am ersten Schultag bestimmt einen Radiergummi bekommen, später dann einen Tintenkiller und im Büro später wahrscheinlich einen Korrekturroller, um Fehler ausbessern zu können. Am Anfang hast du das Töpfchen benutzt und deine Eltern haben dich langsam an die Toilette gewöhnt. Du hast damals auch nicht gesagt: »Nein, das kann ich nicht. Das habe ich so gelernt und kann das nicht mehr umlernen.« Auch in der Schule hast du nicht darauf bestanden, dass 2 × 3 die Zahl 8 ergibt, und dich partout geweigert, deine Meinung zu ändern.

Damals haben unsere Eltern dafür gesorgt, dass wir nicht aufgeben, dass wir die nötigen Schritte einleiten. Nun bist du dein eigener Elternteil, Vater und Mutter zugleich. Bist du zu nachgiebig oder zu streng zu dir? Was brauchst du »als Kind« für eine Anleitung, um ins Tun zu kommen? Ob es mehr Sport sein soll, das Loslassen einer Sucht oder einer schlechten Gewohnheit, das konsequente Verfolgen von Zielen oder Bekämpfen von Depressionen oder Angst.

Deswegen stelle dir die Frage: Wann habe ich entschieden, wer ich bin, und durch welche Erfahrung habe ich das entschieden? Es ist wichtig zu verstehen, woher unsere Glaubenssätze stammen, um heute überprüfen zu können, ob diese wahr sind oder ob es nur damals in dieser Situation wahr war und heute keinen Wert mehr für unser Leben hat.

Gehe hier auf deine Charaktereigenschaften, Werte, Einstellungen, Lebensweisen und Standards ein, die du von dir behaupten kannst. Ein Beispiel könnte sein:

Hilfsbereit: Ich bin stets bemüht, hilfsbereit und liebevoll zu sein. »Nein« sagen fällt mir schwer. Meine Mutter hat sich immer so verhalten. Ihr Verhalten nehme ich wohl als Vorbild. Ich habe es nicht wirklich kennengelernt oder auch gesehen, wie es ist, nur auf sich zu achten, der eigenen Stimme und dem eigenen Antrieb zu folgen. Ich lernte, mich immer um andere zu kümmern.

Ehrgeizig: Ich bin ehrgeizig. In der Schule habe ich immer gute Noten geschrieben. Ich denke, dass ich dadurch die Anerkennung bekommen habe, die mir gefehlt hat. Dies hat mich zur Disziplin erzogen und mir gezeigt, dass ich durch gute Leistung belohnt werde.

Loyal: Mir ist Loyalität wichtig, da ich oft erlebt habe, wie es ist, wenn jemand nicht hinter einem steht.

Fair: Fairness ist mir wichtig, da ich das Gefühl hatte, immer unfair verglichen mit meinen Geschwistern behandelt worden zu sein. Ich habe mir geschworen, niemals jemanden so zu behandeln, wie ich behandelt worden bin.

Einer meiner Klienten erzählte mir, dass er in seiner Kindheit in der Früh immer eine halbe Stunde gebadet habe. »Ich bin ein Bader, kein Duscher«, sagte er über sich. Dies praktiziert er nach wie vor. Er hat eine Ablehnung gegen das Duschen, das starke Herabprasseln des Wassers auf seine Haut. Beim Baden hat er das Gefühl zu schweben, verspürt Leichtigkeit und Entspannung. Er kann durch die umhüllende Wärme und das angenehme Gefühl des »Schwebens« im Wasser Stress abbauen. Jedoch kann er nur schwer ohne diese Aktivität den Alltag bewältigen. Als ihm bewusst wurde, dass dies für ihn eine Gewohnheit zum Stressabbau ist, hat er angefangen zu überlegen, ob es nicht eine andere Möglichkeit gibt, um diesen befreienden Effekt zu erzielen. Er setzte sich das Ziel, es mehrere Tage nicht zu tun. Es war ungewohnt, komisch, tat aber nicht weh. Er war stolz. Trotzdem entschied er – und das ist auch vollkommen in Ordnung –, dass ihm Baden lieber ist. Jetzt jedoch ist es zu einer bewussten Entscheidung geworden und kein Zwangsverhalten mehr.

Das Auslassen einer Gewohnheit erzeugt Stress und Angst. Jegliche Abweichung von der Norm erzeugt diese Gefühle. Hier setzen wir wieder bei den Glaubenssätzen an.

Was denke ich? Was glaube ich? Woher kommt dieser Gedanke? Zu hinterfragen, warum dies oder das entstanden ist, was dieses Verhalten dir gegeben hat und wann du entschieden hast: »Ich mag es … Ich mag es nicht, weil …«, ist der erste Schritt, um sich selbst besser kennenzulernen, sich neu zu positionieren und die Gedanken umzupolen.

Wenn es dir schwerfällt, dich zu beschreiben, hilft folgende Übung: Überlege dir, wie du dich einer fremden Person vorstellen würdest. Stell dir vor, du machst eine Anzeige auf einem Freundschaftsportal, um dort Gleichgesinnte zu finden. Welche Eigenschaften nennst du die deinen? Welche Aktivitäten machst du wirklich gern und würdest sie auch gern mit deinen neuen Freunden machen? Sei hier ehrlich. Wir sind hier nicht auf einer Datingplattform, auf der wir uns von unserer besten Seite präsentieren müssen, um durch ein Trugbild einen bemerkenswerten ersten Eindruck zu hinterlassen. Wir sind auf der Suche nach jemandem, der uns stark ähnelt. Dann legen wir los.

Welche Eigenschaften beschreiben meinen Charakter? (Finde mindestens fünf!)

Wann habe ich das entschieden und durch welche Erfahrung (für jede Charaktereigenschaft)?

Was mag ich gern und was mag ich überhaupt nicht? (Finde mindestens fünf Beispiele!)

Wann habe ich das entschieden und durch welche Erfahrung? (Vorlieben: Mag ich, mag ich nicht)

Wie sehen meine Rituale und täglichen Gewohnheiten aus? (Lebensweise: Sport, Essen, Rauchen ...)

Wann habe ich das entschieden und durch welche Erfahrung (Lebensweise)?

Es hilft enorm, wenn du diese Fragestellung stets parat hast und immer wieder einsetzen kannst, um Abläufe und Ansichten zu hinterfragen. »Bin ich das wirklich? Wie komme ich zu dieser Annahme? Woher kommt dieser Glaube, wie, wann, wo und warum ist er entstanden? Möchte ich an diesem Glauben weiterhin festhalten?«

Gehe die einzelnen Punkte, die du aufgeschrieben hast, durch und überlege dir, an welchen du gern etwas ändern bzw. welche du hinterfragen möchtest und ob diese heute noch wahr sind. Überlege, ob diese nach wie vor gültig sind oder ob du hier neue Erfahrungen machen darfst. »Ich mag keine Rosinen. Ich habe schon lange keine mehr gegessen. Vielleicht stimmt dieser Glaube nun nicht mehr. Ich bestelle mir demnächst einen Kaiserschmarrn mit Rosinen und teste die Aussage auf den Wahrheitsgehalt.« Auch wenn vieles nach wie vor auf dich zutrifft, hast du durch das Aufschreiben und die Bestätigung dein »Ich« noch besser definiert. Dies kannst du dann auch klar an dein Umfeld weitergeben, was den anderen den Umgang mit dir erleichtert. Du wirst dich, deine Gedanken und dein Handeln besser verstehen und auch besser deinem Umfeld verständlich machen können. Sich selbst zu kennen ist wichtig. Zum einen, um sich gut um sich kümmern zu können; zum anderen für das Miteinander, da es für deine Mitmenschen viel leichter ist, wenn du klar deine Werte, Ansichten und Einstellungen mit ihnen teilen kannst.

Stell dir folgende Frage:

Welche neue Erfahrung kann ich machen, um zu sehen, ob diese Aussage wahr ist?

____

____

____

____

____

____

Kognitive Fehler

Eingefahrene Denkprogramme laufen rasch ab und können bereits so automatisiert sein, dass sie gar nicht mehr bewusst wahrgenommen werden. Gedanken, Vorstellungsbilder und Erwartungen bestimmen das Verhalten.

Wenn solche Vorstellungen zu unrealistischen, negativen, belastenden Gefühlen führen, werden sie als »irrationale Bewertungen« oder »kognitive Verzerrungen« bezeichnet. Die negativen Gedanken verzerren die Wahrnehmung der Realität und tragen zur Entstehung deines negativen Selbstbildes bei und in weiterer Folge führen sie zu Angst und Stress.

Unter dem Begriff »kognitive Verzerrungen« versteht man automatische Gedanken, negative Bewertungen, unerfüllbare Erwartungen und Angst erzeugende Vorstellungsbilder. Häufig sind diese die Ursache von Angst, Stress, Unzufriedenheit, Misserfolg und Suchtverhalten. Auch der Körper kann reagieren: Schlafstörungen, Magen-Darm-Probleme, Kopfschmerzen, Antriebslosigkeit, Gelenkschmerzen und vieles mehr. Unser Kopf (also unser Denken) ist zu 80 Prozent für die Entstehung von Krankheiten verantwortlich. Dein Körper sagt dir: »Stopp!«

Kognitive Fehler lassen uns schlechte Management-Entscheidungen treffen.

Kognitive Verzerrungen haben wir bereits im Kapitel »Lebenskrisen sind Wahrnehmungskrisen« kennengelernt. Unsere Wahrnehmung ist subjektiv und somit verzerrt. Wir nehmen aufgrund unserer Erfahrungen und gelernten Denkprozesse (siehe »Ängste überwinden – Lernen«) von vornherein an, welche Bedeutung eine Situation hat, ob diese gut oder schlecht ist. Wir bewerten und kommentieren ständig unseren gesamten Tagesablauf. Sehr viele verzerrte, fehlerhafte Annahmen und Denkweisen sowie Ansichten sind hier zu finden. Deshalb versuchen wir in diesem Kapitel, diese aufzudecken, um weniger schnell in unsere voreiligen Bewertungen zu verfallen und um uns besser lenken und führen zu können.

Stelle dir folgende Fragen, wenn du universelle Annahmen, Vorurteile oder sehr schnelle Bewertungen über dich und die Welt bemerkst:

- Entspricht meine Bewertung der Situation wirklich den Tatsachen?
- Stimmt das wirklich oder ist es nur meine Meinung?
- Woher kommt diese Meinung?
- Habe ich sie von jemandem gelernt? Habe ich negative Erfahrungen gemacht?
- Stimmt diese Bewertung/Meinung heute noch oder darf ich sie austesten und neu bewerten?

Zuerst sammeln wir hier deine »Bewertungen und Meinungen«. Beispiele dafür wären: »Ich hasse Spinat«, »Ich hasse meinen Vater«, »Man kann heutzutage niemanden vertrauen«, »Sport ist nichts für mich«, »Ich bin zu faul, um ...«, »Ich kann nicht singen/Gitarre spielen/Tennis spielen ...«, »Ich bin tollpatschig«, »Die Welt ist voller Idioten«, »Liebe tut weh«, »Spinnen sind gefährlich«, »Ich kann nicht vor anderen reden – die lachen mich sicherlich aus«, »Ich kann nicht kochen«, »Kinder versauen einem das Leben«, »Arbeit ist anstrengend«, »Nur harte Arbeit bringt Geld«, »Nur wer studiert, hat Chancen auf eine gute Arbeit«, »Das Leben ist hart und unfair«, »Immer nur mir passiert Unglück« ...

Typisch sind Sätze, die mit folgenden Wörtern beginnen: »Ich kann nicht ...«, »Ich mag nicht ...«, »Ich bin ...«

Finde mindestens zwölf Bewertungen:

____

____

____

____

____

____

____

____

____

____

____

Ziel ist es, herauszufinden, ob deine Bewertung heute noch zu dir und deinem Leben passt oder ob du von deiner Vergangenheit oder der Meinung deines Umfeldes beeinflusst wirst. Das findest du heraus, indem du in Ruhe nachdenkst, deine Gedanken sammelst, hinterfragst und es dann im Anschluss im wahren Leben austestest. Nach der neuen Erfahrung mit der eigenen, festgefahrenen »Haltung« darfst du für dich eine neue Bewertung abgeben. Auch wenn es dir schwerfällt, gehe nicht weiter, sondern versuche, jede Zeile auszufüllen. Nimm dir die Zeit. Tu es für dich.

»Ich kann nicht«, »Ich mag nicht«, »Das ist nichts für mich«.

Ich bitte dich nun, drei von diesen Schlussfolgerungen auf den Prüfstand zu stellen, zu hinterfragen und im Anschluss neu zu bewerten. Diese unten angeführten Fragen kannst du das nächste Mal, wenn dir eine Bewertung durch den Kopf geht, dich belastet oder einschränkt, gedanklich beantworten.

1. Bewertung: ____________________

Entspricht meine Bewertung der Situation wirklich den Tatsachen?

Stimmt das wirklich oder ist es nur meine Meinung?

___

___

Woher kommt diese Meinung? Habe ich sie von jemandem gelernt? Habe ich negative Erfahrungen gemacht?

___

___

___

___

___

Stimmt diese Bewertung heute noch oder darf ich es austesten und neu bewerten? Wie kann ich die Bewertung überprüfen?

___

___

___

___

___

2. Bewertung: ___

Entspricht meine Bewertung der Situation wirklich den Tatsachen?

___

___

Stimmt das wirklich oder ist es nur meine Meinung?

___

___

Woher kommt diese Meinung? Habe ich sie von jemandem gelernt? Habe ich negative Erfahrungen gemacht?

___

___

___

___

Stimmt diese Bewertung heute noch oder darf ich sie austesten und neu bewerten? Wie kann ich die Bewertung überprüfen?

___

___

___

___

3. Bewertung: ___

Entspricht meine Bewertung der Situation wirklich den Tatsachen?

___

___

Stimmt das wirklich oder ist es nur meine Meinung?

___

___

Woher kommt diese Meinung? Habe ich sie von jemandem gelernt? Habe ich negative Erfahrungen gemacht?

___

___

___

___

Stimmt diese Bewertung heute noch oder darf ich diese austesten und neu bewerten? Wie kann ich die Bewertung überprüfen?

___

___

___

___

Ein wichtiges Merkmal von gesunden, positiven Gedanken ist: Gesundes, positives Denken beruht auf Tatsachen.

Gesundes, positives Denken beruht auf Tatsachen.

Was ist das Fazit nach der Beantwortung der Fragen zum Thema »fehlerhafte Bewertungen«? Was habe ich über mich gelernt? Wo gab es Zusammenhänge? Welche Erkenntnisse konnte ich machen?

Und bitte denke immer daran, dass keine Zeile leer bleiben soll. Versuche, ganze Sätze zu formulieren, um zu lernen, mit dir vollständig zu kommunizieren. Je deutlicher du deine Gedanken und Gefühle ausdrücken kannst, umso mehr Klarheit wirst du bekommen. Gleichzeitig wirst du einen besseren, liebevolleren Umgang mit dir selbst und anderen Menschen entwickeln. Denn nur, wenn du genau formulieren kannst, was in dir vorgeht, wirst du wissen, was du brauchst, und kannst es auch an dein Umfeld weitergeben. Deine Bedürfnisse werden dir klarer und dein Weg zu einem glücklichen, entspannten Leben wird dir geebnet.

Startpunkt

Wenn du eine Flugreise im Internet buchen möchtest, was ist das Erste, was du gefragt wirst? Du wirst gefragt, WOHIN du möchtest (dein Ziel), und du wirst gefragt, VON WO du wegfliegen möchtest (dein Startpunkt). In jedem Unternehmen, in jeder Beziehung, bei jedem Hobby sowie an jedem Tag gibt es einen Startpunkt. Von hier aus beginnt eine spannende, sehr lehrreiche Reise. Zu selten blickt man aber auf den Ausgangspunkt zurück und sieht stolz auf die Ergebnisse, die bis jetzt erreicht worden sind.

Wir haben uns bereits an einen bestimmten Umstand gewöhnt, aufgehört, Dinge zu hinterfragen und Situationen neu zu bewerten. Wir sollten alle viel öfter einen neuen Ausgangspunkt definieren und von dort aus die Reise »Leben« planen. Denn so kommen wir schneller an unser Ziel.

Für jeden Menschen ist eine Analyse der aktuellen inneren Verfassung wichtig. Hierzu gibt es hilfreiche Impulsfragen, die dir deutlich machen, wo du dich aktuell befindest, von wo du heute startest, aber auch, welche äußeren Einflüsse es derzeit gibt. Diese Fragen kannst du regelmäßig heranziehen, um mehr Wohlbefinden und Zufriedenheit zu erreichen und immer mehr im Einklang mit dir selbst zu sein:

Eine Minute planen spart acht Minuten Arbeitszeit.

Analyse: Innen

Wie fühle ich mich?

Berücksichtige ich meinen eigenen Rhythmus?

Kenne ich meine aktuellen Bedürfnisse? Was brauche ich?

Drücke ich diese Gefühle offen aus?

Welche Botschaften gibt mir mein Körper?

Analyse: Außen

Was belastet mich aktuell im Privatleben?

Was belastet mich beruflich?

Überfordere ich mich selbst? Sind meine Ziele und Ansprüche realistisch?

Vernachlässige ich meine sozialen Beziehungen?

Schaffe ich einen Ausgleich zwischen Privat- und Berufsleben?

Was habe ich mir heute Gutes getan? Was gestern und vorgestern?

Missbrauche ich Alkohol, Tabletten, Sex oder Ähnliches zum Druckabbau? Wenn ja: Gibt es Alternativen?

Was möchte ich jetzt ändern?

Du hast jeden Tag die Möglichkeit, deinen Tag und deine Stimmung zu beeinflussen. Du entscheidest, ob du schwimmst oder untergehst. Du entscheidest, ob du dich ärgern lässt oder nicht. Du hast es in der Hand, ob du zuversichtlich bist und an dich glaubst oder die Hoffnung aufgibst.

Stärken – Schwächen

Wusstest du, dass du einmal der Beste aus 10.000 warst? Du hast gewonnen, weil du dir sicher warst, es zu schaffen. Dein eiserner Wille, dein Durchsetzungsvermögen und deine körperliche Leistungsfähigkeit haben die von 10.000 anderen übertroffen. Du warst der Beste in diesem Rennen. Ich spreche von deiner Zeugung. Du warst das schnellste Spermium. Du hattest mehr Kraft, Energie und Wille als alle anderen. Du bist der Beste gewesen! Keiner deiner 10.000 Mitstreiter war so gut wie du, deshalb wurde dir das Leben geschenkt, ein großartiger Siegespreis. Allein sich das bewusst zu machen, gibt einem ein gewaltiges Gefühl von Stolz. Doch vieles ist für uns selbstverständlich. Fähigkeiten und Talente werden nicht erkannt, nicht genug geschätzt oder falsch wahrgenommen.

Wahrnehmung ist subjektiv und bildet nicht die vollständige Realität ab (siehe Kapitel »Lebenskrisen sind Wahrnehmungskrisen«). Wir müssen wissen, was wir können, um in herausfordernden Situationen zu wissen, ob wir kämpfen können oder flüchten sollten bzw. ob wir Hilfe brauchen.

Wenn wir uns jedoch kaum etwas zutrauen, unsere Fähigkeiten und Talente unterschätzen, erfüllt sich diese Prophezeiung ganz von selbst. Klar können wir die Herausforderung nicht bewältigen, wenn wir uns die dazu nötigen Fähigkeiten nicht zusprechen. Die Flucht hat uns dann erst recht bestätigt, dass wir es nicht können, obwohl wir es nicht versucht haben. Denken wir, dass wir eine Chance haben, greifen wir an und können uns die Bestätigung holen oder lernen, diese Fähigkeit zu verbessern. Der Glaube an unsere Fähigkeiten kommt wiederum aus den Erfahrungen der Vergangenheit.

Wusstest du, dass du mal der Beste aus 10.000 warst?

Unternehmer, die sich engagieren und regelmäßig Erfolge feiern können, werden immer selbstbewusster durch den Beweis des Erfolges. So auch in einem Beruf. Je öfter du etwas übst, trainierst, machst, dich damit beschäftigst, umso besser wirst du. Je öfter du diese Fähigkeiten einsetzen kannst und positives Feedback erhältst, umso mehr empfindest du: »Ich kann das!« Je öfter du Menschen hilfst, umso öfter wirst du als hilfsbereit bezeichnet werden, was dich wiederum in der Annahme bestärkt. Somit wirst du noch mehr Menschen deine Hilfe anbieten, da du glaubst und bestätigt bekommst, dass du diese Eigenschaft besitzt. Leider funktioniert dies andersherum genauso.

Viele Menschen zeigen heutzutage Tendenzen zu sozialer Phobie: Angst vor Kritik, Angst, neue Menschen kennenzulernen, Angst vor Leistungssituationen, Angst, auf neue Menschen zuzugehen. Angst entsteht aufgrund des mangelnden Glaubens an uns, die Situation bewältigen zu können. Das bedeutet, wir schätzen uns zu oft zu schlecht ein. Wenn diese Situationen vermieden werden und das ständig, beweist du dir selbst jedes Mal wieder: »Ich kann das nicht.« Du lernst, dass diese Situationen nicht tragbar für dich sind, du zu schwach und unfähig bist, und deine Angst wird sich verstärken. Deswegen ist es essenziell, sich regelmäßig Situationen auszusetzen, die Angst machen. Situationen, in denen du Neues lernen kannst, deine Stärken nutzen kannst und aufmerksam auf deine Schwächen wirst.

Regelmäßiges Reflektieren, wovor du genau Angst hast, was du daraus lernen kannst, welche Eigenschaften und Stärken dir helfen können und wie du mit deinen Schwächen umgehst, wird dich zu erstaunlichen Erkenntnissen führen.

Angst verschwindet nur, wenn du durch sie hindurchgehst, wenn du dich ihr regelmäßig aussetzt. Das Gefühl Angst ist nicht gefährlich, es ist ein normales Gefühl, das du bei einer möglichen Bedrohung fühlst (siehe Kapitel »Ängste überwinden«). Angst wird kommen, ABER auch wieder gehen. Denn Angst steigert sich nur bis zu einem bestimmten Punkt und dann plötzlich wird sie weg sein. Alle Symptome und Angstgefühle sind schlagartig verschwunden. Ob dies ein Auftritt auf einer Bühne ist oder ein Date mit einer wunderschönen Dame/einem athletischen Herrn. Vor dem Date bist du nervös, kannst kaum essen, hast Herzklopfen und schwitzige Hände. Beim Treffen, sobald du anfängst zu sprechen (dein Gehirn muss zuhören und passend antworten), ist die Angst wie von Zauberhand weg.

Dasselbe gilt für gefürchtete Präsentationen. Vor dem Start bist du nervös und hast Lampenfieber. Sobald es losgeht, ist dein Gehirn so beschäftigt, dass die Angst nicht mehr präsent ist.

Wie jedes andere Gefühl, zum Beispiel Freude, Traurigkeit oder Ekstase, wird auch die Angst kommen und gehen. Bei der Freude wissen wir, dass sie nicht auf Dauer anhält. Warum glauben wir das bei der Angst?

Angst entsteht aufgrund von zwei Bewertungen: 1. die Bewertung der Situation, die als bedrohlich eingestuft wird, und 2. aus der Bewertung deiner eigenen Fähigkeiten, diese Situation nicht bewältigen zu können.

»Das kann ich.«

Selbstbewusstsein hängt von dem Glauben in die eigenen Fähigkeiten ab. Hast du selbst wiederholt gute Erfahrungen in einem Bereich machen können, dann wirst du in diesem Bereich selbstbewusst werden und gleichzeitig an dich selbst und deinen Erfolg glauben. Du würdest auf deinen eigenen Sieg wetten.

»Das kann ich.« Du glaubst es (Gedanken), danach fühlst du es (Gefühl): »Ich bin stark und fühle mich dieser Aufgabe gewachsen« und du wirst die Aufgabe gut erledigen (Verhalten). Auch beim Selbstbewusstsein (sich selbstbewusst fühlen und selbstbewusst verhalten) findest du den Kreislauf wieder, so wie bei jedem nach außen getragenen Verhalten.

Ein Beispiel: Du hast die Erfahrung gemacht, dass du gut beim anderen Geschlecht ankommst. Du glaubst, dass du das andere Geschlecht verführen kannst. Daher bist du gut in der Gesprächsführung und wirst dich nicht nur attraktiv fühlen, sondern dich auch so verhalten. Du glaubst an dein gutes Aussehen und wirst deshalb einen netten Abend haben und sehr hohe Erfolgschancen auf Folgetreffen. Glaubst du aber, dass das andere Geschlecht dich nicht mag, dass du keinen Gesprächsstoff hast, nicht gutaussehend genug bist, zu schüchtern, zu uninteressant, wird das auch dein Gegenüber denken. Da dein Körper auf deine Gedanken reagiert, kannst du dies nicht verstecken. Deine Mimik und Gestik werden deinem Gegenüber deine Gefühle verraten.

Das bedeutet, unsere Gedanken sind wieder einmal für unser Verhalten und unseren Erfolg verantwortlich. Bei allem, bei dem du wenig oder schlechte Erfahrungen gemacht hast, wirst du zögern, wirst du dich ängstlich verhalten und auch dementsprechende Ergebnisse abliefern. Da niemand von heute auf morgen in jedem Lebensbereich selbstbewusst ist, braucht dies Zeit. Du hast sicherlich schon bemerkt, dass ältere Menschen ruhiger und selbstbewusster sind. Dies kommt aufgrund ihrer Erfahrungen. Denn jede Erfahrung lässt dich etwas lernen und für dein weiteres Leben mitnehmen. Ob positiv oder negativ, du hast eine Erfahrung und somit eine Erkenntnis gewonnen. Ältere Menschen wissen, dass die meisten vorgestellten negativen Konsequenzen nie eintreten, dass die meisten Sorgen unbegründet sind, alles halb so schlimm ist und man jede Situation bis jetzt überlebt und überstanden hat.

Wenn du nun Angst vor bestimmten Aufgaben oder Gegebenheiten hast, wird dies nicht besser, indem du diese vermeidest. Du musst dich ihnen stellen. Du darfst lernen, dass deine Vorstellung (befürchtete Konsequenz im Kopf) fehlerhaft und übertrieben war. Du darfst viele neue, positive Erfahrungen machen. Und dies so lange, bis die Angst weg ist, da du genügend Erfahrungswerte gesammelt hast. Möchtest du also selbstbewusster werden, musst du dich regelmäßig herausfordernden Situationen stellen, vor denen du Angst hast. Dadurch wirst du dazulernen und sehen: »Ich habe es mir schlimmer vorgestellt. Halb so schlimm. Ich habe es überlebt.«

Wir sind Menschen und keine Maschinen.

Wir können nicht alles können. Wir sind keine programmierbaren Maschinen, wir sind Menschen. Menschen sind nicht perfekt. Unsere Fehler und Makel machen uns liebenswert. Da uns manche Talente in die Wiege gelegt worden sind und andere Tätigkeiten uns sehr viel Energie rauben, ist es nötig, sich selbst sehr gut zu kennen. Je klarer wir uns über uns selbst sind, umso besser können wir dies kommunizieren und unser Leben erleichtern. Deshalb lernst du dich mit folgenden Fragen noch besser kennen:

Wofür erhalte ich regelmäßig Lob?

Wie würde ich mich mit drei Wörtern beschreiben?

Wie würde mich ein Freund mit drei Wörtern beschreiben?

Wie würde mich ein Arbeitskollege mit drei Wörtern beschreiben?

Wie würde mich mein Partner mit drei Wörtern beschreiben?

Was sind meine größten Stärken?

Wofür würde ich mich sofort buchen/einstellen?

Wo konnte ich diese Stärken schon mit Erfolg einsetzen?

Wo setze ich sie aktuell ein?

Wo kann ich diese in Zukunft einsetzen?

Wie kann ich diese Stärken noch weiter ausbauen?

Wo habe ich öfter Fehler gemacht/Kritik bekommen?

Wo liegen meine Schwächen?

____

____

____

Warum halten mich meine Schwächen nicht auf?

____

____

Für wen in meinem Umfeld sind meine Schwächen eine Stärke?

____

____

Ein großes »Learning« im Leben ist es, nicht perfekt sein zu müssen. Denn es ist unmöglich, alles zu können. Der Druck fällt ab, wenn begriffen wird, dass man nur jemanden finden muss, der deine Schwäche für sich als Stärke identifiziert hat. Das heißt, wenn du nicht gut in der Rechtschreibung und im Ausdruck bist, suche dir jemanden, der das kann.

Du kennst dich nicht mit Versicherungen aus? Dafür gibt es Experten, die du um Rat fragen kannst. Autos, Technik, Computer sind gar nicht deine Welt? Andere lieben es und würden sich freuen, dir ihr Wissen stolz präsentieren zu dürfen! Wenn es dir schwerfällt, Gefühle auszudrücken, finde jemanden, der das kann, und sprich regelmäßig mit ihm. Du wirst es lernen. Wenn dir Disziplin schwerfällt, suche dir hier ein Vorbild und lerne durch Beobachtung. Wenn für dich der Wohnungsputz eine starke psychische Belastung ist, dann such dir eine Putzhilfe. Du musst nicht alles können, du musst nur jemanden finden, der das kann, was du nicht kannst.

Menschen glänzen gern mit ihren Stärken. Du hilfst nicht nur dir, sondern gibst deinem Helferlein ein gutes Gefühl, da du der Person automatisch durch die Frage nach Unterstützung ein Kompliment machst, die Fähigkeiten bestätigst und sie als erstrebenswert darstellst. Manche warten nur auf derartige Gelegenheiten, ihr Wissen und ihre Talente präsentieren zu dürfen.

Lege dir ein Umfeld zu, das die Themenbereiche abdeckt, die dir fehlen, nicht liegen oder Stress verursachen. Ob Installateur, Kfz-Mechaniker, Jurist, Mental-Coach, Fitnesstrainer, ein ruhiger Zuhörer oder ein Student, der morgens deine Pakete annehmen kann. Sie alle werden dir mit Rat und Tat beiseitestehen, wenn du Hilfe brauchst. Verhalte dich vorbildlich, sei dankbar, schätze die Leistung und den Rat, dann wirst du das zurückbekommen und dein Leben wird sich schlagartig um einiges leichter anfühlen, da sich die Last auf deinen Schultern auf mehrere Schultern verteilt hat.

Schwächen in Stärken verwandeln

Jede Situation oder auch jede Charaktereigenschaft hat zwei Seiten: eine positive und eine negative. Welche davon du siehst oder auch sehen möchtest, kannst nur du allein steuern (siehe Kapitel »Lebenskrisen sind Wahrnehmungskrisen«). Ich möchte dir ein paar Beispiele mitgeben, bei denen die positiven Seiten nicht offensichtlich, aber dennoch zu finden sind:

Wer sucht, der findet!

Faulheit: *Die Fähigkeit, sich dem Leistungsstreben zu entziehen.*

Egoismus: *Die Fähigkeit, auf sich und seine Bedürfnisse zu achten.*

Naivität: *Die Fähigkeit, immer das Gute im Menschen zu suchen und daran zu glauben.*

Unpünktlichkeit: *Die Fähigkeit, das Leben zu leben und sich nicht nach einer Uhr zu richten.*

Ärger: *Die Möglichkeit, Disziplin, Nächstenliebe und Eigenliebe zu üben.*

Autopanne: *Die Chance, einmal durchzuschnaufen, nachzudenken und für Dinge dankbar zu sein, die man als selbstverständlich wahrgenommen hat.*

Eifersucht: *Der Beweis, wie stark die Zuneigung zu einer Person ist und wie wertvoll diese dein Leben macht.*

Fehler: *Eine großartige Übung, um besser zu werden und Neues zu lernen.*

Zurückweisung: *Ein möglicher Problemfaktor weniger.*

Wer sucht, der findet. Wer das Positive sucht, der findet es auch. Dies ist keine gottgegebene Gabe, es ist eine erlernbare Fähigkeit, die du trainieren und schon im Vorhinein »abfedern« kannst.

Stell dir folgende Fragen:

Welche Charaktereigenschaften kann ich für mich positiv umformulieren?

____

____

____

____

Welche herausfordernden Situationen kann ich für mich positiv umformulieren?

____

____

____

Rollentausch

Du kannst von deinem Chef angeschnauzt werden. Du kannst von dem Geschrei deiner Kinder vor Wut kochen. Du kannst genervt unter einer eiskalten Dusche stehen, weil es kein Warmwasser mehr gibt. Und du kannst den Bus knapp verpasst haben und deshalb fluchen – doch im Kopf kannst du auf einem langen, goldglänzenden Strand in einem Liegestuhl sitzen und deine Füße in das warme Meerwasser tunken, während du mit deinem Strohhalm die Kokosnuss in deiner Hand ausschlürfst.

Wer sagt denn, dass du auf diesen Reiz so reagieren musst? Wer sagt, dass dieser Reiz diese Reaktion auslösen muss? Wer sagt, dass du dich jetzt schlecht fühlen musst?

Wer sagt, dass du nicht selbstbewusst sein kannst? Warum solltest du nicht geduldig und gelassen sein können? Warum sollst du nicht fit, sportlich, ehrgeizig und diszipliniert sein? Warum solltest nicht auch du erfolgreich sein? Wer sagt, dass du es nicht schaffst, ruhig und gelassen zu bleiben, und dich in JEDER SITUATION gut zu fühlen, in der du das möchtest?

Diese Übungen sind vergleichbar mit der Arbeit eines Schauspielers. Dieser bekommt immer wieder neue Rollen zugeteilt – Rollen zu Personen, die andere Erfahrungen gesammelt haben, anders reagieren, nach anderen Werten leben, komplett unterschiedliche Orte bewohnen und anderen Einflüssen ausgesetzt sind. Nur kannst du im Gegensatz zu Schauspielern in der Welt leben, in der du leben möchtest. Du kannst die Rolle wählen, die dir Spaß macht, die dir liegt und in der du dich wohlfühlst.

Ob du Selbstbewusstsein brauchst und dich in einen souveränen Serienhelden hineinversetzt oder du gelassen sein möchtest wie Homer Simpson oder Reese von »Malcolm Mittendrin« – wenn du offen, kommunikativ und spontan sein möchtest, kannst du das sein. Denke dich in eine Person, die das ist. Wenn du Angst vor Spinnen oder Aufzügen hast, versetze dich in die Rolle der Spinne oder des Aufzuges.

Stell dir folgende Fragen:

Welche Situationen sind für mich herausfordernd?

____

____

____

____

Welche Eigenschaften hätte ich in diesen Situationen gern?

____

____

Welche Personen, Filmfiguren, Serienhelden oder Berühmtheiten haben diese und würden die Situation hervorragend meistern?

____

____

Versetze dich in diese Person. Wie würde sich diese Person verhalten? Was denkt sie? Was sagt sie? Wie sieht die Körpersprache aus?

____

____

____

____

Versetze dich in dein Angst- oder Stressobjekt. Was würde es denken und sagen?

Uns fällt es oft viel leichter, Verhalten von anderen zu imitieren, als unser eigenes Verhalten anzupassen. Mit dieser Übung wirst du nicht nur viel Spaß haben, sondern viele verschiedene Arten finden, zu reagieren und über eine Situation zu denken. Du wirst dadurch in der Lage sein, von außen, objektiver, eine Situation zu betrachten, und kannst dir nicht nur Eigenschaften von anderen Personen aneignen, sondern auch einen besseren Umgang mit Fehlern und Herausforderungen finden.

Selbstmanagement

Management heißt planen, anleiten und führen. Dies passiert im Kontext von verschiedenen Variablen, am häufigsten jedoch mit den Faktoren Zeit, Geld und Arbeit. Einer der wertvollsten Faktoren ist Zeit. Denn Zeit ist nicht käuflich, kann dir niemand ersetzen, aber auch niemand stehlen (außer du lässt dir deine Zeit bewusst durch Zustimmung stehlen). Zeit bringt Geld. Ohne Zeit keine Arbeit und kein Geld. Wenn du den Faktor Zeit einsetzt, kannst du Entspannung und Freude gewinnen, diese aber auch gegen Geld für Arbeit eintauschen. Deshalb ist Zeit der Faktor, der am wichtigsten ist, denn dieser beeinflusst Geld und Arbeit und verdient deshalb unseren Fokus, wenn wir über Selbstmanagement sprechen.

Übung: (Lebens-)Zeit

Zeit wird häufig mit einer runden Uhr dargestellt. Rund ist ein Kreis. Ein Kreis ist unendlich. Dies führt zu der falschen Annahme, dass unendlich Zeit verfügbar ist. Würde man Zeit mit einem Zeitstrahl darstellen, würden wir einiges anders sehen, Dinge in Angriff nehmen oder auch ablehnen. Wir würden Zeit nicht mehr verschwenden, Augenblicke mehr schätzen und diesen Wert spüren. Ein Strahl kann uns auch zeigen, dass wir nach Zeitablauf Fortschritte machen. Bei einem Zeitstrahl würdest du sehen, was für eine gravierende Entwicklung du während deiner Schulzeit gemacht hast. Du würdest sehen, wie sehr dich jedes Jahr geprägt hat. Personen, die Gewicht verlieren wollen, verwenden einen Zeitstrahl und keinen Kreis. Auch jegliche Managementdiagramme stellen wichtige Faktoren wie Zeit, Geld, Fortschritt, Produktion etc. auf X- und Y-Achsen dar. Denn ein Kreis würde keine Auskunft über eine Veränderung oder Entwicklung geben.

Stell dir folgende Fragen:

Mit welchen Tätigkeiten verbringe ich als mein »Manager« aktuell am meisten Zeit?

Zeichne nun deine wichtigsten wöchentlichen Aktivitäten mit deren Dauer und Häufigkeit ein, indem du diese »Tortenstücke« größer oder kleiner ausfallen lässt. Wir haben diese Übung am Anfang des Buches bereits in einer ähnlichen Ausführung gemacht, jedoch mit einem anderen Hintergrund, nämlich im Kontext deiner Ziele. Nun blättere zurück zu deinem Zielkuchen (»Übung: Zielkuchen«). Bringt die aktuelle Zeiteinteilung meine Wünsche und Ziele auf meinem weiteren Lebensweg effektiv voran? Oder würde ich diese Aktivitäten verändern? Wenn ja, wie?

Male nun einen Zeitstrahl von deiner Geburt bis jetzt. Dieser muss nicht gerade sein und darf gern Schnörkel aufweisen, so wie dein Leben auch welche hat. Zeichne deine wichtigsten Erlebnisse, Erfahrungen und Stationen mit passenden Bildern als Visualisierung ein. Nimm dir 30 Minuten Zeit.

Geburt

Heute

Führe diesen Zeitstrahl nun weiter. Der Start heute wird durch die aktuelle Jahreszahl gekennzeichnet und das Ende mit deinem Tod, deinem Lebensende. Füge auf dieser Lebenslinie deine wichtigsten Erlebnisse bis jetzt ein sowie deine Wünsche und Ziele für dein weiteres Leben.

Heute

Grabrede

Möchtest du nun wissen, was deinem Leben Sinn verleiht, was du noch unbedingt machen möchtest, anstrebst, erreichen wirst? Möchtest du herausfinden, wie du gesehen werden willst, worauf du Wert legst und was dir Energie und Motivation gibt? Dann wird dir eine Grabrede zu den Antworten verhelfen.

Habe ich gelebt? Habe ich geliebt? War ich wichtig?

Was sollen Menschen über dich sagen? Worauf bist du stolz, was die ganze Welt erfahren soll? Wie soll dich dein Partner wahrnehmen? Wie deine Familie? Was sollen deine Freunde über dich sagen und was deine Kollegen? Nimm dir 20 Minuten Zeit und schreibe auf, was du auf dieser Welt hinterlassen möchtest und als welche Person du in den Köpfen verankert sein willst. Schreibe die Rede für deine Beerdigung. Verfasse deine Grabrede:

Die Geschichte des Königs

Ein ergrauter König eines weit entfernten Landes suchte Personal: einen persönlichen Diener. Dieser Posten war sehr begehrt und deshalb stellte er den Kandidaten eine schwere Aufgabe, um sie zu testen: »Bringt mir die zwei schönsten Organe des Menschen!«, forderte der König auf. Einige brachten schöne Frauenaugen, lange, glänzende Haare oder eine ansehnliche Nase. Einer der Kandidaten brachte dem König eine Zunge und ein Herz. »Warum bringst du mir diese zwei Organe?«, fragte der König erwartungsvoll. »Mein König, wenn ein Herz Gutes fühlt und eine Quelle der Liebe ist, dann ist es das schönste Organ auf Erden. Wenn eine Zunge Gutes spricht, diese Liebe des Herzens ausdrückt und weitergibt, kann noch mehr Liebe wachsen. Somit ist dies das schönste Organ.« Der König war überrascht und fand großen Gefallen an dem Kandidaten und seiner Lösung der ersten Aufgabe. Trotzdem war er noch nicht überzeugt und stellte ihm eine weitere: »Gut. Bringe mir nun die zwei hässlichsten Organe des Menschen.« Erst nach mehreren Mondfinsternissen kehrte der Bewerber zurück. Sein Haar war zerzaust, sein Atem ging schnell. Er fiel erschöpft vor dem König auf die Knie. »Mein König, es war eine lange Reise. Ich habe dir die zwei hässlichsten Organe mitgebracht. Hier!« Der Mann griff in seine Tasche und legte vor den König eine Zunge und ein Herz. »Das sind doch die gleichen Organe!«, schrie der König erzürnt. »Mein König, ich habe dir eine Zunge mitgebracht, denn diese streut Zwietracht, lässt andere sich klein und schlecht fühlen. Die Zunge kann unser Volk, dessen Hoffnung und Glaube zerstören. Das Herz habe ich mitgebracht, da ein gebrochenes Herz das Schmerzvollste auf dieser Welt ist. Ein Herz bringt Mörder hervor, ein Herz streut Missgunst. Das sind die zwei hässlichsten Organe des Menschen.« Der König nickte und überreichte dem erschöpften Mann seine neue Dienstkleidung. »Hier nimm! Wasche dich, kleide dich ein und lasse dir Essen bringen. Du wirst ab heute ein Teil meines Palastes sein.«

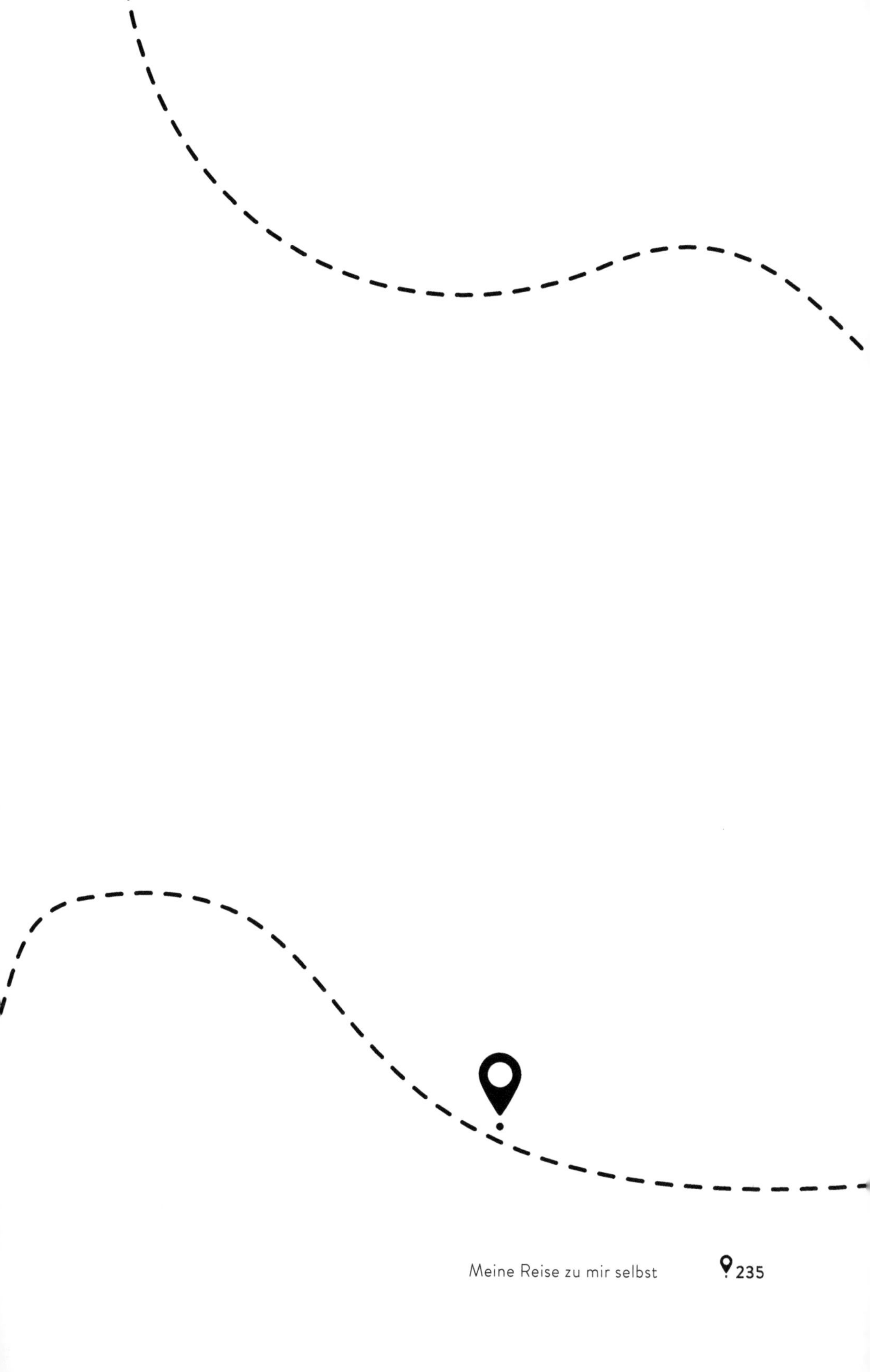

Rückschläge

Zu versagen oder sich zu blamieren, gehört zu den Grundängsten der Menschen. In der Steinzeit war es wichtig, zur Herde dazuzugehören, da das Leben gemeinsam einfacher und sicherer war. Gemeinsam zu jagen, Früchte zu sammeln, abwechselnd Feuer zu machen und die Höhle zu bewachen – allein waren die Überlebenschancen geringer. Auch das Scheitern verurteilen wir seit dieser Zeit. Denn ein Fehler bedeutete, gefressen zu werden, zu verhungern, die Klippe hinunterzufallen oder sonstiges Leid zu erleiden, welches das Leben bedrohen konnte. Deshalb fühlen sich auch heute noch Abweisung, Fehler oder Kritik schlecht an, weil hier unser Urhirn an die Steinzeit denkt und unser Leben bedroht sieht.

Früher war der Fokus beim Vermeiden von Fehlern auf das Überleben ausgerichtet, heutzutage ist es der Perfektionismus in einer Leistungsgesellschaft, der uns Fehler als »schlecht« einstufen lässt und sofort mögliche Zukunftsszenarien, die als Konsequenz des Fehlers möglich wären, in unserem Kopf abrufen lässt. Denn in unserer Leistungsgesellschaft wird das Scheitern schnell sanktioniert. Wenn etwas schiefgeht, wird umgehend nach der Fehlerquelle gesucht. Die Verantwortlichen werden auf die Fehler hingewiesen, eventuell bestraft oder mit Konsequenzen bedroht. Es ist kein Wunder, dass Menschen ihre Fehler lieber unter den Teppich kehren, statt diese offen zuzugeben. Scheitern ist ein Tabu, über das nicht gern gesprochen wird. Fehler zu machen, gehört zum Leben dazu. Nur wer nichts macht, macht keine Fehler.

Rückblickend sagen viele Menschen, dass ihre Fehler wichtig für sie waren und dass sie so reifer geworden sind. Bei manchen wurde nur dadurch eine sinnvolle Neuausrichtung ihres Lebens möglich, was sich in vielen Biografien von berühmten Menschen erkennen lässt. Abraham Lincoln musste zwei Firmenpleiten, sechs Wahlniederlagen und einen Nervenzusammenbruch verkraften, bevor er Präsident der Vereinigten Staaten wurde. Walt Disney wurde wegen angeblich mangelnden kreativen Talents entlassen. Henry Ford brauchte zwei Anläufe, bis er die Ford Automobil Company erfolgreich zum Laufen gebracht hatte. Thomas Alva Edison wurde in seinen ersten beiden Jobs auch gekündigt, weil er seinen Kopf zu wenig eingesetzt hatte. Steve Jobs wurde aus seinem eigenen Unternehmen herausgedrängt. Bei keiner Person lief alles im Leben glatt und fehlerfrei ab. Es findet sich keine Biografie ohne Rückschläge, ohne zwischenzeitliches Scheitern oder Umwege zum Erfolg. Rückschläge sind ein natürlicher Bestandteil des Lebens. Es kommt nur darauf an, wie du darauf reagierst.

Rückschläge sind normal. Es geht vorwärts und wieder zurück, und wieder vorwärts und wieder zurück. Niemand lernt etwas ohne Rückschlag, ohne Fehler.

Fehler gehören dazu wie die Luft zum Atmen, wie die Sterne zum Himmel und für viele wie der Kaffee am Morgen. Sie sind Teil unseres Lebens. Wir sind Menschen und machen Fehler. Wir sind menschlich, das macht uns aus und unterscheidet uns von Maschinen. Die Frage ist also nicht: »Wie vermeide ich Rückschläge?«, sondern: »Wie gehe ich mit Rückschlägen richtig um?«

Nur wer nichts tut, macht keine Fehler.

Wir sollten als Entdecker, explorativ, an unsere Fehler herangehen. Wie ein kleines Kind, das bei den ersten Gehversuchen umfällt und immer wieder aufsteht, weil es neugierig ist und wissen will, woran es liegt, dass es steht und umfällt. Das Kind möchte die Welt verstehen, Zusammenhänge erkennen und einfach ausprobieren, beobachten und lernen. Fehler sind nicht schlimm. Fehler sind Ergebnisse eines Versuchs. Ein Fehler hat einen Lerneffekt.

Ein Kind, das den Turm immer wieder zum Einsturz bringt, wiederaufbaut und nach acht Versuchen freudig feststellt, dass der Ärmel der Übeltäter war. Wie ein Kind, das interessiert den Sandkuchen probiert und feststellt: »Pfui, das schmeckt nicht.« Wie ein Kind, das neugierig jede Lade öffnet, alle Schuhe der Mama anprobiert, um zu sehen, welche am besten passen. Forscher zu sein mit der gewissen kindlichen Neugier, verleiht uns Flügel. Entdecken kommt von »den Deckel heben«. Also hebe den Deckel und schau interessiert darunter, um herauszufinden, was sich darunter verbirgt. Lasst uns herausfinden, was wir mögen und was nicht, was wir bereits beherrschen und was wir noch lernen können.

Welcher Lehrer bist du für mich?

Jeder Rückschlag ist für uns wie ein Lehrer, eine wertvolle Erfahrung, die uns stark machen kann oder kleiner und schwächer. Wir haben jedoch in der Hand, was ein Rückschlag mit uns macht, welche Gedanken sich dabei in uns ausbreiten, welche Gefühle diese Gedanken zum Vorschein bringen und welches Verhalten wir dadurch an den Tag legen.

Immer, wenn dir etwas schwerfällt, dir wehtut, dich ärgert oder sonstige negative Gefühle zum Vorschein bringt, frage dich: »Was lehrst du mich? Was kann ich daraus lernen?«

So ist ein Stau, der dich unruhig, reizbar und aggressiv macht, dein Lehrer für Geduld. Wenn es dich nervt, dass jemand andauernd spricht und dich nicht zu Wort kommen lässt, ist es dein Zuhör-Lehrer. Die Zurückweisung einer Person kann dein Lehrer für Selbstliebe sein. Wenn du einen finanziellen Engpass hast, ist dies dein Spar-Lehrer. Sollte dir ein Vortrag vor mehreren Menschen unangenehm sein, dir schlotternde Knie und Herzrasen bereiten, dann ist das dein Selbstbewusstseins-Lehrer. Genau mit dieser Sichtweise nehmen wir die »Schwere« und den Druck heraus, da wir lernen dürfen. Zu lernen und sich zu entwickeln, ist eines der größten Geschenke, die wir als Menschen bekommen haben.

»Heute sollte mich jemand ärgern,
dann kann ich meine Größe zeigen.«

Stell dir folgende Frage:

Welche fünf »Lehrer« sind mir in der letzten Zeit begegnet?

____

____

Noch ein Gedankentipp zu diesem Thema: Wenn du dich in dieser aufwühlenden Situation befindest (Stau, Präsentation, Streit, Kritik ...), überlege dir: »Welche Person wäre ich, wenn ich nicht in dieser Situation wäre?«

Zum Beispiel denkst du im Stau, wer und wie du jetzt wärst, wenn du gemütlich auf der Couch liegen würdest. Du kannst dich gedanklich auch direkt dorthin »beamen« und fühlen, wie entspannt du dort bist. Bei der Präsentation, vor der du Angst hast, bewertet und kritisiert zu werden, denke, wer du jetzt wärst, wenn du deine gewöhnliche Arbeit machen würdest. Selbstbewusst, routiniert, strukturiert und mit allen Kollegen im Büro freundlich, aufgeschlossen und keineswegs schüchtern im Umgang. Versetze dich in ein Gespräch mit einem Kollegen beim Kaffeeautomaten. Mit Charme, Humor und einer Portion freundlicher Höflichkeit plauderst du über deinen Arbeitsalltag.

Wer wäre ich, wenn ich nicht in dieser herausfordernden Situation wäre?

Kannst du dich noch erinnern, wie du das Alphabet gelernt hast oder die Malreihen? Das war am Anfang unheimlich schwer. Es dauerte eine Zeit lang, bis du das konntest. Mittlerweile ist es dir ein Leichtes. Die ersten Kochversuche waren wahrscheinlich nicht sehr schmackhaft, mit der Zeit wurde es köstlich. Das erste Mal Eislaufen hat dir sicherlich ein paar blaue Flecke eingebracht und dann wurde es leicht. Kannst du dich an deine ersten Versuche auf Ski erinnern? An dein erstes Fahrrad? Weißt du noch? Am Anfang brauchtest du Stützräder, bis es ohne ging.

Das Traurige ist, dass wir diese ersten Versuche vergessen und wir uns meist nur mit Menschen vergleichen, die besser sind als wir. Wir vergessen, wo wir gestartet sind und wo wir jetzt stehen. Ein Blick zurück, zum Start des Lernprozesses, lässt den Weg doch ziemlich steil erscheinen und zeigt uns, dass wir nicht mehr am Anfang des Berges stehen, sondern schon auf dem Weg zur Spitze sind.

Das Einzige, was dich unglücklich macht, sind deine Gedanken. Ändere sie!

Um also mit Rückschlägen oder auch Fehlern umgehen zu können, und zwar so, dass wir dadurch nicht gelähmt werden und uns selbst dafür bestrafen und fertigmachen, führt der Weg zu unseren Gedanken und Einstellungen zu Fehlern (unbewusste Bewertung).

Stell dir folgende Fragen:

Wenn ich konstant an etwas arbeite, wird es besser oder schlechter?

Was sind für mich Erfolgsgründe? Was macht jemand anders als andere, um zum Ziel zu gelangen?

In den meisten Fällen sind die Erfolgsfaktoren dieselben: ein Funken Glück, Wissen, Umsetzungsstärke, Vertrauen in sich selbst und die eigenen Fähigkeiten, ein klares Ziel, das »Warum« zu kennen, sich das Ergebnis vorstellen zu können, ein förderliches Umfeld, der richtige Einsatz von Ressourcen (Zeit, Arbeitskraft, Energie – wir brauchen auch Entspannung zum Energie auftanken), Hoffnung, ein starker Glaube, und vor allem Beständigkeit und Ausdauer.

Habe ich ähnliche Erfolgsfaktoren gefunden? Welche Faktoren glaube ich schon mitzubringen?

Welche Faktoren möchte ich verbessern/erlernen?

Wie kann ich diese Faktoren verbessern?

Und nun hast du dir selbst das Rezept geliefert, um erfolgreich zu werden. Ein wichtiger Part für langfristigen Erfolg und Zufriedenheit ist der Umgang mit Fehlern und Rückschlägen. Lass uns jetzt auf deine persönlichen Rückschläge eingehen und deine Strategie im Umgang damit festlegen.

Was könnte es für Rückschläge geben?

Wie kann ich diese Rückschläge vermeiden?

Was mache ich, wenn ich einen Rückschlag erlebe? Wie gehe ich damit um?

____

____

____

Eine Veränderung ist immer ein Prozess. Ob es um die eigene Lebensqualität geht oder um den Change-Prozess einer Firma. Es ist ein Trial-and-Error-Weg. Das bedeutet, etwas wird versucht, man sieht, was passiert, und danach reflektiert man. Soll dies beibehalten werden? Funktioniert es? Oder müssen wir etwas anderes versuchen? Genauso ist es im eigenen Leben. Versuchen, lernen, verändern. Versuchen, lernen, verändern.

Jeder bekommt in seinem Leben andere Prüfungen gestellt, muss andere Herausforderungen bewältigen und macht andere Lernerfahrungen. Jeder hat seine individuellen Themen, die ihn beschäftigen oder belasten. Der eine kämpft sein Leben lang mit Schüchternheit, der andere hat immer wieder ein Problem mit Geld und die nächste Person belastet eine seit Geburt vorhandene Herzstörung und kämpft täglich mit ihrer Krankheit. Eine Person wird immer wieder mit dem Thema Vertrauen in Kontakt kommen, weil es hier noch Themen zum Aufarbeiten gibt. Die schüchterne Person bekommt tagtäglich Herausforderungen zum eigenen Thema – Schüchternheit – gestellt, um zu lernen. Jeder macht andere Erfahrungen im Leben, hat andere Herausforderungen, Lerneffekte und Lösungsstrategien. Verschiedene Probleme ermöglichen verschiedene Lösungswege. Welche Lösung zu welchem Menschen passt, ist von Person zu Person unterschiedlich.

Jeder empfindet Entspannung und Freude bei anderen Aktivitäten. Dies erkennt man sehr gut an den unterschiedlichen Arten von Humor, Hobbys oder den gewählten Berufen. Bist du schadenfroh, sarkastisch und/oder liebst du schwarzen Humor? Findest du »South Park«, »Big Bang Theory« oder »Die Nanny« lustig? Magst du Fail-Videos oder Dokumentationen? Streichelst du lieber Katzen oder Hunde?

Liebst du es, verschiedene Restaurants zu testen, oder bist du am zufriedensten mit den immer gleichen Lieblingsgerichten? Kochst du lieber oder lässt du dich lieber bekochen? Bevorzugst du bunte Wandfarben oder magst du es lieber unauffällig? Genauso hat jeder eine andere Strategie zum Abnehmen: Es gibt Tausende Konzepte, die Erfolge vorzeigen, aber welche dieser Diäten und Ernährungskonzepte passt zu dir?

Dasselbe gilt für Heilprozesse – egal ob es der Weg aus einer Depression, Essstörung, einem Zwangsverhalten oder Erfolgswahn ist. Wichtig ist, nicht aufzugeben, sondern weiter auszuprobieren, auf die eigenen Gefühle und Reaktionen zu achten und immer wieder zu hinterfragen, wie Erfolg versprechend diese Vorgehensweise ist. Deine Strategien und Methoden dürfen sich ändern. Solange du den Fokus darauf legst, einen anderen, funktionierenden Weg zu suchen, wirst du ihn finden.

Gescheiter scheitern

Sieh jeden Fehler und Rückschlag als einen Lerneffekt. Hättest du dies oder jenes nicht falsch gemacht, hättest du ein wichtiges »Learning« verpasst. Erinnere dich zurück: Wo sind dir solche Erlebnisse untergekommen? Wo hast du Fehler oder negative Erfahrungen gemacht? Und was durftest du dadurch lernen?

Stell dir folgende Fragen:

Welche Fehler durfte ich machen und was habe ich daraus gelernt? (Nenne mindestens sieben!)

Wie helfen mir diese Erkenntnisse und Learnings in meinem jetzigen Leben?

Wie helfen sie mir in meinem zukünftigen Leben?

Was möchte ich noch lernen?

Wo kann ich Fehler machen, um dies zu lernen?

____

____

____

____

Wo treffe ich meine Lehrer, um dies zu lernen?

____

____

____

____

Genau die letzten drei Fragen solltest du dir gut merken, um sie dir bei den nächsten Rückschlägen zu stellen. Du kannst sie dir auch auf einen Zettel schreiben und in deine Geldbörse stecken, damit du regelmäßig daran erinnert wirst, bis du automatisch beim nächsten Fehler durch diese Fragen auf positive Gedanken kommst.

Wenn du Fehler nicht mehr als Zweifel an deinen Fähigkeiten siehst und nicht als Misserfolg, sondern als Erfahrung, die dir viel für deine Zukunft mitgibt, wirst du zufriedener und glücklicher werden. Ein weiterer positiver Nebeneffekt ist, dass du automatisch weniger Fehler machst, da du entspannter an Dinge herangehst. Du wirst merken, dass du dich auf Herausforderungen freust, mehr Energie zur Bewältigung haben und automatisch bessere Ergebnisse erzielen wirst.

Natürlich bleibt ein negatives Erlebnis besser in Erinnerung als ein erfreuliches. Schaffst du es jedoch, Lernerfahrungen mit Unterstützung von positiven Erfolgen zu gewinnen, so wirst du dein Selbstwertgefühl und dein Selbstbewusstsein stärken und gleichzeitig das menschliche Bedürfnis nach Anerkennung und Selbstverwirklichung stillen. Und dies ist bereits die Meisterklasse.

Auch hier tut es für das eigene Wohlbefinden gut, nachzudenken, wo du bereits Erfolge verzeichnen konntest. Worauf bist du stolz? Was hast du bereits sehr gut gemacht? Was sind deine wahren Stärken im Gegensatz zu deinen Schwächen? Wofür wurdest und wirst du regelmäßig gelobt? Diese Fragen haben wir im Kapitel »Wer bin ich« beantwortet, in dem wir gezielt deine Stärken und Schwächen analysiert und gekonnt eingesetzt haben.

Fehler sind Vorboten von Veränderungen. Denn Fehler lassen uns lernen. Fehler zeigen, dass du dich entwickelst, vorankommst, tust, machst – lebst!

Ein negatives Gefühl ist ein Signal zur Handlung.

Natürlich fühlen sich Rückschläge und Fehler nicht gut an. Jede negative Emotion wie Trauer, Wut, Angst, Scham und Frust gehört zum Leben dazu. So wie positive Gefühle gehen auch negative Gefühle vorbei. Sie sind Momentaufnahmen, zeigen dir, wie es in dir aussieht, und spiegeln deine Gedanken wider. Alle Emotionen gehören zu deinem Leben. Diese zu fühlen, zu akzeptieren und zu nutzen, ist die Kunst dabei. Denn genau aus den Situationen, in denen wir uns schlecht fühlen, können wir am meisten über uns lernen.

Wenn du dich einsam und allein fühlst, beschreibt dies dein Gefühl in der aktuellen Situation. Du solltest fragen: »Wie fühle ich mich?«, und das Gefühl in Worte fassen. Danach frage dich: »Was brauche ich jetzt?«, um dir selbst die Antwort zu geben, was dir nun guttun würde. Diese negativen Empfindungen sollten wir als Zeichen sehen, um ins Tun zu kommen.

Oft neigen wir dazu, eine Emotion als allgegenwärtig zu interpretieren und zu verallgemeinern. »Ich bin immer allein. Ich bin einsam. Ich mache immer Fehler.« Auch hier müssen wir wieder achtsam unseren Selbstgesprächen lauschen, falsche

Bewertungen und Rückschlüsse erkennen. Stell dir die Frage, ob dieser Gedanke wirklich den Tatsachen entspricht. »Ist dieser Gedanke wahr? Wäre es möglich, dass ich die Zeichen falsch interpretiere und ich viele Freunde habe? Bin ich wirklich einsam? Was lässt mich mich jetzt gerade einsam fühlen?« Dieses Gefühl kann ein Anstoß sein, dass du dich bei deinen Freunden melden solltest. Wenn du dich schlecht fühlst, frage dich: »Was fühle ich? Was brauche ich jetzt? Wie habe ich früher bei diesem Gefühl reagiert? Was hat geholfen? Wie möchte ich reagieren? Welche Möglichkeiten gibt es für mich, darauf zu reagieren?«

*Wir können keine Fehler vermeiden,
nur den Umgang mit ihnen ändern.*

Hast du oft erlebt, wie Menschen die Nase rümpfen, wenn du dich als Raucher geoutet hast? Wie hast du dich gefühlt? Stell dir die Situation bildlich vor. Wie hast du dich nach zu vielen Zigaretten gefühlt? Tat dir ab und zu der Hals weh, hast du gehustet, dich benommen gefühlt und dir war schlecht? Speichere es ab. Verknüpfe diese Erfahrungen mit den Emotionen dazu fest mit dem Rauchen (siehe »Ängste überwinden« – Verstärkung des Schmerzes). Bist du faul? Dann erinnere dich bewusst an Situationen, in denen du ein besonders negatives Erlebnis damit hattest. Rufe sie dir vor dein inneres Auge. Wie schlecht hast du dich gefühlt? Hast du dich für dich selbst geschämt? Gab es in deinem Leben aufgrund dieser Eigenschaft Konsequenzen? Fühle es. Je negativer das Gefühl ist, umso eher wirst du bereit sein, es zu ändern. Möchtest du sportlicher sein? Auch hier gilt dieselbe Vorgehensweise. Jedes negative Gefühl ist ein Zeichen dafür, dass wir handeln müssen.

Stell dir folgende Fragen:

Wann habe ich Traurigkeit verspürt?

____

____

In welchen Situationen verspürte ich zuletzt Wut und Scham?

____

____

Was brauche ich in diesen Situationen?

____

____

Wie habe ich früher bei diesem Gefühl reagiert? Was hat geholfen?

____

____

Welche Möglichkeiten gibt es für mich, darauf zu reagieren?

____

____

____

Wie möchte ich reagieren?

Einer meiner Lieblingsmotivationssätze lautet: »Jedes neue Jahr wird besser als das vorherige, da ich mehr dazugelernt habe.«

Wir sollten unsere Lebenserfahrung nutzen, um jedes Jahr zu einem besseren zu machen. Denn jedes Jahr lernst du etwas mehr über dich selbst und über deine Vorstellung eines glücklichen Lebens. Wie lernst du mehr über dich? Indem du Fehler machst, Rückschläge erlebst, wieder aufstehst, siegst und neue Erfahrungen und somit neue Erkenntnisse machen kannst. So kann jedes kommende Jahr nur besser werden, weil du mehr gescheitert bist, mehr Siege verbuchen konntest und dadurch intelligenter geworden bist.

Stell dir dazu folgende Fragen:

Was empfinde ich bei diesem Satz? Wo hat dieser Satz seinen Wahrheitsgehalt bereits in meinem Leben bewiesen?

Jeder Fehler macht dich intelligenter.

Hab keine Angst vor der Zukunft. Sieh die Zukunft als das Beste, was dir passieren kann. Denn die Zukunft kannst du beeinflussen: Im Hier und Jetzt legst du die Grundpfeiler, die Vergangenheit hat dich lernen lassen. Wirst du jedes Jahr schlechtere Entscheidungen treffen oder bessere? Wirst du nächstes Jahr mehr über dich wissen oder weniger? Wirst du versuchen, das nächste Jahr besser zu gestalten oder schlechter? Glaubst du, dass die Zukunft etwas Schönes ist, oder bereitet dir dieses Wort Angst und Unbehagen?

Stell dir dazu folgende Fragen:

Was empfinde ich beim Wort »Zukunft«?

Welche Gedanken lösen diese Gefühle aus?

____

____

Sind diese Gedanken wahr? Warum? Warum nicht?

____

____

Was ist das Positive an einem »Fehler«?

____

____

Jedes Jahr lässt dich Neues lernen, über dich, über die Welt, deine Stärken, Vorlieben, Bedürfnisse und Beziehungen. Dieses neue Wissen ermöglicht es dir, jedes weitere Jahr auf dieser Erde mehr nach deinen persönlichen Vorstellungen zu gestalten und führt dich näher an ein erfülltes Dasein.

Dankbarkeit

In deinem Leben wird es immer Rückschläge geben sowie zahlreiche Fehler, die du auf deinem Weg noch machen wirst. Wir können diese nicht aus unserem Leben verbannen, wir können nur unsere Sichtweise ändern, damit es uns damit besser geht. Wir können uns bewusst entscheiden, das Positive daran zu sehen, damit wir nicht gelähmt, ohnmächtig oder tieftraurig werden. Dankbarkeit für die Fehler, die wir machen, und für die Rückschläge, die wir erleben, hilft, um diese annehmen zu können und unseren Fokus auf den Lerneffekt zu richten.

Wenn dein Nagel einreißt, sei dankbar dafür, dass du deine Hand noch hast. Wenn dein Rücken schmerzt, sei dankbar, dass du nicht im Rollstuhl sitzt. Wenn dir ein Glas hinunterfällt, sei dankbar, dass noch acht weitere da sind. Wenn du dich über deine neue Frisur aufregst, weil dein Friseur diese versaut hat, sei froh, dass du Haare hast, denn ein Krebspatient kann sich nicht über seine Haare aufregen. Wenn dein Knie schmerzt, sei froh, dass du Beine hast. Und wenn dir etwas weh tut, sage: »Hey, ich lebe noch!« Sei dankbar für das Dach über deinem Kopf, für die saubere Kleidung, die du trägst, das Wasser, das du unbegrenzt zur Verfügung hast. Sei dankbar für deine zwei gesunden Hände, die dir täglich den Alltag erleichtern, auch wenn sie dich manchmal in Schwierigkeiten bringen. Sei dankbar für deine zwei gesunden Füße, die dich in schon manch unangenehme Situation gebracht haben, denn andere haben diese zwei gesunden Füße nicht, um einem Fehler zu entkommen.

Auch wenn du finanzielle Schwierigkeiten hast, sei dankbar, dass du dir mehr als einen Sack Reis zum Essen leisten kannst. Oder würdest du lieber dein Problem tauschen wollen? Sei froh, dass dein Fokus nicht auf dem Überleben liegt und du dich mit dir und deinen Wünschen auseinandersetzen kannst, auch wenn nicht alle deine Wünsche in Erfüllung gehen. Sei froh, dass du Familie und Freunde hast, die dir beistehen, auch wenn du dich ab und zu einsam und allein fühlst oder dein Vertrauen missbraucht wird. Sei dankbar für jede Erfahrung, die dich hat lernen lassen und zu dem Menschen gemacht hat, der du heute bist.

Gehe in dich und liste auf, wofür du in deinem Leben dankbar bist. Führe dir diese Liste in Momenten der Unzufriedenheit vor Augen. Notiere deine Dankbarkeit genau für Dinge, die dich ärgern, belasten, aufreiben oder einschüchtern. Auch hier gibt es positive Aspekte, für die du dankbar sein kannst. Ergänze diese Liste, wenn etwas schiefläuft, mit deiner Dankbarkeit für das, was abseits des Fauxpas da ist, um deinen Fokus vom Negativen wegzulenken. Du wirst sehen, wie schnell sich deine Gefühlslage ändern wird. Starte mit den Worten: »Ich bin dankbar für ...«

____

____

____

____

Akzeptanz und Dankbarkeit sind die zwei Erfolgsgaranten für Glück und Zufriedenheit.

Viel zu oft entschuldigen wir uns, anstatt »Danke« zu sagen. Anstelle von: »Entschuldigung, dass ich zu spät bin«, kannst du sagen: »Danke, dass du auf mich gewartet hast.« Anstelle von: »Entschuldigung für den Fauxpas« – »Danke für diese lehrreiche Erfahrung.« »Entschuldigung, dass ich dir wehgetan habe« – »Danke für die Erkenntnis, dass ich dir damit Schmerzen zugefügt habe«, »Entschuldigung, das habe ich vergessen« – »Danke für deine Geduld und die Verantwortung, die du mir zutraust.« Allein die Veränderung der Satzstellung, beginnend mit dem Wort »Danke«, verändert sowohl deinen Fokus als auch den Fokus deines Gegenübers und wird damit eure Gefühle ändern. Du selbst kannst dich durch Dankbarkeit neu definieren, ruhiger, zufriedener und entspannter werden. Du wirst mit Fehlern und Rückschlägen besser umgehen können und daraus sogar Energie schöpfen.

Formuliere deine »Entschuldigungssätze« um und starte mit dem Wort »Danke«!

____

____

____

____

____

____

____

____

Was Eltern in Kindern sehen

Ab einem gewissen Punkt im Leben verlässt man das Elternhaus und jeder muss für sich selbst sorgen und wird so zu seinem eigenen »Elternteil«. Ob dies Aufforderungen sind wie »Jetzt räum deine Wohnung auf«, »Sei pünktlich«, »Verhalte dich gut« bis hin zu »Alles wird gut«, »Du bist gut genug, so wie du bist«, »Wir werden dich immer lieben« – Eltern haben die Aufgabe, uns bei der Entwicklung zu helfen und uns andererseits Sicherheit, Anerkennung und Mut zu geben.

Viele meinen, man sollte mit sich selbst wie mit einem guten Freund sprechen. Ich bin der Meinung, dass man bei guten Freunden oft zu wenig »ehrlich« ist. Meiner Meinung nach sollten wir uns selbst wie unser eigenes Kind behandeln. Stets liebevoll und fürsorglich, aber auch konsequent, ehrlich und fordernd.

Was wir jedoch auf keinen Fall machen dürfen, was aber leider in vielen Familien Alltag ist, ist der Entzug von Liebe, wenn wir Fehler machen. Wir haben nur ein Leben, einen Körper und können hier nicht heraus. Wir verdienen bedingungslose Liebe, die wir uns eben nicht verdienen müssen und die uns auch nicht weggenommen werden sollte, wenn wir uns nicht perfekt verhalten. Oft, wenn wir glauben, uns nicht richtig verhalten zu haben oder nicht gut genug gewesen zu sein, dann bestrafen wir uns selbst. Wir können uns in diesem Moment nicht lieben. Stell dir vor, du bist zehn Jahre alt und mitten in einem Tennisspiel. Du gibst dein Bestes, jedoch verlierst du haushoch gegen deinen Turnierpartner. Du bist tieftraurig. Deine Mutter würde zu dir kommen und dich aufmuntern. Sie möchte, dass es dir gut geht, und gibt dir in genau solchen Momenten noch mehr Liebe und Zuneigung als sonst. Genau hier liegt das Problem. Wenn es anderen schlecht geht, sind wir zur Stelle und kümmern uns um die Person. Jedoch kümmern wir uns nicht um uns selbst, wenn wir es brauchen. Wir neigen dazu, uns zu bestrafen, kleinzumachen und die Liebe zu entziehen. Da wir als erwachsene Person die Eltern nicht tagtäglich an unserer Seite haben, die uns aufheitern und Mut zusprechen, haben wir nur uns selbst. Wir müssen uns selbst um uns und unser Wohlbefinden kümmern. Und wenn es uns schlecht geht, weil wir Fehler gemacht haben, dann verdienen wir umso mehr (Selbst-)Liebe. Wir sind auf Kinder auch nicht böse, wenn sie Fehler machen, da sie ja noch lernen. Da wir aber ein Leben lang lernen, werden wir auch ein Leben lang Fehler machen. Deshalb sollten wir uns selbst wie unser eigenes Kind behandeln und uns selbst die Liebe zusprechen, die wir in diesen Situationen benötigen.

Ein wichtiger Teil des Elternseins betrifft Ermutigung. Es ist wichtig, dass wir uns selbst Mut zusprechen, wenn wir unser Elternhaus verlassen. Eine Mutter sagt zu ihrem Kind: »Wie toll du schon laufen kannst!«, obwohl das Kind noch nicht läuft. »Schau, wie toll du schon essen kannst!«, obwohl die Hälfte des Essens nicht im Mund landet. »Schau, wie toll du schon sprechen kannst!«, obwohl es kaum verständliche Worte sagt. Viele Kinder hätten die Schule am liebsten geschmissen, wenn nicht ein Elternteil immer wieder ermutigend beiseitegestanden wäre und uns wie ein Cheerleader bei einem Footballspiel mit wedelnden Pompons angefeuert hätte. Unsere Eltern waren unsere größten Fans. Nun müssen wir selbst unsere größten Fans sein.

Sieh in dir und auch in anderen, was sie sein können, und verurteile sie nicht dafür, wo sie aktuell stehen. Ob es die Beziehung zu dir selbst ist, zu deinem Partner oder zu einem Freund – sieh das Gute, fördere dich (sie), ermutige dich (sie) und sei für dich (sie) da.

Eltern sehen in Kindern das, was sie sein können, und nicht das, was sie aktuell sind.

Die einzige Person, die dich dein ganzes Leben lang begleiten wird, bist du selbst. Du bist deine große Liebe. Du wirst dich niemals loswerden. Du kannst dich verurteilen, hassen oder beschuldigen, aber du musst nach wie vor dieser Person im Spiegel in die Augen sehen. Die Beziehung zu dir selbst kann harmonisch sein, liebevoll, großzügig oder auch hasserfüllt, zerstörerisch und ein nie endender Kampf. Du kannst dein größter Gegner sein, der jeglichen Sieg und Erfolg kleinmacht und am Boden zertrampelt, oder dein Fan, der dich ermutigt, lobt und stärkt.

Sprich mit dir selbst wie mit deinem eigenen Kind. Welchen Rat, welche Ratschläge, würde ich mir – als Elternteil von mir selbst – geben?

Wie könnte ich mich als Mutter/Vater loben?

Wo würde ich mich als Mutter/Vater ermahnen?

Übung: Fehler machen

Grundsätzlich sind Fehler nicht das Problem. Das Problem lösen wir selbst aus, da wir den Fehler unserem menschlichen Versagen zusprechen und wir unzufrieden mit uns selbst sind. Die Angst, Fehler zu machen, ist vor allem die Angst vor der Bewertung anderer Menschen. Dies ist einer der weitverbreitetsten Angst- und Stressauslöser. »Was könnte der von mir denken?«, beeinflusst das Handeln der meisten Menschen und löst einen Kreislauf von negativen Gedanken über negative Gefühle bis hin zu einem eingeschüchterten, entmutigten Verhalten aus.

Die Angst, Fehler zu machen, fällt unter »soziale Phobie« – die Angst, von Menschen, sozialen Wesen, bewertet zu werden. Die Versagensangst bei Prüfungen, die Angst, vor größerem Publikum zu sprechen, oder auch die Angst, negativ aufzufallen, sind Paradebeispiele dafür. Soziale Phobie ist weitverbreitet und kann mit diversen Übungen minimiert oder sogar komplett abgelegt werden. Auch hier entsteht diese Angst durch negative Erfahrungen in der Vergangenheit (siehe Kapitel »Ängste überwinden – Lernen«). Dies können Situationen sein, die einmal eine starke emotionale Reaktion ausgelöst und sich durch ständige Vermeidung zu Angst oder auch Panik gesteigert haben. Wichtig ist hierbei, regelmäßig zu reflektieren, die richtigen Fragen zu stellen, Zusammenhänge zu erkennen und eine

Menge Mut zu haben, um neue, positive Erfahrungen machen zu können. Denn der Weg aus der Angst führt durch die Angst hindurch.

Das bedeutet: Um Ängste zu überwinden, muss sich jeder seiner Angst stellen. Dies sollte schrittweise erfolgen, um nicht noch weitere negative Erfahrungen zu sammeln oder die abgespeicherten, bewussten oder unbewussten Glaubenssätze noch weiter zu verstärken. Das Ziel ist es, zu beweisen, dass die Vorstellungen in unserem Kopf unwahr sind und die Angst deshalb unbegründet ist. Aus diesem Grund sollten die Übungen nur gemacht werden, wenn du dir diese in Gedanken vorstellen und sie ohne starke körperliche Reaktionen aushalten kannst (siehe »Entkatastrophisieren«). Nachdem du dies zehn- bis zwanzigmal gedanklich durchgespielt hast, kommt die Umsetzung in der Realität. Auch hier kannst du anfangs Vertraute mitnehmen und dir langsam immer etwas mehr zumuten.

Wichtig ist, dass du die Übung nicht bei den ersten »Warnzeichen« abbrichst. »Exposition«, das Aussitzen der Angst, soll so lange erfolgen, bis die Angst abnimmt. Denn Angst steigt immer nur bis zu einem bestimmten Punkt an und fällt dann schlagartig von einer auf die andere Sekunde ab. Und genau darauf solltest du warten.

*Bewusst Fehler zu machen,
verändert die Bedeutung von Fehlern.*

Bewusst Fehler zu machen, verändert ihre Bedeutung. Fehler verlieren durch Absicht die Wichtigkeit und Schwere, die in ihnen liegt. Somit beweist uns das, dass es nicht an der Tätigkeit liegt, wenn wir uns schlecht fühlen, sondern daran, was wir dabei denken. Deshalb müssen wir nur einen anderen Umgang mit Fehlern erlernen. Denn ein perfektes Leben ohne Fehler existiert nicht.

Male in den ersten Kasten einen Strich, ohne Hilfsmittel, nur mit deiner Hand. Der Strich soll so gerade wie möglich sein. Du hast drei Versuche, um einen perfekten, ebenmäßigen, geraden Strich zu zeichnen.

Male in diesen Kasten einen Hasen. Dieser Hase soll der schönste Hase sein, den du malen kannst!
Bemühe dich und stell dir vor, dass dieser von anderen Menschen benotet wird.

Stell dir dazu jetzt folgende Fragen:

Wie viel Spaß hat mir diese Übung gemacht? 1 (sehr viel Spaß), 5 (überhaupt keinen Spaß)

1	**2**	**3**	**4**	**5**

Wie sehr haben mich meine Fehler gestört? 1 (sehr), 5 (überhaupt nicht)

1	**2**	**3**	**4**	**5**

Wie habe ich mich bei diesen Aufgaben gefühlt? Welche Gedanken gingen mir durch den Kopf?

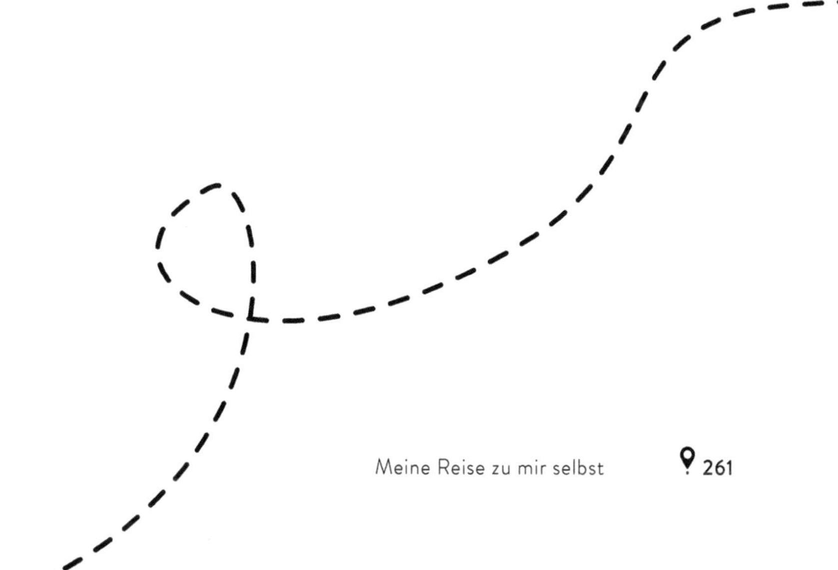

Nun zeichne einen nicht perfekten Strich. Er soll nicht gerade sein und nicht perfekt. Mache absichtlich so viele Fehler wie möglich.

Nun zeichne den hässlichsten Hasen, den du jemals gezeichnet hast.

1)

2)

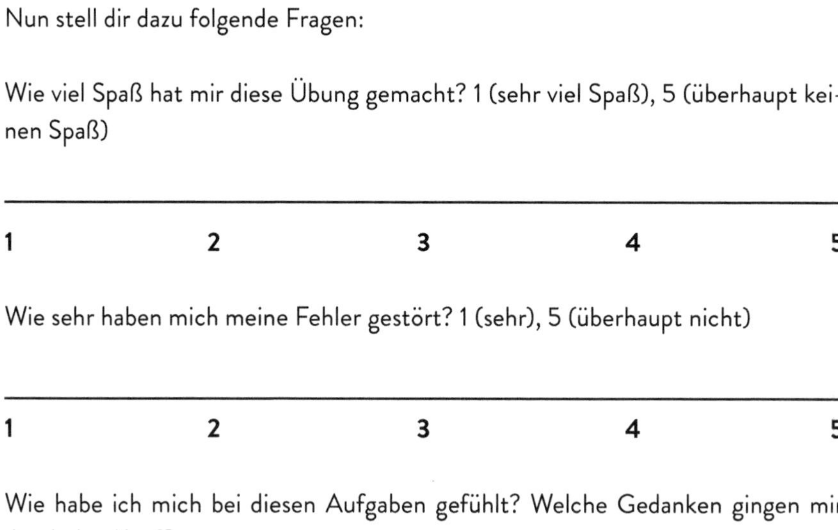

Nun stell dir dazu folgende Fragen:

Wie viel Spaß hat mir diese Übung gemacht? 1 (sehr viel Spaß), 5 (überhaupt keinen Spaß)

1	2	3	4	5

Wie sehr haben mich meine Fehler gestört? 1 (sehr), 5 (überhaupt nicht)

1	2	3	4	5

Wie habe ich mich bei diesen Aufgaben gefühlt? Welche Gedanken gingen mir durch den Kopf?

Genau dieselbe Übung könnten wir nun beim Zeichnen einer Giraffe machen, beim Malen eines Hauses, eines perfekten Dreiecks oder beim Basteln eines Servietten-Schwans. Plötzlich, wenn wir bewusst Fehler machen, darauf achten, nicht perfekt zu sein, verlieren Fehler ihre Bedeutung. Fehler stören uns nicht, wenn wir sie absichtlich machen, da Fehler für uns negativ sind, weil sie aufgrund der Angst vor der Bewertung anderer entstehen. Wenn wir absichtlich etwas falsch machen, nimmt diese Absicht jeglicher Kritik den Wind aus den Segeln.

Außerdem macht plötzlich alles unheimlich Spaß, da wir uns nicht auf Fehler konzentrieren und rein die Freude an der Sache selbst genießen. Wenn du beim Poledance nicht auf die Fehler achtest, sondern nur darauf, Spaß zu haben, wirst du dich anders fühlen und geben.

Stell dir dazu folgende Frage:

Was lerne ich daraus?

____

____

____

____

____

Genau wie der Angst müssen wir uns unseren Fehlern stellen. Du wirst sehen, wie unbedeutsam Fehler werden, wenn du einen Tag lang so viele davon wie möglich machst. Verschütte bewusst Kaffee, mache absichtlich keine geraden Striche, richte dein Essen ganz bewusst nicht schön an, schneide mit voller Absicht ungerade. Versuche, so weit wie möglich den Papierkorb zu verfehlen, ziehe dich so unvorteilhaft wie möglich an, kleckere so viel wie möglich beim Essen und rechne so falsch wie möglich. Allein beim Durchlesen wirst du leicht geschmunzelt haben. Das Gefühl, welches wir normalerweise beim Fehlermachen empfinden, bleibt aus, wenn wir diese bewusst machen. Deshalb lass uns Fehler machen, üben und dabei lernen, dass das weder deine Fähigkeiten und Talente infrage stellt noch schlimme Konsequenzen haben muss. Wir starten mit leichteren Übungen zu Beginn und steigern uns dann.

Basteln/Malen

Nimm dir vor, etwas zu basteln (Papierflieger, Origami ...), etwas zu zeichnen oder zu singen, und versuche dies so schlecht wie möglich, mit so vielen Fehlern wie es nur geht zu machen. Du wirst sehen, wie viel Spaß du am Fehlermachen bekommst und wie gut es sich anfühlt, keine Ansprüche erfüllen zu müssen. Auch wenn du Fehler machst, wirst du bemerken, dass das Ergebnis trotzdem brauchbar ist und nicht so schlecht wie erwartet. Vielleicht kommst du dadurch sogar auf noch bessere, unerwartete Ergebnisse. Zum Beispiel habe ich einem Kind einen Modellierluftballon gegeben, mit dem normalerweise Luftballontiere gemacht werden. Der

Bub hatte noch nie ein Tier aus einem Luftballon gebastelt. Ich ließ ihn machen.Das Ergebnis war ein im Schneidersitz meditierender Buddha. Das Kind hat es einfach versucht und durch das Probieren ohne Kenntnis darüber, was »richtig« ist, ohne Erwartung und Anspruch, etwas komplett Neues entwickelt. Hätte der Junge sich gedanklich auf die Fehler konzentriert und darauf, dass er keine Ahnung hat, dann hätte er aufgegeben und mich machen lassen. Ich habe ihn jedoch ermutigt, Fehler zu machen, es einfach zu versuchen und zu sehen, was passiert (Entdecker sein).

Kochen

Weg vom Perfektionismus, hin zum Experiment! Leg die Anleitungen von den Experten zum perfekten Menü weg und mach einfach das, was du dir denkst. Durch das Experimentieren lernst du mehr über das Kochen als beim Befolgen von Anweisungen (so wäre es auch in der Schule vorteilhaft – bevor du den Plan eines Gebäudes auswendig lernst, lass die Kinder durch das Gebäude gehen).

Auch hier wirst du, sobald du es akzeptiert hast, dass du Fehler machen könntest, sehr viel Freude daran haben. Solltest du dir jetzt denken, ‚so ein Blödsinn', zeigt dies, dass es für dich nach wie vor nur eine richtige, perfekte Lösung gibt und in deinem Leben nur wenig Akzeptanz für »Unperfektes« ist.

Anlächeln

Wir wollen lernen, dass Menschen uns nicht sofort »schlecht« bewerten. Wir wollen sehen, dass wir keine Angst vor der negativen Bewertung anderer Menschen haben müssen. Lächle auf der Straße, in der U-Bahn, im Bus wildfremde Menschen an. Versuche so zu lächeln, dass diese zurücklächeln. Mache dies öfter, bis du die Sicherheit bekommst, dass ausreichend Menschen dein Lächeln erwidern. Wenn du diese Übung beginnst, höre erst auf, wenn jemand zurück gelacht hat, ansonsten speicherst du diese Erfahrung als negativ ab. Die Schlagzahl wird dich jedoch an dein Ziel führen und lässt dich dieses Experiment positiv beenden. Ein nicht erwidertes Lächeln kann nämlich unangenehm sein und lässt viele zum Schluss kommen: »Ich habe mich falsch verhalten. Meine Handlung war ein Fehler.« Das stimmt jedoch nicht. Lerne, das zu tun, was du für richtig hältst, und lasse dich nicht von den Reaktionen anderer Menschen beeinflussen oder dir einreden, dass du etwas falsch machst. Immer, wenn du tust, was du fühlst, machst du es richtig.

Wenn du dies oft genug machst, wirst du selbst sehr viel Freude verspüren. Du wirst Freude verschenken und Menschen, die dir nicht positiv gesinnt sind, werden dich nicht mehr so stark negativ beeinflussen. Dabei wirst du lernen, dass andere dich nicht sofort verurteilen, weil du nicht mehr das Gefühl hast, dass dich jeder sofort schlecht bewertet. Wir stärken also nicht nur deine Fehlertoleranz, sondern auch dein Selbstbewusstsein.

Uhrzeit

Frage freundlich aussehende, entspannte Menschen auf der Straße oder auf öffentlichen Plätzen nach der Uhrzeit. Du wirst merken, dass Fremde durchaus sehr positiv auf dich reagieren. Du wirst merken, dass du nicht störst und sie sich freuen, wenn sie dir helfen können. Setze dir ein Ziel, damit du stolz auf dich sein kannst. Zum Beispiel könnte dieses lauten: Ich spreche zehn Menschen an. Reflektiere danach, was gut lief und was nicht. Reflektiere auch, wann du dich bei dieser Übung wie gefühlt hast und warum.

Im Weg sein

Gehe einen Weg entlang und bleibe ganz bewusst mitten auf der Straße oder auch einer Treppe stehen, sodass du im Weg bist. Lerne, damit umzugehen, zu stören und unerwünscht zu sein. Es ist unangenehm, aber es wird dir nach der Zeit gleichgültig werden. Wenn du stehen bleibst, kannst du einen guten Grund vorschieben, wie zum Beispiel ein Telefonat zu führen, oder einen merkwürdigen Grund, wie zum Beispiel ein Buch zu lesen (JA, mitten auf der Straße!). Hier lautet die Devise: Aushalten. Setze dir ein Zeitlimit, zum Beispiel eine Minute. Beim nächsten Mal setzt du dein Zeitlimit großzügiger an: drei Minuten. Und so weiter. Auch hier ist es essenziell, dass du die Situation später im Kopf noch mal durchgehst und ganz genau auf deine Gedanken, Gefühle und ausgelösten Reaktionen achtest. Du wirst auch bemerken, dass deine Vorstellung der Situation sowie die Reaktion der Menschen in deiner Fantasie viel schlimmer, schrecklicher und angsteinflößender war als die Realität. Bestimmte Gedanken nicht ernst zu nehmen, bestimmte Gefühle auszuhalten und bestimmte Reaktionen zu unterlassen oder zu ändern, können neue Ziele werden.

Wechselgeld

Du gehst in einen Supermarkt, räumst den Wagen bis zum Rand voll, als würdest du einen Einkauf für eine fünfköpfige Familie machen. Du reihst dich in die Schlange bei der Kasse und legst deine Einkäufe auf das Band. Wenn du bezahlen sollst, stellst du fest, dass du dein Geld vergessen hast. Unter der Beobachtung mehrerer fremder Menschen sowie des Supermarktpersonals musst du, ohne etwas mitzunehmen, den Laden verlassen. Zugegeben, diese Übung ist herausfordernd. Das ist sie aber auch nur, weil dir nach wie vor wichtig ist, was andere Menschen über dich denken. Fehler sind nicht schlimm, sie sind neutrale Situationen oder Ergebnisse. Deine Bewertung sowie die Bewertung anderer Menschen erzeugen diese unangenehmen Gefühle. Hat es wirklich Bedeutung, was Fremde denken? Glaubst du tatsächlich, dass diese Menschen keine größeren Probleme haben, die sie beschäftigen? Und auch wenn sie über dich reden sollten, zeigt das nur, dass du bzw. dein Fauxpas interessanter ist als ihr gesamtes derzeitiges Leben. Dann hast du sie zumindest unterhalten und ihnen den Tag versüßt.

Es gibt auch mögliche »Light«-Varianten: Du kannst nur Kaugummi kaufen und dein Geld vergessen. Du kannst zu wenig Geld eingesteckt haben und nur einen Artikel zurückgeben.

Vordrängeln

Auch hier findet die Übung im Supermarkt statt. Du räumst den Einkaufswagen voll. An der Kasse bittest du trotz gut gefülltem Wagen, vorgelassen zu werden. Dies ganz ohne Begründung. Wenn jemand fragt, antworte: »Es ist sehr, sehr wichtig. Ich bitte Sie!« Ohne triftige Begründung und obwohl dies eindeutig nicht »fair« ist, bittest du um Vorlass.

Sollte es dir sehr unangenehm sein, dann verwende einen bedeutsamen Grund wie Eile, Notfall etc. Wenn du einen Grund anführst, steigen die Chancen, vorgelassen zu werden, jedoch wollen wir lernen, mit der Abweisung klarzukommen. Egal ob die Antwort Ja oder Nein ist, du musst die Situation bis zum Bezahlen aushalten und spürst die Augen auf dir. Ziel ist es, ganz nach vorn zu kommen und jeden vor dir in der Schlange anzusprechen, damit du nach vorn darfst.

Mögliche »Light«-Variante: Nur mit Kaugummi (bzw. einer Kleinigkeit) bitten, vorgelassen zu werden.

Fehler verlieren die Bedeutung, wenn du sie bewusst machst.

Egal ob du Probleme im Umgang mit Fehlern hast oder nicht, diese Übungen durchzumachen, wird dir viele Erkenntnisse über dich selbst und das Leben bringen. Es wird dir zeigen, wie wichtig dir die Meinung fremder Personen ist, wie wichtig für dich Akzeptanz in der Gruppe ist und wie sehr du dich als angepasster Teil der Gesellschaft sehen möchtest. Du wirst auch lernen, dass unangenehme Gefühle nicht wehtun, dass du stark bist und derartige Situationen aushalten kannst. Du wirst selbstbewusster und toleranter Fehlern gegenüber werden.

Anders zu sein, aufzufallen und aus der Reihe zu tanzen, ist nach wie vor ein Kampf. Trotz immer größer werdender Akzeptanz von Religionen, Hautfarben, Homosexualität etc. haben diese Minderheiten zugehörigen nur allzu oft ein unfreiwilliges Selbstbewusstseinstraining. Wenn sie sich fast tagtäglich den Blicken und dem Gerede anderer stellen können, warum nicht auch du?

Wähle mindestens drei »Fehlermachen-Aufgaben« aus (gern auch mehr), die du in den nächsten fünf Tagen versuchen wirst. Schreibe dir diesen Termin fix auf, damit du es auch durchziehst, und notiere deine Erkenntnisse in den folgenden Zeilen.

Versuche dabei, genau auf deine Gedanken – vor, während und nach Durchführung der Übung – zu achten. Sei wertfrei, urteile nicht, sondern beobachte und fühle. Mache Erfahrungen und lerne.

Übung 1

Übung 2

Übung 3 ___

___

___

___

___

___

___

___

___

Kenne deinen Wert

Der Sohn kam betrübt von der Schule nach Hause. Er hatte eine Präsentation gehabt und weil er so nervös gewesen war, hatte er gestottert und die Hälfte vergessen. Deshalb hatte er ein »Nicht genügend« für diese Aufgabe bekommen. Er war traurig und enttäuscht von sich selbst. »Mama, ich werde das niemals können! Ich möchte im Boden versinken und nie wieder in die Schule gehen!« Die Mama redete auf den Sohn ein und versuchte, ihn zu beruhigen. Der Sohn hörte nicht auf, von seinen Schwächen und Unzulänglichkeiten zu sprechen. Immer wieder beschimpfte er sich selbst.

Da holte die Mama einen 50-Euro-Schein heraus. »Möchtest du ihn haben?« Der Sohn sah sie verdattert an. »Na klar, Mama!« Die Mutter faltete ihn zusammen. »Möchtest du ihn noch immer?« »Klar!«, antwortete der Sohn. Die Mutter zerknüllte den Schein. »Noch immer?«, fragte die Mutter ihren Sohn. Der Sohn bejahte. Die Mutter warf das Geld auf den Boden und sprang darauf herum.

»Was ist jetzt? Möchtest du die 50 Euro noch immer haben?« »Aber sicher doch, Mama! Er hat nach wie vor denselben Wert!« »Genau«, antwortete die Mutter.

»So ist das auch mit dir. Dein Wert verändert sich nicht, wenn du am Boden liegst oder mal einen Knacks abbekommen hast. Du bist nach wie vor mein Sohn und ich liebe dich, egal was du kannst oder auch nicht. Du bist nach wie vor wertvoll, toll, besonders, talentiert und großartig – egal, ob du eine gute oder schlechte Note schreibst, ob du die Aufgabe perfekt bewältigt hast oder Fehler gemacht hast. Dein Wert bleibt derselbe, genauso wie der Wert dieses Geldscheins gleich bleibt.« Der Sohn sah sie eine Zeit lang mit großen Augen an, man sah, dass es in seinem Kopf arbeitete. Er schluckte. »Danke, Mama, ich verstehe nun, was du meinst. Ich bin vor der Präsentation und nach der Präsentation noch 50 Euro wert.« Die Mutter lachte, küsste ihren Sohn auf die Stirn und nahm ihn in den Arm.

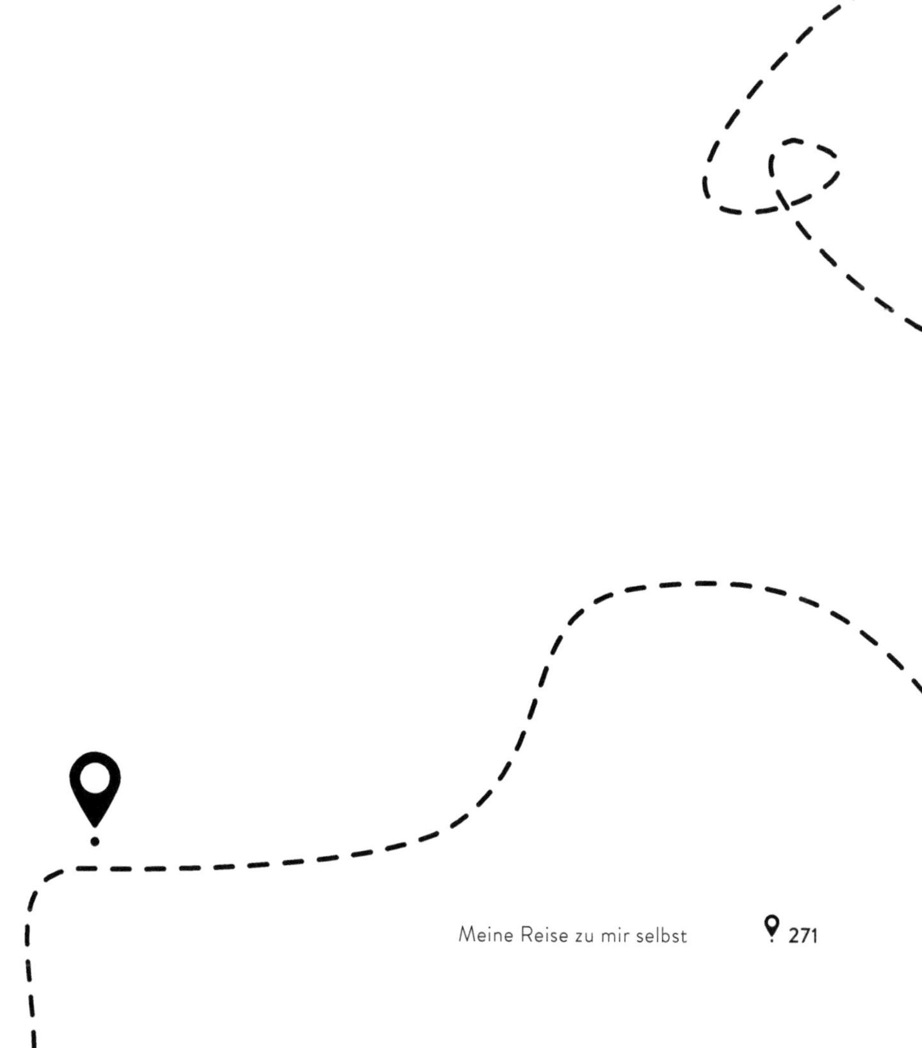

Lebensqualität

Frage zehn Menschen, was für sie Lebensqualität bedeutet, und du wirst zehn unterschiedliche Antworten erhalten. Lebensqualität ist ein Sammelbegriff für all jene Faktoren, welche die positiven Lebensbedingungen in einer Gesellschaft für deren Mitglieder ausmachen. Üblicherweise versteht man unter der Qualität des Lebens vor allem den Grad des subjektiven Wohlbefindens einer einzelnen Person oder einer Gruppe von Menschen. Jedoch hat die Weltgesundheitsorganisation (WHO) sechs Dimensionen festgestellt, welche maßgeblich die Lebensqualität bestimmen. Das bedeutet, auch wenn zehn Menschen unterschiedliche Antworten geben, gibt es in Wirklichkeit sechs Punkte, die das Wohlbefinden und somit die Qualität des Lebens steigern. Lebensqualität ist unabhängig von Alter, Geschlecht und Kultur. Wir haben also weltweit dieselben Parameter, wenn es um ein glückliches Leben geht. Folgende Punkte sind vom Deutschen bis hin zum Araber identisch:

- Körperliches Wohlbefinden
- Seelisches Wohlbefinden
- Selbstbestimmung
- Soziale Beziehungen
- Lebensbedingungen
- Sinnerfüllung

Wir Menschen sind keine schwarzen Löcher, die grundlos Gefühle und Verhalten zeigen. Wenn wir wissen, was es für ein erfülltes Leben braucht, können wir die Faktoren finden, die der Grund sind, warum wir uns (nicht) gut fühlen. Vor allem, wenn wir uns unrund fühlen, sollten wir die sechs Dimensionen der Lebensqualität durchgehen, um herauszufinden, woher dieses Gefühl kommt, und um anschließend Maßnahmen treffen zu können, um diese Aspekte zu verbessern.

Lerne dich selbst besser kennen und erkenne die Zusammenhänge, damit du genau auf allen sechs Ebenen der Lebensqualität punkten kannst, um dich noch zufriedener zu fühlen.

Lebensqualität bedeutet weltweit dasselbe.

Im angeführten Test kannst du selbst deine Lebensqualität bestimmen und dir ein Bild über deine Gesamtzufriedenheit machen. Dem Thema »Selbstbestimmung« (siehe Punkt 3) habe ich ein eigenes Kapitel im Buch gewidmet.

Selbsttest

Vorab, bevor du den Test machst, möchte ich, dass du auf dein Bauchgefühl hörst. Wie würde ich meine Lebensqualität auf einer Skala von 1 (sehr gut) bis 5 (schlecht) aktuell einschätzen?

1 2 3 4 5

	1 sehr gut	2 gut	3 mittel	4 mäßig	5 schlecht
Körperliches Wohlbefinden					
Ernährung					
Schlafqualität					
Freisein von körperlichen Beschwerden					
Energie & Vitalität					
Freiheit von Sucht					
Seelisches Wohlbefinden					
Genussfähigkeit					
Glücksgefühle					
Aussehen					

	1 sehr gut	2 gut	3 mittel	4 mäßig	5 schlecht
Selbstakzeptanz					
Selbstliebe					
Entspannung					
Gedächtnisleistung					
Selbstbestimmung					
Arbeitszufriedenheit					
Aktivität					
Anpassungsfähigkeit & Flexibilität					
Durchsetzungskraft					
Kontrolle					
Selbstvertrauen					
Soziale Beziehungen					
Freundschaft					
Partnerschaft					
Positive sexuelle Erlebnisse					
Lebensbedingungen					
Wohnen					
Finanzen					
Freizeit					
Bildung & Wissen					
Umwelt					

	1 sehr gut	2 gut	3 mittel	4 mäßig	5 schlecht
Sinnerfüllung					
Ziele					
Werte					
Lebenseinstellung					
Erfolgserlebnisse					
Anerkennung & Lob					

Jetzt stell dir dazu folgende Fragen:

Wie sehr weicht mein Bauchgefühl (Frage vor dem Test) von dem Ergebnis der wissenschaftlichen Kriterien ab?

____

1 **2** **3** **4** **5**

Welche Aspekte habe ich ausgeblendet und warum?

____

____

____

Im nächsten Schritt bitte ich dich, alle Punkte, die eine 4 und 5 erhalten haben, aufzuschreiben. Dann notiere dir daneben, welche Maßnahmen notwendig sind, um diese zu verbessern. Mache dir im nächsten Schritt Gedanken, was der Veränderung im Weg stehen könnte, um mit einem Plan an die Sache heranzugehen und nicht unvorbereitet auf Herausforderungen zu stoßen. Damit du genügend Umsetzungs- und Willensstärke erlangst, um diesen Weg zu beschreiten, finde deine Motivation (siehe Kapitel »Warum tust du, was du tust« und »Sinnfindung«). Halte schriftlich fest, welche Vorteile es hat, dieses Ziel zu erreichen. Wenn du diese

Schritt-für-Schritt-Anleitung befolgst, kannst du nicht nur deine Lebensqualität verbessern, sondern auch in anderen Bereichen mit dieser Fragetechnik Probleme lösen, Herausforderungen bewältigen und Träume in die Tat umsetzen.

Welche Oberkategorie hat am meisten Punkte bekommen?

Welche Oberkategorie hat am wenigsten Punkte bekommen?

Welche einzelnen Unterpunkte haben 4 (mäßig) oder 5 (schlecht) erhalten?

Welche Maßnahmen sind notwendig, um meine Lebensqualität zu verbessern?

Was behindert eine Veränderung?

Welche Vorteile (welchen Nutzen) habe ich durch eine Veränderung?

Wie fühle ich mich durch die Veränderung?

Wenn du diese Fragen ausführlich beantwortet hast, ist es an der Zeit, einen Plan aufzusetzen, um aktiv in die Veränderung zu kommen. Sollten mehrere Ebenen stark beeinträchtigt sein und du möchtest an all diesen Ebenen arbeiten, starte langsam. Nimm dir die Zeit und versuche, dich auf die drei wichtigsten zu konzentrieren und diese umzusetzen.

	Aktuell	Ziel	Maßnahme	Warum mache ich das? (Nutzen)	Wann? Wie? Wie oft?	Erfolge
Körperliches Wohlbefinden: Schlafqualität	4	3	...	...	...	...

Bitte beachte, dass du nicht zu streng mit dir selbst bist. Veränderungen zu bewirken, ist nicht leicht. Neue Situationen verursachen Unbehagen. Lobe dich für jede kleine Veränderung, die du erreichst, und teile sie mit deinen Freunden, mit deinen Liebsten, deinem Partner oder Kollegen. Dies verstärkt das positive Gefühl und erzeugt einen positiven Druck, der dich weniger schnell aufgeben lässt, da nun einige von deinem Vorhaben wissen und ihr Zuspruch dir noch mehr Motivation geben wird.

Stell dir folgende Fragen:

Wer freut sich mit mir über meine Erfolge? Wen kann ich miteinbinden?

____

____

Was könnten diese Personen zu mir sagen, wenn ich mein Vorhaben umsetze?

____

____

Was könnte ich dann über mich sagen?

____

____

Über welches Lob würde ich mich am meisten freuen?

Wie kann ich mich zwischendurch belohnen?

Warum kann ich das locker umsetzen (mind. vier Gründe)?

Deine gewählten Maßnahmen kannst du in die Tabelle eintragen. Diese und weitere Tests und Tabellen findest du im Anhang, um sie mehr als einmal für dich und dein glückliches Leben nutzen zu können.

	Aktuell	**Ziel**	**Maßnahme**	**Warum mache ich das? (Nutzen)**	**Wann? Wie? Wie oft?**	**Erfolge**

Es gibt Dinge in unserem Leben, die bereits gut laufen. Diese haben wir trainiert und können sie erfolgreich umsetzen. Im Bestfall bist du auch stolz darauf. Zuvor habe ich dir die Frage gestellt, warum du dies erreichen kannst. Welche Fähigkeiten und Stärken bringst du zur Zielerreichung mit? Worauf kannst du dich immer bei dir verlassen? Was schätzen andere an dir? Je besser du diese Fragen beantworten kannst und je bewusster du deine Stärken in dein Leben einbaust und bewusst einsetzt, umso mehr Zufriedenheit wirst du spüren (siehe Kapitel »Wer bin ich?«). Denn wenn du Dinge tust, bei denen du an dich glaubst und dir sicher bist, diese gut zu bewältigen, desto besser werden die Ergebnisse. Wenn du Dinge gut machst, wirst du selbstbewusster, da du dies als positive Erfahrung speicherst, um anschließend sagen zu können: »Das kann ich!« Wenn du selbstbewusster bist, bist du stärker, ausdauernder, belastbarer und mutiger. Wenn du mutiger wirst und deinen Fähigkeiten vertraust, wirst du in jedem Bereich deines Lebens mehr Erfolge erzielen, die dich wiederum stärken, dich besser entspannen lassen, die dir Freude schenken und Zufriedenheit.

Deshalb ist es wichtig, dranzubleiben. Das, was nicht gleich klappt, öfter zu versuchen, bis wir daran glauben, dies zu können. Wir müssen zu diesen Themen positive Erfahrungen abspeichern, damit wir den Glauben an uns (zurück)erlangen. Dies ist auch der Grund, warum man sich Ängsten stellen muss, um diese zu überwinden. Die abgespeicherte Erfahrung schreit gedanklich: »Böse. Schlecht. Angst. Weg.« Damit diese Gedanken zu »Nicht so schlimm. Ich kann das bewältigen« umgewandelt werden, müssen wir erst die positive Erfahrung dazu sammeln (siehe Kapitel »Rückschläge« und »Ängste überwinden«).

Es gibt Dinge in unserem Leben,
die bereits sehr gut laufen.

Wir brauchen Ziele. Wir brauchen Herausforderungen genauso wie Entspannung und Ruhe. Kein Mensch ist nur für das eine gemacht. Wir brauchen die Mischung aus Anspannung und Entspannung. Deshalb ist es wichtig, Phasen der Anspannung (Arbeit, Herausforderung, Hirnaktivität, Sport, Fokus, Anstrengung ...) und Entspannung (Ruhe, Gelassenheit, Kind sein, Freizeitgestaltung, Beziehungen, sinnfreie Zeit ...) zu leben. Ein Verschwimmen dieser Phasen passiert nur allzu oft im hektischen Alltag. Bis zu einem gewissen Teil ist das völlig normal und auch okay. Vermeiden wir eins von beiden nahezu komplett (z. B. ein Selbstständiger, der auch in seiner Freizeit arbeitet; ein Arbeitsloser, der nie wirklich Anstrengung verspürt, sondern Dauerlangeweile), dann führt dies zu einem trostlosen Leben, was sich sehr oft in psychischen Krankheiten, Sucht und körperlichen Beschwerden äußert.

Meist sind es Kleinigkeiten, die Symptome an der Oberfläche, die uns auffallen, ob dies Schlafstörungen, Rastlosigkeit, Verdauungsbeschwerden, Kopfweh, häufiges Erkranken, Lustlosigkeit oder Reizbarkeit sind.

Zu häufig wird dies provokant ignoriert und macht es Körper und Geist mürbe, bis der Körper so laut schreit, dass er nicht mehr zu überhören ist. Depressionen, Burn-out, Panikattacken, Zwangsstörungen, Asthma bis hin zu Herz-Kreislauf-Beschwerden und Tumoren sind die Folge. Unser Geist, unsere Gedanken, fördern diese Symptome und steuern unser Verhalten. Das ist Grund genug, um an den Parametern eines glücklichen, gesunden Lebens zu arbeiten, die unsere Lebensqualität steigern.

Balance-Modell

Ein weiteres Modell, das ein glückliches Leben verspricht, ist das Balance-Modell. Dieses möchte ich dir vorstellen, da es ein vereinfachtes, aber sehr wirkungsvolles Modell der Lebensqualität ist, das schnell jederzeit eingesetzt werden kann (im Auto, in der Mittagspause etc.) und es genau auf den Punkt bringt. Das Modell geht von vier Dimensionen aus: Körper, Kontakt, Leistung und Sinn.

- Körper/Sinne (Ernährung, Bewegung, Entspannung, Fitness, Schlaf)
- Beruf/Leistung (Beruf, Geld, Erfolg, Karriere, Wohlstand, Vermögen)
- Kontakt/Beziehungen (Freunde, Familie, Vereine, soziale Aktivitäten)
- Sinn/Zukunft (Spiritualität, Glaube, Religion, Zukunftsfragen, innere Ruhe)

Auch hier sollen zuerst die vier Bereiche bewertet werden: Wie zufrieden bin ich mit diesem Bereich? Wie viel Energie stecke ich in welche Dimension? Gibt es ein starkes Ungleichgewicht? Dieses Modell besagt, dass jedes Ungleichgewicht (zu starke Konzentration oder Vernachlässigung eines Bereichs) ungesund ist. Dies haben wir bereits im Kapitel »Sinnfindung« unter dem Titel »Säulen des Lebens« erarbeitet.

Wenn die Balance fehlt, sucht sich der Mensch andere Wege, um sich abzulenken oder alternativ die Bedürfnisse zu befriedigen. Beides funktioniert auf Dauer nicht. Häufig geschieht dies in den Bereichen Leistung (Beruf, Karriere) oder Körper (Sex, Sport). Aber es kann auch ein zu starker Fokus auf den Bereich Beziehung gelegt werden, wobei der Partner für die fehlende Befriedigung der anderen Bereiche sorgen muss. Oder in der Dimension Sinn, wobei sich Personen in einem Glauben verlieren, sich extrem hineinsteigern und somit anderes komplett ausblenden. Exzessiv betriebener Sport, Esssucht, Sex, Alkohol, Fortbildungsneurose, extremes Leistungsstreben etc. Über kurze Zeit kann es eine Überbetonung geben, aber nicht auf Dauer. Dann fällt man aus der Balance. Daher hat das Balance-Modell seinen Namen.

Gibt es auf Dauer eine Überbetonung, fällt man aus der Balance.

Im Jahr 2020 werden Körper und Leistung in der westlichen Welt stark fokussiert. Sie gelten als das erstrebenswerte Optimum eines glücklichen Lebens, und jeder Mensch sollte sie erreichen. In Europa fehlt mehrheitlich die Dimension »Sinn«: sich trauen zu träumen, die eigene Fantasie zu nutzen, an etwas zu glauben und zu vertrauen. Eine Veränderung ist in Sicht und auch spürbar. Es wird jedoch dauern, bis dies bei der Mehrheit unserer Gesellschaft angekommen ist.

Fragen, die zu mehr Klarheit führen, sind:

- Körper: Wie geht es mir?
- Kontakt: Mit wem und für wen lebe ich?
- Leistung: Was tue ich?
- Sinn: Warum tue ich es? Woher komme ich? Wohin gehe ich?

Körper: Wie geht es mir? (Ernährung, Bewegung, Entspannung, Schlaf)

Kontakt: Mit wem und für wen lebe ich? (Freunde, Familie, Vereine, soziale Aktivitäten)

Leistung: Was tue ich? (Beruf, Geld, Erfolg, Karriere)

Sinn: Warum tue ich es? Was glaube ich? Wohin gehe ich? (Spiritualität, Glaube, Zukunftsfragen)

____

____

____

____

Mit diesen Fragen findest du heraus, welche deiner Lebensbereiche du vernachlässigst oder zu stark fokussierst. Du wirst Klarheit bekommen und kannst Maßnahmen definieren, die dich zu deinem besten »Ich« führen und glücklich machen.

Auch wenn wir einige Fragen schon in anderen Kapiteln beantwortet haben, ist dies eine weitere, wichtige Übung, damit du Zusammenhänge erkennst und bereits für dich Durchdachtes festigen kannst. Außerdem kann es sein, dass du heute auf eine Frage A antwortest und morgen auf dieselbe Frage B als Antwort gibst. Deshalb solltest du dir wiederholt dieselben Fragen stellen, um zu sehen, ob sich die Antworten ändern und du neue Entdeckungen machen kannst.

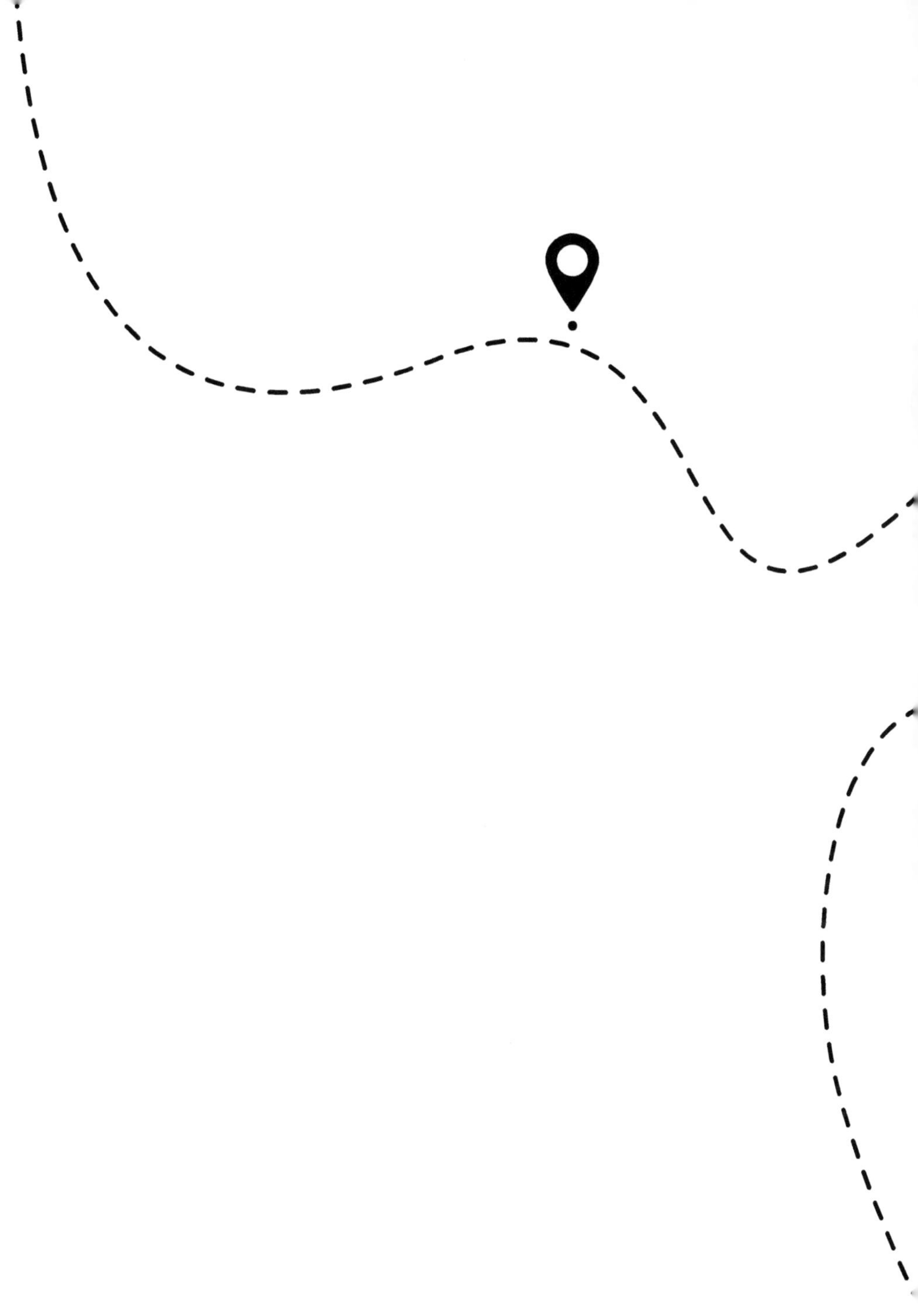

Selbstbestimmung

Selbstbestimmung bedeutet, nach freiem Willen über sein Leben entscheiden zu können. Selbstbestimmung wird häufig auch als Entscheidungsfreiheit, Autonomie, Entscheidungsautonomie oder Ungebundenheit bzw. Unabhängigkeit bezeichnet. Angst und Stress sind häufig eine Folge mangelnder Selbstbestimmung. Jeder hat jedoch die Möglichkeit, sich durch eine Veränderung der Gedanken selbstbestimmt zu fühlen.

Selbstbestimmung bringt mit sich, dass du deine Fähigkeiten voll entfalten kannst und die Verantwortung für dein Tun und Handeln übernimmst. Viele denken bei Selbstbestimmung auch an Selbstvertrauen. Das ist auch nicht falsch, denn Selbstbewusstsein und Selbstbestimmung beeinflussen sich wechselseitig. Selbstsichere Personen haben Vertrauen in die eigenen Fähigkeiten. Sie trauen sich, etwas selbst zu bestimmen. Selbstbewusste Menschen haben es nicht nötig, die Bestätigung von außen zu suchen, und fühlen sich nicht von äußeren Bedingungen eingeschränkt oder gar abhängig. Selbstbestimmung hat eine positive Auswirkung auf die Beurteilung der eigenen Fähigkeiten. Nur wenn man selbst von den eigenen Fähigkeiten überzeugt ist, können Aufgaben selbstsicher bewältigt werden. Die Erfolgserwartung ist eine positive Voraussetzung für eine erfolgreiche Aufgabenbewältigung. Die erfolgreiche Bewältigung führt dazu, dass Selbstbestimmung erlebt wird. Als Folge davon entsteht ein positives Selbstbild, welches wieder das Selbstvertrauen stärkt.

Bestimmst du dein Leben oder wirst du von deinem Leben bestimmt?

Bestimmst du dein Leben oder wirst du von deinem Leben bestimmt? Sehr oft erlebe ich, dass Menschen sich so verhalten, wie sie glauben, sich verhalten zu müssen. Ob dies modische Kleidung betrifft oder ein Verhalten wie wöchentliches

Fitnesstraining. Tust du das für dich, weil es dir gefällt und guttut, oder tust du es, weil du glaubst, dich so verhalten und so aussehen zu müssen?

»Das macht jeder so«, »Das liegt nicht in meiner Hand«, »Da kann ich nichts tun«, »So bin ich eben« und »Das habe ich nun mal so gelernt« sind Sätze, die uns die Macht nehmen und gleichzeitig einreden, dass wir komplett den äußeren Umständen ausgeliefert und schlichtweg unfähig sind, etwas zu ändern. Nicht nur die Meinung anderer führt zu weniger Selbstbestimmung, auch erlebte Erfahrungen, die Glaubenssätze verankert haben wie »Ich habe nie Glück«, »Menschen kann man nicht vertrauen«, »Meine Mutter hat mein Leben zerstört«, sind Aussagen, die zeigen, dass wir nicht die Verantwortung über unser Leben übernehmen.

Wir schieben die Schuld unserer Unzufriedenheit auf andere Menschen, Umstände oder selbst erdachte Weltanschauungen ab. Somit fühlen wir uns »entlastet«, da wir schließlich nichts dafür können. Wenn wir die Verantwortung für unsere Zufriedenheit abgeben, bedeutet dies, dass wir unser Glück als Tennisball aufs Spielfeld »Welt« bringen. Durch Selbstbestimmung sind wir in der Lage, unsere Gefühle und Verhalten nicht von anderen beeinflussen zu lassen oder gar abhängig zu machen. Dies bedeutet Freiheit, Macht und Glückseligkeit.

Da du die Macht über deine Gedanken hast, hast du gleichzeitig die Macht, deine Gedanken zu ändern.

Wir sind nicht machtlos. Wir reden uns ein, keine Macht über unser Leben zu haben, jedoch treffen wir die Entscheidung, Macht oder keine Macht zu haben. Du bist verantwortlich für dein Handeln. Du kannst dein Leben so gestalten, wie es für dich passt. Weder dein Chef, deine Kollegen, Freunde, Familie noch Social-Media-Vorbilder wissen, was gut für dich ist. Nur du weißt das, und nur du hast die Macht, dein Leben, deine Entscheidungen, dein Verhalten und somit dein Glück zu steuern.

Wir haben in unserer Grabrede (siehe Kapitel »Wer bin ich?«) beschrieben, wie wir in Erinnerung bleiben wollen, wer wir sind und sein möchten, wofür wir stehen und woran wir glauben. Niemand sonst weiß, was dich glücklich macht.

Niemand kann dir sagen, was du brauchst, außer du selbst. Niemand weiß, was dir guttut, was du magst oder dir hilft. Genau deshalb sollten wir nicht auf andere hören, sondern selbst Entscheidungen treffen, die uns zu dem Leben führen, welches wir führen wollen.

Selbsttest: Wie selbstbestimmt lebe ich?

Viele meiner Klienten antworten auf die Frage, ob sie ein selbstbestimmtes Leben führen, mit »Ja«. Jedoch kommt häufig, nach dem unten angeführten Test, das Gegenteil zum Vorschein. Es zeigt sich, dass ein Großteil der Gesellschaft nicht selbstbestimmt lebt, sich von der Vergangenheit, Normen der Gesellschaft und dem Umfeld leiten lässt und nicht auf die eigene, innere Stimme hört.

Mit diesem unten angeführten Selbsttest kannst du herausfinden, wie selbstbestimmt du dein Leben führst. Bevor du mit dem Beantworten der Fragen startest, gehe in dich und frage dich:

Führe ich ein selbstbestimmtes Leben? Warum bzw. warum nicht?

____

____

____

____

____

____

____

Beantworte nun folgende Fragen:	**Ja**	**Nein**
Mein derzeitiges Leben ist stark durch meine Kindheitserfahrungen geprägt worden.	☐	☐
Meiner Meinung nach ist das Leben nicht fair.	☐	☐
Ob ich meine Ziele erreiche, hängt nicht (nur) von mir und meinem Einsatz ab.	☐	☐
Eine Reihe von Verpflichtungen hindert mich, ein Leben zu führen, wie ich es gern möchte.	☐	☐
In meinem Leben läuft vieles anders, als ich es mir vorgestellt habe.	☐	☐
Ich habe oft das Gefühl, es allen anderen recht machen zu müssen.	☐	☐
Allein mache ich nicht viel, ich brauche immer jemand anderen, damit ich ins Tun komme.	☐	☐
Oft denke ich, anderen geht es besser als mir.	☐	☐
Ich habe in meinem Leben wenig Glück.	☐	☐
Es fällt mir schwer, zu meinen Fehlern zu stehen.	☐	☐
Bevor ich mich entscheide, frage ich andere um Rat.	☐	☐
Langfristig zu planen, hat wenig Sinn, weil meist etwas dazwischenkommt.	☐	☐
Ich habe nicht das Gefühl, dass ich für mein Leben allein verantwortlich bin.	☐	☐

Ich fühle mich unwohl, wenn ich allein Entscheidungen treffen muss.	☐	☐
Ich ärgere mich oft im Nachhinein, dass ich mich zu etwas habe überreden lassen.	☐	☐
Häufig tue ich Dinge, die andere von mir erwarten.	☐	☐

Summe ____

Wenn du vier oder weniger Aussagen mit »Ja« beantwortet hast, zeigt dies ein selbstbestimmtes Leben. Herzlichen Glückwunsch! Du hast Verantwortung für dein Wohlbefinden übernommen und zeigst Handlungsautonomie.

Wenn du fünf oder mehr Aussagen mit »Ja« beantwortet hast, tendierst du dazu, mehr auf deine Umwelt und äußere Einflüsse zu reagieren. Dein Handeln wird von bestimmten Regeln, Normen, Meinungen anderer oder deinen vergangenen Erfahrungen stark beeinflusst und entspricht nicht deinen eigenen Vorstellungen und Wünschen. Dein Verhalten ist eine Gegenreaktion auf einen Reiz von außen und wird dir »auferlegt«.

Durch Selbstmanagement-Techniken, Achtsamkeit und regelmäßiges Reflektieren und Hinterfragen deiner Handlungen und deren Auslöser (siehe ABC-Methode in »Erlernte Denkprogramme verlernen«, Glaubenssätze in »Sinnfindung« etc.) sowie ein stärkeres Bewusstsein über dich, deine Stärken und Schwächen (siehe Kapitel »Wer bin ich?«) kannst du mehr Selbstbestimmung erlangen und dein Leben wieder in deine Hand nehmen.

Du bist kein Fähnchen im Wind, das auf den Regen, Windböen und Schnee reagiert und sich dementsprechend ausrichtet und anpasst. Nein, du bist ein eigenständiges Lebewesen mit eigenen Bedürfnissen, einer eigenen Meinung und einzigartigen Erfahrungen. In unserer Generation sind wir reich an Möglichkeiten, sind frei und leben in einem sicheren Land. Sei dankbar, denn du atmest. Sei dankbar, denn dir wurde das Leben geschenkt. Sei dankbar, dass du in einer Zeit aufwächst, in der dir alle Türen offenstehen. Wenn du möchtest, kannst du morgen in ein Flugzeug steigen und von nun an in der Karibik leben. Du kannst den Job kündigen, der dich stört, du kannst Menschen aus deinem Leben streichen, die dir nicht guttun, und du kannst jederzeit viele neue Menschen kennenlernen. Du hast noch genügend Zeit vor dir, um alle Erfahrungen zu machen, die dir in den Kopf kommen. Du hast Macht! Werde dir darüber bewusst. Du musst nichts ertragen oder erleiden. Du triffst die Entscheidung, etwas zu dulden, und auch die Entscheidung, keine Toleranz mehr zu zeigen.

Was möchtest du noch unbedingt erleben? Was wolltest du immer machen, hast es aber nicht? Wo wolltest du immer hinreisen? Was war dein Traum als Kind oder Jugendlicher? Da du selbstbestimmt leben darfst und kannst, hast du dein Leben in der Hand. Deine Ausflüchte, die du dir einredest, zählen nicht, wenn wir an das Konzept des selbstbestimmten Lebens glauben. Du triffst die Entscheidungen allein für dich, die die Weichen für deine Zukunft stellen. Sei dir dessen immer bewusst. Triff Entscheidungen, die dich glücklich machen.

Stell dir folgende Fragen:

Was war mein Traum als Kind oder Jugendlicher?

____

____

____

____

Was möchte ich noch unbedingt erleben? Was wollte ich schon immer machen, habe ich aber nicht?

____

____

____

Warum habe ich dies noch nicht verwirklicht?

Wie gut sind meine Gründe auf einer Skala von 1 bis 5?

1	2	3	4	5

Würde ich diesen Grund bei einem Freund akzeptieren? Warum bzw. warum nicht?

Wie kann ich dies noch verwirklichen? Wie sehen die Maßnahmen dazu aus?

Auch hier müssen wir zuerst herausfinden, was wir wollen. Dann müssen wir die Gründe für unseren Stillstand und unser Nichthandeln erfragen. Schließlich müssen wir uns fragen, was wir zur Umsetzung brauchen, und Maßnahmen aufstellen, die uns zu unserem Ziel bringen. Je nachdem, welche Priorität dieses Ziel für dich hat, solltest du die Schritte zeitnah umsetzen, mit Datum versehen und kontrollieren. Den geeigneten Maßnahmenplan findest du im Anhang.

Angst und Stress sind eine Folge mangelnder Selbstbestimmung.

Ich möchte nun etwas tiefer gehen und mit dir die einzelnen Sätze im Selbsttest durchgehen. Wir werden sie hinterfragen und auf ihre Entstehung und ihren Wahrheitswert überprüfen. Dies ist vor allem bei den mit »Ja« beantworteten Fragen wichtig herauszufinden. Auch bei den anderen Test-»Statements« kannst du zu sehr aufschlussreichen Ergebnissen gelangen, wenn du diese Punkte systematisch beantwortest.

Hierfür verwenden wir eine klassische Abfolge von Fragen, die du auch bei anderen Wertvorstellungen, Glaubenssätzen oder Einstellungen benutzen kannst, um sie zu verstehen, zu überprüfen oder zu verändern.

Ich bitte dich nun, jede einzelne Aussage zu hinterfragen.

- Wo trifft diese Aussage zu?
- Fühlt sich diese Aussage gut für mich an?
- Welche Gedanken gehen mir durch den Kopf?
- Sind diese Gedanken wahr?
- Welche Gefühle verspüre ich und welche Taten resultieren hieraus?
- Möchte ich, dass diese Aussage weiterhin »wahr« ist?
- Wenn nein, wie kann ich die Aussage zum Positiven umwandeln, damit es sich gut für mich anfühlt?

Hier ein Beispiel:

Mein derzeitiges Leben ist stark durch meine Kindheitserfahrungen geprägt worden.

Wo trifft diese Aussage zu?

Meine Mutter hat mir immer gesagt: »Du musst etwas aus dir machen. Du sollst es besser haben als wir.« Dies beeinflusst mich heute noch sehr stark. Dadurch habe ich meinen Perfektionismus und meinen Ehrgeiz entwickelt. Oft übersehe ich dadurch Warnsignale meines Körpers.

Fühlt sich diese Aussage gut für mich an?

Nein, ich habe 18 Jahre lang diese Sätze gehört und sie haben mich stark geprägt.

Welche Gedanken gehen mir durch den Kopf?

Ich muss besser sein als andere. Alles, was ich mache, muss perfekt sein. Ich darf keine Fehler machen.

Sind diese Gedanken wahr?

Nein, ich mache auch Fehler, nur gebe ich sie nicht gern zu und versuche, sie zu vermeiden. Ich bin jedoch nun erwachsen und darf die automatisierten Gedanken und Handlungen hinterfragen und neu »aufsetzen«.

Welche Gefühle verspüre ich und welche Taten resultieren hieraus?

Ich habe oft ein Gedankenkreisen, verspüre sehr viel Druck und fühle mich schwach, ausgelaugt und ungenügend. Ich »pushe« mich mit Energydrinks, Kaffee, zu viel essen (oder zu wenig), vernachlässige meine Hobbys, Freunde und Familie.

Möchte ich, dass diese Aussage weiterhin »wahr« ist?

Nein, ich möchte mein Verhalten und die auslösenden Gedanken ändern.

Wenn nein, wie kann ich die Aussage zum Positiven umwandeln, damit es sich gut für mich anfühlt?

Ich durfte in meiner Kindheit einiges von meinen Eltern lernen. Ich führe nun mein eigenes Leben und lasse mich nicht von den Aussagen meiner Eltern in meinem jetzigen Leben beeinflussen.

Ich darf Fehler machen. Ich verdiene Ruhepausen. Ich möchte mehr auf mich, meine körperliche und psychische Gesundheit achten.

Ich führe ab heute ein selbstbestimmtes Leben.

Ich bitte dich, nicht nur die Statements mit »Ja«-Antworten zu hinterfragen, sondern auch die »Nein«-Antworten des Selbstbestimmungstests.[2] Du wirst hier automatisierte Denkmuster erkennen und sehen, wo du dich stark und sicher fühlst und wo nicht. Vor allem dieser Kontrast zwischen Selbstbestimmung und mangelnder Selbstbestimmung wird dir in verschiedenen Bereichen bewusst werden und du kannst weitere blinde Flecke aufdecken und dich noch besser kennenlernen. Ein selbstbestimmtes Leben bedeutet, dass du dein Glück in der Hand hast, du die Verantwortung dafür übernimmst und bereit bist, dafür zu kämpfen.

Jede Übung, bei der du deine Gedanken klar formulierst und aufschreibst, ist eine wertvolle Übung.

Also nimm dir ausreichend Zeit für die Beantwortung. Lass uns die einzelnen Fragen gemeinsam durcharbeiten und hinterfragen.

2 Selbstbestimmungs-Test: SGD, Studienheft ASB03, Selbstmanagement, S. 8

Mein derzeitiges Leben ist stark durch meine Kindheitserfahrungen geprägt worden.

Wo trifft diese Aussage zu?

Fühlt sich diese Aussage gut für mich an?

Welche Gedanken gehen mir durch den Kopf?

Sind diese Gedanken wahr? Warum bzw. warum nicht?

Welche Gefühle verspüre ich und welche Taten resultieren hieraus?

Möchte ich, dass diese Aussage weiterhin »wahr« ist? Warum?

Wenn nein, wie kann ich die Aussage zum Positiven umwandeln, damit es sich gut für mich anfühlt?

Meiner Meinung nach ist das Leben nicht fair.

Wo trifft diese Aussage zu?

Fühlt sich diese Aussage gut für mich an?

Welche Gedanken gehen mir durch den Kopf?

Sind diese Gedanken wahr? Warum bzw. warum nicht?

Welche Gefühle verspüre ich und welche Taten resultieren hieraus?

Möchte ich, dass diese Aussage weiterhin »wahr« ist? Warum?

Wenn nein, wie kann ich die Aussage zum Positiven umwandeln, damit es sich gut für mich anfühlt?

Ob ich meine Ziele erreiche, hängt nicht nur von mir und meinem Einsatz ab.

Wo trifft diese Aussage zu?

Fühlt sich diese Aussage gut für mich an?

Welche Gedanken gehen mir durch den Kopf?

Sind diese Gedanken wahr? Warum bzw. warum nicht?

Welche Gefühle verspüre ich und welche Taten resultieren hieraus?

Möchte ich, dass diese Aussage weiterhin »wahr« ist? Warum?

Wenn nein, wie kann ich die Aussage zum Positiven umwandeln, damit es sich gut für mich anfühlt?

____

____

____

In meinem Leben läuft vieles anders, als ich es mir vorgestellt habe.

Wo trifft diese Aussage zu?

____

____

____

Fühlt sich diese Aussage gut für mich an?

____

____

Welche Gedanken gehen mir durch den Kopf?

____

____

____

Sind diese Gedanken wahr? Warum bzw. warum nicht?

Welche Gefühle verspüre ich und welche Taten resultieren hieraus?

Möchte ich, dass diese Aussage weiterhin »wahr« ist? Warum?

Wenn nein, wie kann ich die Aussage zum Positiven umwandeln, damit es sich gut für mich anfühlt?

Ich habe oft das Gefühl, es allen anderen recht machen zu müssen.

Wo trifft diese Aussage zu?

___

___

Fühlt sich diese Aussage gut für mich an?

___

___

Welche Gedanken gehen mir durch den Kopf?

___

___

Sind diese Gedanken wahr? Warum bzw. warum nicht?

___

___

Welche Gefühle verspüre ich und welche Taten resultieren hieraus?

___

___

___

Möchte ich, dass diese Aussage weiterhin »wahr« ist? Warum?

Wenn nein, wie kann ich die Aussage zum Positiven umwandeln, damit es sich gut für mich anfühlt?

Allein mache ich nicht viel, ich brauche immer jemand anderen, damit ich ins Tun komme.

Wo trifft diese Aussage zu?

Fühlt sich diese Aussage gut für mich an?

Welche Gedanken gehen mir durch den Kopf?

Sind diese Gedanken wahr? Warum bzw. warum nicht?

Welche Gefühle verspüre ich und welche Taten resultieren hieraus?

Möchte ich, dass diese Aussage weiterhin »wahr« ist? Warum?

Wenn nein, wie kann ich die Aussage zum Positiven umwandeln, damit es sich gut für mich anfühlt?

Oft denke ich, anderen geht es besser als mir.

Wo trifft diese Aussage zu?

Fühlt sich diese Aussage gut für mich an?

Welche Gedanken gehen mir durch den Kopf?

Sind diese Gedanken wahr? Warum bzw. warum nicht?

Welche Gefühle verspüre ich und welche Taten resultieren hieraus?

Möchte ich, dass diese Aussage weiterhin »wahr« ist? Warum?

Wenn nein, wie kann ich die Aussage zum Positiven umwandeln, damit es sich gut für mich anfühlt?

Ich habe in meinem Leben wenig Glück.

Wo trifft diese Aussage zu?

Fühlt sich diese Aussage gut für mich an?

Welche Gedanken gehen mir durch den Kopf?

Sind diese Gedanken wahr? Warum bzw. warum nicht?

Welche Gefühle verspüre ich und welche Taten resultieren hieraus?

Möchte ich, dass diese Aussage weiterhin »wahr« ist? Warum?

Wenn nein, wie kann ich die Aussage zum Positiven umwandeln, damit es sich gut für mich anfühlt?

Es fällt mir schwer, zu meinen Fehlern zu stehen.

Wo trifft diese Aussage zu?

Fühlt sich diese Aussage gut für mich an?

Welche Gedanken gehen mir durch den Kopf?

Sind diese Gedanken wahr? Warum bzw. warum nicht?

Welche Gefühle verspüre ich und welche Taten resultieren hieraus?

Möchte ich, dass diese Aussage weiterhin »wahr« ist? Warum?

Wenn nein, wie kann ich die Aussage zum Positiven umwandeln, damit es sich gut für mich anfühlt?

Bevor ich mich entscheide, frage ich andere um Rat.

Wo trifft diese Aussage zu?

Fühlt sich diese Aussage gut für mich an?

Welche Gedanken gehen mir durch den Kopf?

Sind diese Gedanken wahr? Warum bzw. warum nicht?

Welche Gefühle verspüre ich und welche Taten resultieren hieraus?

Möchte ich, dass diese Aussage weiterhin »wahr« ist? Warum?

Wenn nein, wie kann ich die Aussage zum Positiven umwandeln, damit es sich gut für mich anfühlt?

Langfristig zu planen hat wenig Sinn, weil meist etwas dazwischenkommt.

Wo trifft diese Aussage zu?

Fühlt sich diese Aussage gut für mich an?

Welche Gedanken gehen mir durch den Kopf?

Sind diese Gedanken wahr? Warum bzw. warum nicht?

Welche Gefühle verspüre ich und welche Taten resultieren hieraus?

Möchte ich, dass diese Aussage weiterhin »wahr« ist? Warum?

Wenn nein, wie kann ich die Aussage zum Positiven umwandeln, damit es sich gut für mich anfühlt?

Ich habe nicht das Gefühl, dass ich für mein Leben allein verantwortlich bin.

Wo trifft diese Aussage zu?

Fühlt sich diese Aussage gut für mich an?

Welche Gedanken gehen mir durch den Kopf?

Sind diese Gedanken wahr? Warum bzw. warum nicht?

Welche Gefühle verspüre ich und welche Taten resultieren hieraus?

Möchte ich, dass diese Aussage weiterhin »wahr« ist? Warum?

Wenn nein, wie kann ich die Aussage zum Positiven umwandeln, damit es sich gut für mich anfühlt?

Ich fühle mich unwohl, wenn ich allein Entscheidungen treffen muss.

Wo trifft diese Aussage zu?

Fühlt sich diese Aussage gut für mich an?

Welche Gedanken gehen mir durch den Kopf?

Sind diese Gedanken wahr? Warum bzw. warum nicht?

Welche Gefühle verspüre ich und welche Taten resultieren hieraus?

Möchte ich, dass diese Aussage weiterhin »wahr« ist? Warum?

Wenn nein, wie kann ich die Aussage zum Positiven umwandeln, damit es sich gut für mich anfühlt?

Ich ärgere mich oft im Nachhinein, dass ich mich zu etwas habe überreden lassen.

Wo trifft diese Aussage zu?

Fühlt sich diese Aussage gut für mich an?

Welche Gedanken gehen mir durch den Kopf?

Sind diese Gedanken wahr? Warum bzw. warum nicht?

Welche Gefühle verspüre ich und welche Taten resultieren hieraus?

Möchte ich, dass diese Aussage weiterhin »wahr« ist? Warum?

Wenn nein, wie kann ich die Aussage zum Positiven umwandeln, damit es sich gut für mich anfühlt?

Häufig tue ich Dinge, die andere von mir erwarten.

Wo trifft diese Aussage zu?

Fühlt sich diese Aussage gut für mich an?

Welche Gedanken gehen mir durch den Kopf?

Sind diese Gedanken wahr? Warum bzw. warum nicht?

Welche Gefühle verspüre ich und welche Taten resultieren hieraus?

Möchte ich, dass diese Aussage weiterhin »wahr« ist? Warum?

Wenn nein, wie kann ich die Aussage zum Positiven umwandeln, damit es sich gut für mich anfühlt?

Diese Übung war sicherlich sehr intensiv und hat dir einiges abverlangt. Sich wirklich mit seinen Gedanken auseinanderzusetzen und sich mutig diesen Fragen zu stellen sowie bereit zu sein, die Antworten zu finden, ist eine herausfordernde Übung. Allein dass du dies durchgezogen hast, zeigt deine Stärke und deinen Willen. Du darfst stolz auf dich sein und dir auf die Schulter klopfen. (Das meine ich wörtlich: Klopfe dir auf die Schulter! Du wirst sehen, wie gut es sich anfühlt.)

Nach dieser intensiven Beschäftigung mit dir, deinen unbewussten Selbstgesprächen und Glaubenssätzen möchte ich, dass du dir noch ein Fazit zusammenschreibst, was du durch dieses aktive Nachdenken und Beantworten der Fragen festgestellt hast. Du kannst auch gern nochmals zurückblättern und deine Erkenntnisse hier festhalten:

Fazit:

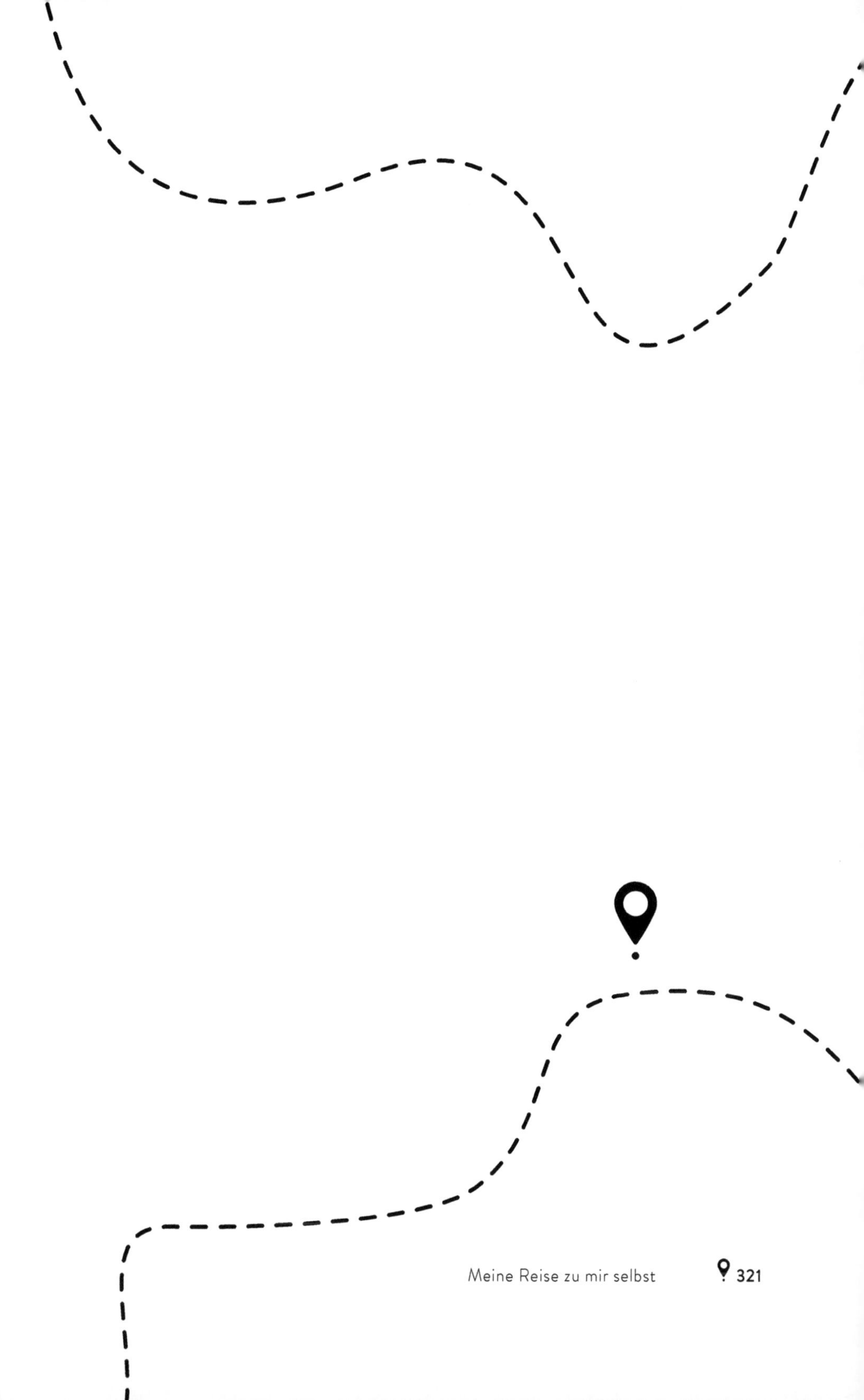

Von nichts kommt nichts

»Von nichts kommt nichts« trifft nicht nur auf das Arbeitsleben zu, sondern auch auf dein persönliches Wohlbefinden. Wenn du nichts dafür tust, wirst du es auch nicht verspüren. Wer glücklich sein möchte, muss Wege finden und beschreiten, die diese Gefühle auslösen. Gib dich nicht mit der vagen Hoffnung zufrieden, dass dieses Gefühl von allein eintritt. Denn die Glückshormone entstehen nicht willkürlich. Jedoch sehen die wenigsten diese Aussage im Zusammenhang mit Glück und Zufriedenheit. Bei den Themen Erfolg, Wissen, Gesundheit und Fitness ist es der Mehrheit bewusst, dass vom Nichtstun nichts passieren wird.

Es ist wichtig, aktiv sinnfreie Zeit für sich zu schaffen. Tätigkeiten auszuüben, ohne ein Ziel zu erreichen. Diese machst du nur aus Freude, nur für dich. Eine Zeit, in der nicht geleistet werden muss, in der du fühlst, lebst und es dir gut gehen lässt. Verschwende bewusst einen Teil deiner Zeit. Lasse dich treiben.

Halte jeden Tag nach Möglichkeiten Ausschau, die dir Freude bereiten könnten und deinen Tag verschönern. Wenn wir unsere Wahrnehmung aktiv auf derartiges ausrichten, dann werden wir dies auch finden (siehe Kapitel »Lebenskrisen sind Wahrnehmungskrisen«).

Wir haben bereits im Kapitel »Ängste überwinden« gelesen, dass es unabdinglich ist, Phasen der Erholung und Entspannung in unserem Leben zu integrieren. Wir haben auch gelernt, dass Stress nicht nur negativ ist, sondern auch positiv sein kann und dieser auch wichtig für unser Leben ist, da wir dadurch Energie bekommen. Deshalb werden wir in diesem Kapitel deine Energietankstellen und Entspannungsoasen suchen und finden. Du wirst altbewährte Strategien entdecken und Inspiration für viele neue bekommen.

Es ist unerlässlich, eine Liste mit Aktivitäten zu haben, die dir Freude bereiten und Erholung bringen. Eine Liste mit Dingen, die positive Gefühle hervorrufen. Tätigkeiten, die ohne Ziel, Druck und Leistungsgedanken verfolgt und ausgeübt werden. Diese Aktivitäten kannst du auch nutzen, um dich von destruktiven Angst- oder Stressbewältigungsmethoden abzuhalten. Aktivitäten griffbereit zu haben, wenn es dir schlecht geht, wenn du Entspannung suchst oder Energie tanken musst, ist wichtig.

Entwickle für dich einen Plan, um jeden Tag Freude zu empfinden. Ziele darauf ab, so oft wie möglich in Ekstase zu sein, Freude zu haben und dein glückliches Leben zu leben. Es reicht auch schon der reine Gedanke, die Vorstellung, aus, um dies zu empfinden. Die Vorfreude auf eine spannende Tätigkeit am Wochenende setzt die nötigen Glücksgefühle im Moment der Vorstellung sofort in dir frei.

Oft frage ich meine »gestressten« oder »unglücklichen« Klienten, was ihnen Freude macht. Kaum jemand kann mir diese Frage beantworten. Meistens lautet die Antwort: »Keine Ahnung.« Mich wundert es immer wieder, dass viele Menschen sich selbst sehr schlecht kennen und einfache Fragen wie »Was bereitet dir Freude? Was entspannt dich? Was bringt dich zum Lachen? Wo fühlst du dich am wohlsten? Was motiviert dich? Was bringt dich zum Heulen?« nicht beantworten können.

»Keine Ahnung.«

Um sich selbst steuern zu können, muss man sich kennen. Wenn du selbst nicht weißt, was dir gefällt, Spaß macht, dich entspannt und dich zum Strahlen bringt, dann ist es schwer, dies einzusetzen, wenn es in schweren Lebensphasen oder Situationen nötig ist.

Wenn du jedoch genau weißt, welche Art von Humor du magst und wo du diesen findest, kannst du dich zu fast jeder Zeit zum Lachen bringen, bis dein Bauch und deine Wangen schmerzen vor überschäumender Freude. Wenn du weißt, was dich entspannt und abschalten lässt, kannst du dies nutzen, um dich nach einem harten Tag, der nicht nach deinen Vorstellungen gelaufen ist, von dieser Situation zu entfernen und einen klaren Kopf zu bekommen.

Stell dir folgende Fragen:

Was bereitet mir Freude?

Was entspannt mich?

Was bringt mich zum Lachen?

Wo(bei) spüre ich mich wirklich?

Welchen meiner Sinne kann ich womit anregen?

Wo fühle ich mich am wohlsten?

Was motiviert mich?

Was bringt mich zum Weinen?

Auch glücklich sein ist Übungssache. Genauso wie das Laufen eines Marathons, das Stemmen von Gewichten, das Anwenden von mathematischen Formeln und das Erlernen einer Sprache.

Je aufmerksamer du bist, was dir Freude bereitet, wann, wo und mit wem du dich wohlfühlst, umso leichter ist es, dies zu reproduzieren bzw. in die Wege zu leiten, wenn du das Bedürfnis danach hast. Lerne, wann du welche Gefühle zeigst, und versuche, den Auslöser dafür zu finden.

Denn zu Hause auf dem Sofa zu sitzen und zu warten, bis du Freude empfindest, wird nicht funktionieren. Auch um Spaß zu haben, musst du aktiv nach Spaß suchen. Deshalb merke dir: »Von nichts kommt nichts.«

Stell dir folgende Fragen:

Wie habe ich die letzten vier Wochen gefüllt?

Gab es besonders schöne Erlebnisse?

Gab es sinnfreie Zeit, in der ich nicht leisten musste?

Wie zufrieden bin ich mit meiner Freizeitgestaltung?

Fehlt mir etwas?

Je nachdem, wie deine Ziele aussehen oder was du konkret verändern möchtest in deinem Leben, kannst du es aktiv angehen und in dein Leben holen.

Da unser stressiger Alltag unseren Körper in eine Art Daueranspannung und Überlebenskampf manövriert, brauchen wir die Gegenmaßnahmen, um trotz dieser Herausforderung gesund zu bleiben. Wir müssen einerseits die mobilisierte Energie abbauen und andererseits Energiequellen finden, die positiven Stress in uns auslösen und uns anregen. Deine Energietankstellen und Erholungsaktivitäten, die dich zu mehr Wohlbefinden führen, steigern deine Lebensqualität. Diese werden wir in der angeführten Eustress-Liste für dich identifizieren.

Diese Liste ist also keine Frage des »Wollens«, sondern ein Muss, um nicht langfristig in einen Burn-out zu schlittern oder sich das Leben durch sonstige vegetative Störungen und Fehlalarme schwer zu machen. Diese Liste enthält die »erfüllendsten« Tätigkeiten, mit denen du mobilisierte Energie, also Anspannung, abbauen, aber auch – wenn nötig – Energie gewinnen und auf Knopfdruck abrufen kannst. Diese Liste soll dich an lang vergessene Hobbys erinnern und für neue Tätigkeiten inspirieren, die dich dich gut fühlen lassen.

Liste: deine Eustress-Aktivitäten

	Wie gern mache ich es?			**Wie häufig mache ich es?**		
	1 = sehr	2 = etwas	3= gar nicht	1 = oft	2 = ab und zu	3= selten/nie
Spazieren gehen	☐	☐	☐	☐	☐	☐
Schöne Kleidung tragen	☐	☐	☐	☐	☐	☐
Musik hören	☐	☐	☐	☐	☐	☐
Etwas basteln/Handwerken	☐	☐	☐	☐	☐	☐
Jemandem eine Freude bereiten	☐	☐	☐	☐	☐	☐
Laufen/Joggen	☐	☐	☐	☐	☐	☐
Ein Konzert besuchen	☐	☐	☐	☐	☐	☐
Neue Leute kennenlernen	☐	☐	☐	☐	☐	☐
Eine neue Stadt/Ort erkunden	☐	☐	☐	☐	☐	☐
Den nächsten Urlaub planen	☐	☐	☐	☐	☐	☐
Auto fahren	☐	☐	☐	☐	☐	☐
In der Sonne sitzen	☐	☐	☐	☐	☐	☐
Zukunftspläne schmieden	☐	☐	☐	☐	☐	☐
Lauthals singen	☐	☐	☐	☐	☐	☐
Jemandem helfen	☐	☐	☐	☐	☐	☐
Die Lieblingsspeise kochen	☐	☐	☐	☐	☐	☐
Tiere beobachten	☐	☐	☐	☐	☐	☐

In einem Verein aktiv sein	☐	☐	☐	☐	☐	☐
Einen Film ansehen	☐	☐	☐	☐	☐	☐
Ein Eis essen	☐	☐	☐	☐	☐	☐
Die Lösung eines Problems suchen	☐	☐	☐	☐	☐	☐
Ein Buch lesen	☐	☐	☐	☐	☐	☐
Zum Friseur gehen	☐	☐	☐	☐	☐	☐
Kreuzworträtsel lösen	☐	☐	☐	☐	☐	☐
Einen Drachen steigen lassen	☐	☐	☐	☐	☐	☐
Massiert werden	☐	☐	☐	☐	☐	☐
Einen Vortrag besuchen	☐	☐	☐	☐	☐	☐
Tagträumen	☐	☐	☐	☐	☐	☐
Über sich selbst nachdenken	☐	☐	☐	☐	☐	☐
Gut essen gehen	☐	☐	☐	☐	☐	☐
Mit einem Hund spazieren gehen	☐	☐	☐	☐	☐	☐
Tagebuch schreiben	☐	☐	☐	☐	☐	☐
Einen Kuchen backen	☐	☐	☐	☐	☐	☐
Einen Mittagsschlaf machen	☐	☐	☐	☐	☐	☐
Wandern gehen	☐	☐	☐	☐	☐	☐
Die Eltern/Großeltern besuchen	☐	☐	☐	☐	☐	☐
Eine Fremdsprache lernen	☐	☐	☐	☐	☐	☐
Erinnerungsstücke anfertigen	☐	☐	☐	☐	☐	☐
Erinnerungsstücke ansehen	☐	☐	☐	☐	☐	☐
Etwas sammeln	☐	☐	☐	☐	☐	☐
Karten spielen	☐	☐	☐	☐	☐	☐
Fernsehen	☐	☐	☐	☐	☐	☐
Radio hören	☐	☐	☐	☐	☐	☐
Lange schlafen	☐	☐	☐	☐	☐	☐
An einer Feier teilnehmen	☐	☐	☐	☐	☐	☐
Fotografieren	☐	☐	☐	☐	☐	☐
Leute beobachten	☐	☐	☐	☐	☐	☐
Zeichnen/Malen	☐	☐	☐	☐	☐	☐
Minigolf spielen	☐	☐	☐	☐	☐	☐
Ein Tier streicheln	☐	☐	☐	☐	☐	☐
Ein Picknick machen	☐	☐	☐	☐	☐	☐
Einen Berg besteigen	☐	☐	☐	☐	☐	☐
Allein sein	☐	☐	☐	☐	☐	☐

Ein Instrument spielen
Anregende Gespräche führen
Heiß baden/duschen
Telefonieren
Freunde einladen
Meditieren
Ins Kino gehen
Brettspiele spielen
Den Sternenhimmel betrachten
Alte Fotos durchsehen
Verreisen
Schwimmen
Neue Musiker suchen
Fahrrad fahren
Ein neues Gericht ausprobieren
Auf etwas wetten
Kunstausstellungen besuchen
Rat erteilen
Sauna/Dampfbad/ Infrarotkabine
Diskutieren/Philosophieren
Einkaufen
Briefe schreiben
Auf einen Flohmarkt gehen
Herzlich lachen

Bitte ergänze die leerstehenden Felder unten nach Belieben.

Am besten ist es natürlich, du gestaltest oder zeichnest dir selbst eine neue Liste bzw. ein neues Plakat mit deinen liebsten Aktivitäten, die dich Kraft, Energie, Freude, Zugehörigkeit, Anerkennung, Herausforderung oder Entspannung und Wohlbefinden spüren lassen. Hänge dir diese Liste (dieses Plakat) auf oder verwahre sie an einem für dich besonderen Ort. Diese Liste kannst du immer zur Hand nehmen, wenn du das Bedürfnis nach Spaß, Freude, Ablenkung, Ruhe, Entspannung, Energieabbau etc. hast. Sieh dir die Liste an und wähle, worauf du in diesem Moment Lust hast. Denn nicht an jedem Tag funktioniert die eine beliebte Strategie, zum Beispiel eine Serie auf Netflix anzusehen. Alleine beim Durchsehen der Punkte auf der Liste solltest du Freude, eine positive Aufregung und Erregung verspüren, da dies alles Aktivitäten sind, die du gern machst.

Stell dir dazu folgende Fragen:

Welche dieser Aktivitäten haben bei mir ein spürbar gutes Gefühl ausgelöst?

____

____

____

____

____

Welche dieser Aktivitäten möchte ich ausprobieren?

____

____

____

____

Welche dieser Aktivitäten möchte ich nun aktiv in meinen Alltag einbauen?

Wie oft, wann und wo kann ich diese Tätigkeiten machen?

Was kann mich an der Umsetzung hindern?

Was muss geschehen, damit ich dies trotzdem umsetzen kann?

Die positive Kette

Das Einzige, was sich vermehrt, wenn man es teilt, ist ... GLÜCK.

Du kannst dir selbst und anderen helfen, noch erfüllter und zufriedener zu sein. Soll ich dir sagen, wie das möglich ist? Wenn du glaubst, dass dies möglich ist, warum sollten wir das nicht machen, wenn wir uns alle besser fühlen würden?

In den 1980er-Jahren wurde ein spannendes Experiment durchgeführt. In den damals typischen Telefonzellen wurde bei der Hälfte der unfreiwilligen Forschungsteilnehmer eine Münze im Münzschacht hinterlassen. Jeder sah nach dem Telefonat dort nach, ob nicht ein paar Geldmünzen zu finden waren. Die Menschen, die diese dort drapierten Geldstücke fanden, freuten sich. Sie gingen ihres Weges, jedoch fiel vor ihnen überraschend eine Dame um. Die Frau wurde vom Experimentleiter dort platziert und rutschte immer aus, wenn jemand aus der Telefonzelle kam. Glaubst du, es gab einen Unterschied, wie viele Leute der Dame halfen? Verhielten sich die unfreiwilligen Forschungsteilnehmer, die eine Münze gefunden hatten, anders als die Personen, die keine gefunden hatten? Die Leute, die die Münze gefunden hatten, waren viermal so hilfsbereit. Viermal mehr Menschen halfen der Dame beim Aufstehen. Der einzige Unterschied, der diese großzügige, hilfsbereite Handlung veranlasst hatte, war das ausgelöste Glücksgefühl aufgrund des zuvor gefundenen Geldes. Es war das gute Gefühl, das sie verspürt hatten, welches die Testteilnehmer zu gro.zügigeren, hilfsbereiteren Persönlichkeiten gemacht hatte.

Wenn du lächelst, wirst du merken, dass Menschen dich ebenfalls anlächeln. Wenn du anderen hilfst, wirst du merken, wie diese Menschen sich auch dir gegenüber großzügig und hilfsbereit verhalten. Wenn du Glück hast, dich glücklich fühlst, kannst du leicht etwas davon abgeben, und das tust du gern. Das wiederum verleiht der anderen Person ein Glücksgefühl und diese kann es weiter hinaustragen und verbreiten – wie eine sehr ansteckende Krankheit, nur dass es hier keinerlei Beschwerden gibt, außer dass man sich gut fühlt.

Vor ein paar Monaten blieb eine fremde Frau auf der Straße stehen und machte mir ein Kompliment für meine Schuhe. Die nächsten Stunden verspürte ich Energie, strotzte vor Selbstbewusstsein und Tatendrang. Ich war glücklich. Ein kleines Problem konnte mir die Stimmung nicht vermiesen. Ein kleines Kompliment am Tag reicht aus, um jemanden den ganzen Tag in gute Laune zu versetzen.

Diese »Glücklich-sein-Krankheit« ist relativ einfach zu verbreiten. Gutes tun und Gutes zurückbekommen. Glück (ver)teilen und sich selbst glücklich fühlen. Freude schenken und Freude empfinden. Ob wir das »Gesetz der Anziehung« oder das »Karma« dafür verantwortlich machen, ist grundsätzlich egal, da das Ergebnis dasselbe ist.

Wärst du bereit, einmal im Monat diesen Virus weiterzutragen? Der Zeitaufwand beläuft sich auf wenige Minuten. Die Wirkung dauert Stunden bis Tage an. Du kannst dir zum Ziel setzen, jede Woche ein Kompliment zu machen. Du kannst dir vornehmen, dass du jeden Monat jemandem hilfst, öfter Hilfe anbietest oder aktiv versuchst, anderen den Alltag zu erleichtern. Du bist nicht nur ein positives Vorbild für andere, das die Menschen, die das erleben dürfen, sprachlos und nachdenklich macht, du bist auch dabei, dir ein gutes Gefühl zu verschaffen.

Stell dir dazu folgende Fragen:

Wie kann ich Freude schenken?

____

____

Wem kann ich Freude schenken?

Wie fühle ich mich danach?

Wie möchte ich das in meinem Alltag einbauen?

Die positive Kette kann auch anstelle eines Dankeschöns für eine Hilfeleistung weitergetragen werden. Denn viele Menschen tun sich schwer, Hilfe anzunehmen. Umso lieber kaufen sie sich ihr Gewissen frei und wollen für die Hilfe unbedingt etwas bezahlen oder zurückgeben. Was ist, wenn du Folgendes in Zukunft antwortest: »Vielen Dank. Ich möchte nichts für meine Hilfe haben. Du kannst aber für dein Gewissen jemand anderem helfen. So kannst du dich bei mir am besten bedanken – indem du jemandem hilfst, der deine Hilfe braucht.« Stell dir mal vor, was das bewirken würde! Wie hilfsbereit, freundlich und offen unsere Gesellschaft werden würde.

Happiness-To-do-List

Da du sehr wahrscheinlich viele neue Dinge in deinen Alltag einbauen möchtest, habe ich dir eine Tabelle gemacht, um einerseits deine Maßnahmen für deine Zielerreichung, deine Glaubenssätze und deine Erholungs- und Energieaktivitäten in den Alltag einzubauen. Andererseits erinnert sie dich daran, aktiv Fehler zu machen sowie regelmäßig deine Gedanken niederzuschreiben. Alles, was du dir vornimmst, ist grundsätzlich gut und bringt dich voran, jedoch wird es zum Start etwas zu viel sein und unübersichtlich.

Wer glücklich sein möchte, muss Wege beschreiten, die diese Gefühle auslösen.

Hier ein Beispiel:

1x pro Tag/Woche // 1x täglich/wöchentlich	MO	DI	MI	DO	FR	SA	SO
Mich loben (1x Tag)							
Mich im Spiegel anlächeln (1x Tag)							
Glaubenssätze lesen (1x Tag)							
3 Highlights des Tages							
Sport (3x Woche)							
Kontakt zu Freunden (2x Woche)							
In der Natur sein (1x Woche)							
Zukunftspläne schmieden (1x Woche)							
Heiß baden (1x Woche)							
8 Zigaretten oder weniger rauchen							
Bewusst langsam gehen							
Atemübung							

Trage nun deine To-dos in die Tabelle auf der nächsten Seite ein und mache ein Kreuz, wenn du dein To-do umgesetzt hast. Du wirst auch merken, wie es dir geht, wenn du einzelne Punkte auslässt, und wie du dich fühlst, wenn du dranbleibst und deine Kreuze machen kannst. Durch das Abhaken machst du deinen Fortschritt und deine Aktivitäten, die dies bewirken, sichtbar. Du wirst auch beständiger sein und versuchen, deine Kreuze machen zu können, da der Mensch sich nach Vollständigkeit sehnt und es als unangenehm empfindet, wenn dies nicht der Fall ist. Im Anhang findest du eine weitere Vorlage zum Kopieren, wenn du deine Aktivitäten und Ziele ändern möchtest.

								Montag
								Dienstag
								Mittwoch
								Donnerstag
								Freitag
								Samstag
								Sonntag

Fazit

Dieses Buch hat dir neue Denkweisen aufgezeigt und dich hoffentlich zu zahlreichen Erkenntnissen geführt. Ich hoffe, es hat dir geholfen, dich besser kennenzulernen, neue Energieressourcen zu finden und dir die richtigen Fragen zu stellen, um bei all deinem Tun erfolgreich zu werden. Ich hoffe auch, dass du viel Freude beim Ausarbeiten hattest und viel davon umsetzen und auch anderen Personen weitergeben kannst, um nicht nur dein Leben positiv zu verändern, sondern auch das anderer Menschen.

Nun möchte ich, dass du dir 20 Minuten Zeit nimmst, es dir gemütlich machst und nachdenkst, was für dich die wichtigsten Erkenntnisse waren. Welche Strategien hast du schon erfolgreich angewendet und was möchtest du noch in Angriff nehmen?

Denke zuerst nur nach, ohne etwas zu schreiben. Sortiere deine Gedanken. Danach kannst du zurückblättern und deine Antworten zu den Fragen in den verschiedenen Kapiteln durchgehen. Nimm dir einen Leuchtstift und streiche die für dich wichtigsten Antworten/Fragestellungen an. Suche Zusammenhänge, Muster und Überschneidungen. So wirst du diese nochmals verfestigen und sie positiv in dein Leben integrieren und verankern können.

Andere Menschen werden sagen:
»Du hast dich verändert.« Natürlich!
Als ob du so hart gearbeitet hättest,
um derselbe Mensch zu bleiben …

Zum Abschluss: Was kann ich von diesem Buch mitnehmen?

Ich bedanke mich für die Zusammenarbeit und wünsche dir weiterhin viel Erfolg auf deinem Lebensweg.

Alles Liebe

Sabrina

VIELEN DANK FÜR DEIN VERTRAUEN.

Ich bedanke mich für den Kauf und wünsche dir viel Erfolg beim Umsetzen!

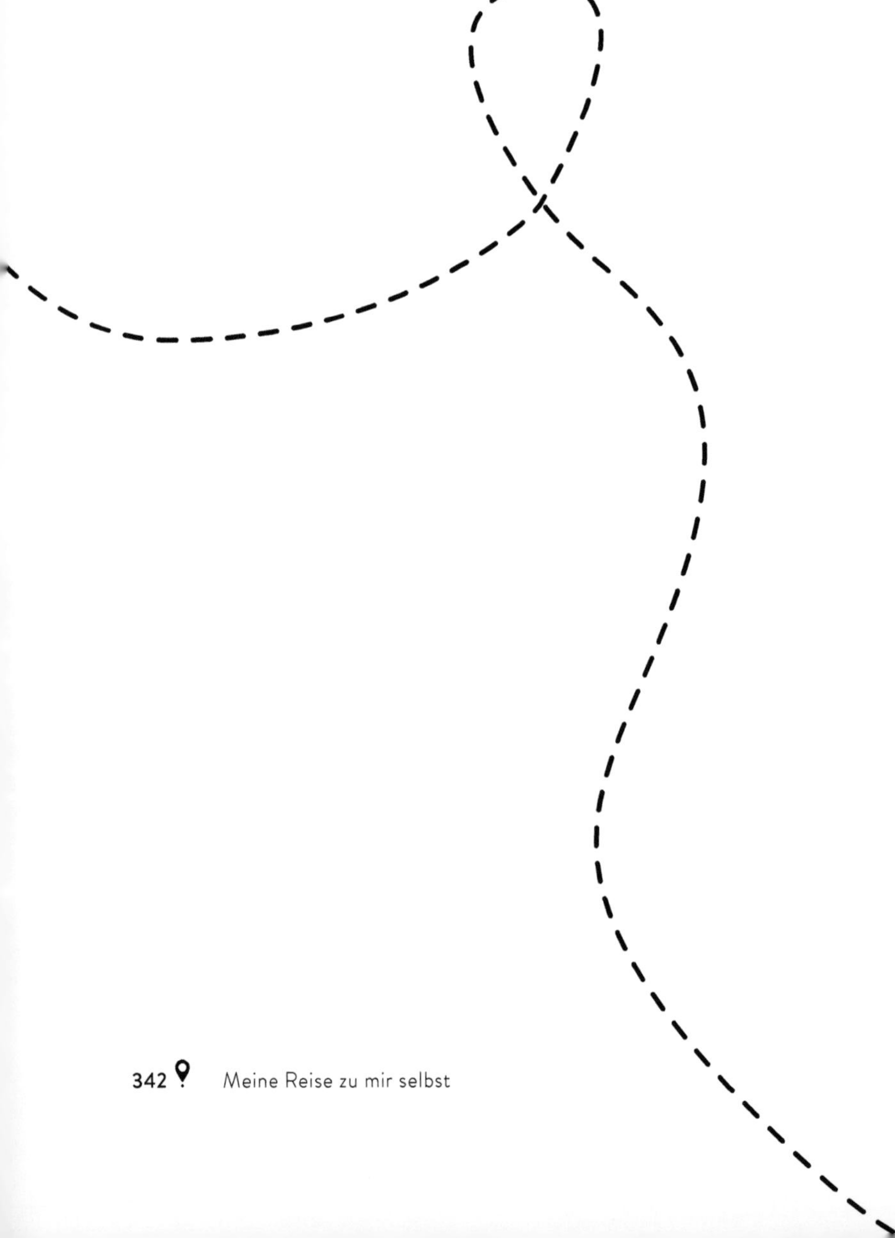

Buchbewertung

Wie hilfreich waren für mich die Übungen und Fragestellungen?

1 2 3 4 5 6 7 8 9 10

Habe ich mich besser kennengelernt?

1 2 3 4 5 6 7 8 9 10

Habe ich nun Methoden und Strategien, um mich selbst besser managen zu können?

1 2 3 4 5 6 7 8 9 10

Wie gut hat mir dieses Buch gefallen?

1 2 3 4 5 6 7 8 9 10

Würde ich dieses Buch weiterempfehlen?

1 2 3 4 5 6 7 8 9 10

Was sind für mich die drei Diamanten dieses Buches (die interessantesten Inhalte)?

Anhang

Die Säulen des Lebens

Familie

1	2	3	4	5

Freunde

1	2	3	4	5

Partner

1	2	3	4	5

Beruf

1	2	3	4	5

Gesundheit

1	2	3	4	5

Ich

1	2	3	4	5

Übung: Zielkuchen

1. ______________________
2. ______________________
3. ______________________
4. ______________________
5. ______________________
6. ______________________

Maßnahmenplan

	Aktuell	Ziel	Maßnahme	Warum mache ich das? (Nutzen)	Wann? Wie? Wie oft?	Erfolge

ABC-Methode

Situation: ______________________________

1: Gedanken erkennen

A: ______________________________

B: ______________________________

C: ______________________________

2: Kritisch hinterfragen

Ist dieser Gedanke hilfreich?

____

Ist dieser Gedanke zu 100 Prozent wahr?

____

Warum? (3 Gründe)

____

____

____

Wie geht es mir mit diesem Gedanken?

____

Wie geht es mir ohne diesen Gedanken?

____

3: Alternative, hilfreiche Gedanken finden

Bewertungen

Bewertung: ______________________________

Entspricht meine Bewertung der Situation wirklich den Tatsachen?

____

____

Stimmt das wirklich oder ist es nur meine Meinung?

____

____

Woher kommt diese Meinung? Habe ich sie von jemandem gelernt? Habe ich negative Erfahrungen gemacht?

____

____

____

____

Stimmt diese Bewertung heute noch oder darf ich sie austesten und neu bewerten? Wie kann ich die Bewertung überprüfen?

____

____

____

Analyse: Innen

Wie fühle ich mich?

Berücksichtige ich meinen eigenen Rhythmus?

Kenne ich meine aktuellen Bedürfnisse? Was brauche ich?

Drücke ich diese Gefühle offen aus?

Welche Botschaften gibt mir mein Körper?

Analyse: Außen

Was belastet mich aktuell im Privatleben?

Was belastet mich beruflich?

Überfordere ich mich selbst? Sind meine Ziele und Ansprüche realistisch?

Vernachlässige ich meine sozialen Beziehungen?

Schaffe ich einen Ausgleich zwischen Privat- und Berufsleben?

Lebensqualität

	1 sehr gut	2 gut	3 mittel	4 mäßig	5 schlecht
Körperliches Wohlbefinden					
Ernährung					
Schlafqualität					
Freisein von körperlichen Beschwerden					
Energie & Vitalität					
Freiheit von Sucht					
Seelisches Wohlbefinden					
Genussfähigkeit					
Glücksgefühle					
Aussehen					
Selbstakzeptanz					
Selbstliebe					
Entspannung					
Gedächtnisleistung					
Selbstbestimmung					
Arbeitszufriedenheit					
Aktivität					
Anpassungsfähigkeit & Flexibilität					
Durchsetzungskraft					

	1 sehr gut	2 gut	3 mittel	4 mäßig	5 schlecht
Kontrolle					
Selbstvertrauen					
Soziale Beziehungen					
Freundschaft					
Partnerschaft					
Positive sexuelle Erlebnisse					
Lebensbedingungen					
Wohnen					
Finanzen					
Freizeit					
Bildung & Wissen					
Umwelt					
Sinnerfüllung					
Ziele					
Werte					
Lebenseinstellung					
Erfolgserlebnisse					
Anerkennung & Lob					

Happiness-To-do-List

								Montag
								Dienstag
								Mittwoch
								Donnerstag
								Freitag
								Samstag
								Sonntag

								Montag
								Dienstag
								Mittwoch
								Donnerstag
								Freitag
								Samstag
								Sonntag

Über die Autorin

Sabrina Fleisch arbeitet als psychologische Beraterin und Angst- und Stressbewältigungstrainerin. Neben zahlreichen Workshops und Seminaren ist sie vor allem als Coach unterwegs und hilft in Einzelgesprächen, das Leben etwas schöner und leichter zu machen. Zusätzlich hat sie ihr Wissen in (Arbeits-)Ratgeberbüchern festgehalten.

Ziel: Sich selbst besser kennenlernen und verstehen, um sich selbst besser managen zu können.

- Veränderung von Denk-, Gefühls- und Handlungsmustern
- Aktivierung vorhandener und Erschließung neuer Ressourcen
- Steigerung der Zufriedenheit und Lebensqualität
- Erlernen von Präventivmaßnahmen und Entspannungsmethoden
- Sachgerechte Information (Verständnisförderung)
- Umgang mit (negativen) Gefühlen
- Verbesserte Wahrnehmung und Achtsamkeit

Psychosoziale Beratung I Dipl.-Lebens- u. Sozialberater I Trainer I Wissensvermittlung

www.sabrina-fleisch.at

www.lernwerkstatt.co.at

Buchempfehlung

»Meine Reise zu mir selbst - Das Workbook: Mit 10 Minuten Selbstreflexion pro Woche zu mehr Wohlbefinden, Gelassenheit und Freude«

Möchtest du dich noch besser kennenlernen und das Wissen über dich nutzen, um dein Leben noch ein Stück schöner zu machen?

Zu selten nehmen wir uns Zeit, um unsere Gedanken zu ordnen und sinnvoll zu strukturieren.

Zu selten fragen wir uns, was wir brauchen, wie wir uns fühlen und legen den Fokus stattdessen auf die Dinge, die uns nicht voranbringen.

Um zu mehr Stärke, Motivation und Zufriedenheit mit dir selbst und deinem eigenen Leben zu gelangen, musst du an deinen Gedanken arbeiten. Diese kannst du durch Positive Psychologie beeinflussen und nachhaltig ändern, um endlich das Leben zu leben, das dich glücklich macht.

Das schaffst du mit nur zehn Minuten pro Woche – eine überschaubare Zeit.

Du hast viele ungeklärte Fragen in deinem Kopf und möchtest sie endlich lösen?

Alle Antworten liegen in dir, du musst nur die richtigen Fragen stellen.

Du wirst dich anhand der richtigen Fragestellungen und der wöchentlichen Reflexion besser kennenlernen, dich besser verstehen und das Wissen einsetzen können, um deine Welt so zu gestalten, wie du sie dir vorstellst.

Hole dir, was dir zusteht: mehr Wohlbefinden – mehr Gelassenheit – mehr Freude – mehr Glück.

Quellenverzeichnis

Meine Reise zu mir selbst

Eine Vielzahl der Inhalte wurde über die Jahre unter anderem durch das Studium bei SGD (Studiengemeinschaft Darmstadt GmbH) im Rahmen des Studiums Angst- und Stressbewältigung, in Seminaren, Workshops, Gesprächen mit Psychologen, Therapeuten, Sozialpädagogen, Trainern und durch eigene Lebenserfahrung gesammelt. Die Inhalte sind eine Wissenssammlung, die sowohl durch Eigenstudium als auch durch Eigenrecherche erworben wurde. Die Kenntnisse wurden aus verschiedenen Quellen bezogen, u. a.:

Säulen des Lebens

- Säulen des Lebens, Sandra Koller, Followtheworld.de, 2016
- Lebensbalance Modell Lebenssäulen, BernardZitzer.com, aufg. 2018

SMART-Ziele

- People and Performance: The Best of, Peter F. Drucker, Harper's College Press, New York, 1977
- Zeitkuchen: SGD, Studienheft ASB02, Dr. Marlies Posautz, Anti-Stress-Training. S. 37, aufg. 2018

Motivation & Bedürfnisse

- A Validation Study of Maslow's Hierarchy of Needs Theory, R. J. Clay, Research Report, 1977
- Die Selbstbestimmungstheorie der Motivation und ihre Bedeutung für die Pädagogik, Edward L. Deci, Richard M. Ryan, 1993
- Pervasive negative effects of rewards on intrinsic motivation. The myth continues. In: The Behavior Analyst. Band 24, Nr. 1, Judy Cameron, Katherine M. Banko, W. David Pierce, 2001
- Intrinsic vs. Extrinsic Properties. Marshall, Dan and Weatherson, Brian, Stanford Encyclopedia of Philosophy, 2018

- 52 Beispiele für intrinsische und extrinsische Motivation, Mindmonia, Inc. Cloudwaysapp, aufg. 2019

Lernen

- Geist im Netz. Modelle für Lernen, Denken und Handeln, Manfred Spitzer. Spektrum Akademischer Verlag, Heidelberg, 1996
- Psychologie. Philip G. Zimbardo, Pearson Verlag, München, 2008

Gedanken, Gefühle, Verhalten

- Gefühle. Wie die Wissenschaften sie erklären. Martin Hartmann, Frankfurt am Main, 2005
- Lexikon der Psychologie, Wilhelm Arnold, Bechtermünz, Augsburg, 1996
- Stresstagebuch: SGD, Studienheft ASB02, Dr. Marlies Posautz, Anti-Stress-Training, S. 44, aufg. 2018

Kognitive Verzerrung

- Cognitive Illusions: A Handbook on fallacies and biases in thinking, judgement and memory. Psychology Press, Rüdiger F. Pohl, Taylor and Francis Group, Hove, New York, 2004

Wahrnehmungstest

- Wahrnehmungstest: Wahrnehmungstyp, Cordula Nussbaum, ArbeitundGesundheit.eu, erfolgreich-frei.de, Schulvortrag Arbeitswelt, 2020, Vorstellung der drei Typen: Visueller, auditiver und kinästhetischer Typ, Stefan Landsiedel, Landsiedel-seminare.de, aufg. 2020

Bewertung & Stress

- Psychologie. Das Fischer Lexikon, Fischer-Taschenbuch, Peter R. Hofstätter, Frankfurt a. M., 1972
- Wie wir fühlen, Memento, Internet Archive, HR2-Funkkolleg. »Neurobiologie«, Bedeutungserteilung«, 2009

- The short-circuiting of threat by experimentally altering cognitive appraisal. Journal of Abnormal and Social Psychology, Lazarus & Alfert, 1964
- The principle of short-circuiting of threat: Further evidence. Journal of Personality, Lazarus, 1965
- Stress, Appraisal, and Coping, Richard S. Lazarus, Susan Folkman, 1984
- Stress: SGD, Studienheft ASB02, Dr. Marlies Posautz, Anti-Stress-Training, S.44, aufg. 2018

Priming

- Psychologie, David G. Myers, Springer, 2008
- Effekte von Priming auf Selbstwirksamkeit und Zielsetzung. Online-Dissertation Universität Gießen, Anna-Sophie Ulfert, Gießen, 2016

Sprachen der Liebe

- Die fünf Sprachen der Liebe: Wie Kommunikation in der Ehe gelingt. Chapman, Gary D., Francke, Marburg an der Lahn, 1994
- Die fünf Sprachen der Liebe für Familien. 4. Aufl., Gary Chapman, Brunnen Verl., Gießen, 2011

ABC-Modell

- Methoden der Kognitiven Umstrukturierung. Ein Leitfaden für die psychotherapeutische Praxis, Beate Wilken, Verlag W. Kohlhammer, Stuttgart, Berlin, Köln. 1998
- Die rational-emotive Therapie, Albert Ellis, Pfeiffer München, 1993

Entkatastrophisierung

- The efficacy of metacognitive therapy for anxiety and depression: A meta-analytica review. Depression and Anxiety, Normann, N., van Emmerik, A. A., & Morina, N., 2014

Eisbergmodell

- Lehrbuch der Psychologie. Eine Einführung für Studenten der Psychologie, Medizin und Pädagogik, Floyd L. Ruch, Philip G. Zimbardo, Springer, Berlin, 1974

Selbstmanagement & Selbstwahrnehmung

- Selbstmanagement-Therapie, Kanfer, F. H., Reinecker, H., Schmelzer, D., Springer Verlag, Berlin, 2014
- Bewusstseins-Management, Howald, W., Gottwald F. T., mvg Landsberg, 1999
- Selbstwahrnehmung: Wer bin ich (karrierebibel.de), Nils Warkentin, 2020

Selbstbestimmung

- Self-Determination Theory: A Macrotheory of Human Motivation, Development, and Health, Edward L. Deci, Richard M. Ryan, 2008
- The »What« and »Why« of Goal Pursuits: Human Needs and the Self-Determination of Behavior, Edward L. Deci, Richard M. Ryan, 2000
- Promoting Motivation, Health, and Excellence: Edward L. Deci at, TEDxFlourCity, YouTube, 2015
- Selbstbestimmungs-Test: SGD, Studienheft ASB03, Dr. Marlies Posautz, Selbstmanagement, S. 8, aufg. 2018

Lebensqualität & Balance-Modell

- Dimensionen der Lebensqualität. In: Einführung in die Freizeitwissenschaft. VS Verlag für Sozialwissenschaften, 2008
- How's Life?: Measuring Well-being, OECD Publishing, 2011
- Therapieziel Wohlbefinden: Ressourcen aktivieren in der Psychotherapie, Renate Frank. Springer, 2007
- WHOQOL Measuring Quality of Life. (PDF) World Health Organization – Division of Mental Health and Prevention of Substance Abuse. 1997
- Meine sechs wichtigsten Rollen, unternehmerkraft.at, Institut Huemer, Balancemodell.pdf, 2015

- Selbstmanagement-Theraphie, Kanfer, F. H., Reinecker, H., Schmelzer, D., Springer Verlag, Berlin, 2004
- Lebensqualität: SGD, Studienheft ASB03, Dr. Marlies Posautz, Selbstmanagement, S. 50, aufg. 2018

Eustress

- Entspannung, Mosaik Verlag, München, 1988
- Aktive Entspannung und Stressbewältigung, Wagner-Link, A., Expert Verlag, 2005
- Eustress: SGD, Studienheft ASB02, Dr. Marlies Posautz, Stresstyp. S. 9. aufg. 2018
- Eustress-Liste: SGD, Studienheft ASB02, Dr. Marlies Posautz, Stressbewältigung, S. 57, aufg. 2018